想象另一种可能

理
想
国

imaginist

兴亡的世界史

讲谈社

03▶09

WHAT IS HUMAN HISTORY?

丝绸之路与
唐帝国

回鹘王族供养人像　绘于麻布材质的幡上。10—11世纪，柏林亚洲艺术博物馆藏

KOUBOU NO SEKAISHI DAI 5 KAN SHIRUKU ROUDO TO TOU TEIKOKU
© Takao Moriyasu 2007
All rights reserved.
Original Japanese edition published by KODANSHA LTD.
Publication rights for this Simplified Chinese character edition arranged with KODANSHA LTD.
through KODANSHA BEIJING CULTURE LTD. Beijing, China.

北京出版外国图书合同登记号：01-2019-5330

图书在版编目(CIP)数据

丝绸之路与唐帝国 / (日)森安孝夫著；石晓军译.
-- 北京：北京日报出版社，2020.1
（讲谈社·兴亡的世界史）
ISBN 978-7-5477-3441-4

Ⅰ.①丝… Ⅱ.①森… ②石… Ⅲ.①丝绸之路 - 文
化交流 - 中外关系 - 文化史 - 唐代②中国历史 - 研究 - 唐
代 Ⅳ.①K242

中国版本图书馆CIP数据核字(2019)第169347号

地图审图号：GS（2018）6159号

责任编辑：许庆元
特邀编辑：马晓晨　马希哲
特邀审读：张　湛
封面设计：艾　藤
内文排版：陈基胜

出版发行：北京日报出版社
地　　址：北京市东城区东单三条8-16号东方广场东配楼四层
邮　　编：100005
电　　话：发行部：（010）65255876
　　　　　总编室：（010）65252135
印　　刷：山东鸿君杰文化发展有限公司
经　　销：各地新华书店

版　　次：2020年1月第1版　2020年1月第1次印刷
开　　本：787毫米 × 1092毫米　1/32
印　　张：13.375
字　　数：266千字
图　　片：55幅
定　　价：89.00元

推荐序

粟特人与丝绸之路

　　近年来随着"一带一路"的推行，原本在国际学术界盛行已久的"丝绸之路"研究，在中文学术界更受瞩目，从而产生了许多相关的研究成果；与此同时，有越来越多的读者开始关注丝绸之路的历史与文化，这也使得国际学界关于丝绸之路的相关普及读物逐步被引介至中文阅读世界。而由日本东洋史学者森安孝夫（1948—　　）撰写的《丝绸之路与唐帝国》，便是一个具有代表性的例子。本书日文版于 2007 年付梓，由于视野宏大、立论详实，亦保持着入门读物的可读性，在日本读者群中受到一定的肯定，后在 2016 年发行文库本。本书最初的预设受众虽为日本读者，然其对于中文读者进一步认识丝绸之路历史与文化，仍有相当的帮助。

　　森安孝夫为日本知名东洋史学者，原大阪大学教授，主要研究领域为前伊斯兰时期的中央欧亚大陆史，其治学之一大特色，在于善于利用敦煌吐鲁番文书、蒙古高原之古代突厥语碑文，以及相关汉籍等多语种史料。森安 1967—1981 年于东京大学学习，曾师从榎一雄（1913—1989）、护雅夫（1921—1996）、池田温（1931—　　）等东洋史前辈学者。后于 1978—1980 年前往巴黎留学，因此其治学一方面继承了东京学派的传统，在一定程度上也受到法国东方学的影响。森安本人著作等身，发表论文九十余篇，还有三本著作，即 1991 年大阪大学博士学位请求论文《回鹘摩尼教史之研究》、2015 年名古屋大学出版会发行之《东西回鹘与中央欧亚地区》，以及本书《丝绸之路与唐帝国》。

　　本书除序章、末章与后记外，共分为八个章节，此外附有彩色插图、参考文献、历史年表等部分，在保有可读性的同时，亦便于感兴趣的读者进一步查找相关年代与地理细节。

　　序章题为《何谓真正的"自虐史观"？》，主要目的在于开宗明义地批判明治时期以来在日本具有主导地位的西欧中心史观。一般日文语境中所谓的"自虐史观"，指涉一部分日本学者反对战后日本史学界过度反省战前战争罪行而提出的批判论点，而森安则认为当前真正捆绑日本的"自虐史观"，并非对日本战争罪行的反思，而是明治以降"脱亚入欧"思想指导下以西欧为中心，以现代国族概念为框架，并贬低亚洲文明发展的历史书写。另一方面，森安也对缘起于近代西方的国族主义史观及其在 20 世纪末以后的复辟，抱持着保留态度，与之相对，森安主张未来的历史学应该采取更为开放而包容的全球史视野。在这个思想脉络下，森安也反对将中国史视为汉族史的华夏中心主义。本书的主要目的，也正在于通过重点考察曾活跃于中央欧亚大陆并沟通东西方的突厥、回鹘与粟特人的历史，借此挑战西欧中心主义以及华夏中心主义这两个位于不同极端的历史观点。

第一章《丝绸之路与世界史》主要探讨"中央欧亚"（Central Euraisa）、"中亚"（Central Asia）与"丝绸之路"（Silk Road）等术语的概念背景，以及欧亚大陆史乃至全球史的断代区分。作者倾向采用"中央欧亚"与"丝绸之路"这两个空间概念进行描述。本书之所以采用"中央欧亚"而非一般社会大众更为熟悉的"中亚"一词，主要是因为后者在概念界定上时有模糊。此外，森安也强调"丝绸之路"沟通东西方商业网络的重要角色，进而回应原京都大学教授、伊斯兰时期中亚史学者间野英二的"反丝绸之路史观"。间野认为日本中亚史学界过分强调中亚在东西交流中的过渡地位，而忽略其自身内部的地方脉络，指出中亚史研究者应该将关注焦点转向天山南北路游牧民与绿洲农民的历史互动，并强调中亚社会内部自身的完整性。对此，森安通过回鹘文书以及环境史的案例提出反驳，指出绿洲农业文明亦具有沟通东西的商业性。

　　第二、三章为《粟特人的登场》和《唐朝的建国与突厥的兴亡》，主要强调粟特、突厥对于理解中华帝国乃至中央欧亚大陆的关键地位。在粟特社会中，作为自由民的商人具有较高的社会地位，而这些来往于中央欧亚商道上的粟特武装商团，早在 4 世纪前期就已经抵达中国，并活跃于河西、关中以及华北一带，并在各地建立起商业聚落。这些粟特人在中国所形成的聚落，由特定的领袖管理，并被当时的官府授予"萨保"的称号，享有一定的自治权。粟特聚落构筑起横跨中原、蒙古高原乃至于中亚各地的商业网络。除商业行为外，粟特人还具有军团武士的性质，并活跃于国际政治舞台，粟特语也因此成为当时通行于欧亚大陆东部的国际语言。粟特人的商业与武装势力，甚至影响了唐帝国的建立。

　　第三章强调突厥人与唐帝国之间的关系，开头首先援引了陈寅恪所提出的"关陇集团"以及杉山正明主张的"拓跋国家"这两个相关概念，来说明唐帝国并非单纯的汉人政权。除了第二章结尾部分提到协助李唐建国的粟特人凉州安氏外，唐朝的统治集团核心具有显著的鲜卑背景。当时的欧亚世界将唐帝国这个具有鲜卑背景的政权视为拓跋国家，唐朝初年与突厥汗国之间的斗争，可被视为拓跋与突厥势力的角逐。森安虽然强调唐帝国具有强烈的非汉色彩，却也持平地认同儒家思想与汉文化对唐朝立国的重要性，并反对将唐帝国与辽、金、元、清等征服王朝混为一谈。

第四章《唐代文化的西域趣味》，主要从文化史的视角出发，以胡姬、胡俗、胡服、胡乐以及胡人所引入的物质文化等个案作为基础，探讨唐代的中外交流及其限度。其中比较值得注意的是安史之乱后唐代文化急速走向内向的排外主义，从而影响到唐乐风格的发展。从政治史的角度检视文化史的发展，是本章的亮点，感兴趣的读者可自行参阅。

第五章《释读奴隶买卖文书》通过与汉文以及中央欧亚等地出土的佉卢文与大夏语契约文书进行比较研究，指出新疆博物馆所藏的粟特文奴隶买卖文书部分具有汉文与中央欧亚契约文书的特征，从而体现出二者之间的文化交流。除了从粟特文契约文书的形制可以看出丝绸之路东西文化交流外，学者从吐鲁番等地出土的粟特人奴隶名册，也勾勒出唐代粟特人进行奴隶贸易的部分情况。除了绢马贸易外，粟特人在丝绸之路上亦曾进行过人口贩卖，而这些人也成为唐代所谓胡姬与胡儿的来源之一。

第六章《突厥的复兴》主要描述后突厥汗国的崛起及其与唐

朝之间所发生的军事与外交关系之原委，第七章《回鹘的登场与安史之乱》则讨论后突厥汗国衰落后取而代之的回鹘汗国。这两章共同强调的一个重点，在于粟特人在蒙古高原的游牧政权中所扮演的重要角色，而这些活跃于漠北的粟特人与中国历史的发展亦息息相关。除了现实的政治经济利益之外，粟特人与回鹘人还有共同信仰摩尼教的宗教联结。在综合突厥、回鹘与粟特人与唐代中国之关联后，第七章的结尾部分试图从中央欧亚大陆与丝绸之路的视点，对安史之乱的历史意义进行再评价。过去研究安史之乱的学者，多半从中国史内部的视野，认为安史之乱起源于安禄山与李林甫的政治斗争，并对此历史事件保持着负面评价。然而从中央欧亚大陆长时段的历史发展看来，安史之乱可以被视为征服王朝的先驱而具有积极意义，亦即中央欧亚大陆骑马民族通过结合游牧社会军事力与丝路贸易经济力，试图将南方的中原纳入势力范围的一种历史发展趋势。

第八章《粟特网络的变质》首先围绕着伯希和在敦煌所发现的一份藏文文书，即现存法国巴黎国立图书馆的著名的 Pt. 1283 写本《五名霍尔人的报告》展开。这份文献形成于 8 世纪末至 9 世纪初，内容是"霍尔"（hor）国王派出的五位使者对当时欧亚大陆东部各地的观察报告。根据该报告内容，这些使者足迹分别横跨今日欧亚大陆东部，西起天山北路及阿尔泰山一带，北至今日西伯利亚与蒙古高原，东迄满洲和朝鲜半岛。本书认为，所谓的霍尔实际上即以凉州为根据地的粟特人。森安进一步通过Pt. 1283 写本重构当时粟特人在欧亚大陆东部所建构的庞大国际商业与情报网络，指出唐朝通过对"兴胡"的户籍管理政策以及发放名为"过所""公验"的旅行证照，试图将游走于欧亚大陆东部各地的粟特人纳入帝国体系，其主要目的在于利用粟特网络的政治、经济乃至军事力量。

末章《唐帝国的黄昏》提出公元 8 世纪末期回鹘与吐蕃帝国的北庭争夺战对中央欧亚大陆历史走向的重大影响。回鹘在与吐蕃的边界战争中占得上风，加上唐朝与吐蕃讲和，最终形成了9 世纪 20 年代唐朝、回鹘、吐蕃三国会盟的鼎立局面，这个局面维持约二十年余年，直到 9 世纪 40 年代回鹘与吐蕃帝国崩溃。而北庭争夺战的历史意义，在于阻挡了吐蕃帝国的北进，确立了突厥语系回鹘人在今日中亚的地位，这个影响直至今日。至于原本活跃于丝绸之路的粟特人，则由于 8 世纪中叶以后阿拔斯王朝等伊斯兰政权进入中亚后，逐步伊斯兰化，而其原有的语言与宗教传统也相对受到限缩。但这并不意味着粟特的文化遗产完全消失，大约在 10 世纪后期至 14 世纪前期，粟特文化的影响仍体现在中央欧亚的佛教壁画及个别语言词汇中。此外粟特语也被以语言岛的形式保存在今日塔吉克斯坦境内的雅格诺比语社群中。根据粟特字母所创制的回鹘文字，也先后在 13 世纪与 16 世纪末成为蒙古文以及满文的构成基础，从而为后世中央欧亚大陆的历史发展留下深刻的遗产。

总体而言，本书论证翔实而视野恢弘，行文流畅而深入浅出，各章节专题环绕唐朝、粟特、回鹘的历史交往，试图从中央欧亚的视野重新检视中国史乃至于世界史，实属一本难得的历史学普及读物。以下谨就本书引起的历史观点等议题，略加申述。

在谈及史观问题时，森安旗帜鲜明地批判西欧中心与华夏中心史观，并且对间野等人的伊斯兰中心史观也有所问难，然而作为一本优秀的中央欧亚史普及读物，本书似乎有意无意地陷入了"粟特中心史观"。可以理解的是，在森安与吉田丰以前的日本学者对于粟特文明在中央欧亚大陆所扮演的重要角色认知有限，而森安主要的学术贡献之一，就是阐发过去被忽视的粟特人的历史地位。然而随着 2000 年以后中国一系列粟特人墓葬的出土，及其在中文学界与媒体所带动之"粟特热"，对于不少对丝路历史文化感兴趣的中文读者来说，"粟特人"应该不再是一个陌生的名词。值得注意的是，可能由于篇幅所限，本书对于 7 至 9 世纪吐蕃及其与唐朝的关系涉及较少，仅在第八章与终章中略微提及。此外，对于于阗、龟兹等曾在丝路上发挥重要作用的绿洲王国，以及唐朝在安西四镇的经营始末，本书亦少有着墨。作为一本概述性的普及读物，"粟特人与唐帝国"似乎比起《丝绸之路与唐帝国》更适合作为本书的标题，否则阅读本书的一般读者，或许会对丝路产生一种"粟特中心"的历史想象，而忽略吐蕃帝国曾在丝路上发挥的关键作用。至于归义军等河西政权与丝路的关联，森安本书亦鲜有涉及，也是读者需要留意的地方。

森安对于粟特人历史角色的阐发，或许着墨过深，却无疑也是本书的亮点。除了粟特对唐代中国产生的广泛影响外，本书曾多处提示粟特文明为中央欧亚大陆整体所留下的深远遗产，如就文字书写系统而言，粟特、回鹘、蒙古、满洲实际上可以说是一脉相承。而从更为广阔的世界史视野来说，粟特文的渊源又可以上溯至叙利亚文、阿拉姆字母乃至腓尼基字母。由此可见，粟特文明在书写系统上，上接叙利亚文，下启回鹘文，对于整个中央欧亚大陆的文字发展扮演着承先启后的历史角色。

除了直接的历史遗产外，森安对粟特国际网络的商业、情报与军事意义具有系统而富原创性的阐释，并且提到柔然、突厥、回鹘等游牧国家乃至于作为拓跋国家的唐朝对粟特网络的运用。

笔者认为，商业与情报网络的扩张与经营，亦是探讨、比较中央欧亚帝国的延续性的重要线索。在阅读森安笔下的粟特人情报网时，不禁时刻联想起自己正在研究的清朝欧亚情报网。如笔者曾经撰文讨论 18 世纪清朝如何通过当时活跃于帕米尔高原、西藏、叶尔羌以及中亚各地的拉达克人，搜集大量关于准噶尔、印度、伊朗、阿富汗乃至于俄罗斯的相关情报。这些由拉达克商人与线民所收集的情报，被先后以藏文、波斯文、蒙古文、满文等多语种文书的形式传递，最终送达清朝。与此同时，清朝对于提供情报的拉达克与藏人，也给予了一定的商业特权以及政治地位（《拉达克与清朝欧亚情报网的建立》，《读书》2017 年 7 期）。从帝国统治体系的角度，如商业情报网络以及多语种文书传递系统的建立，粟特人之于唐朝与拉达克人之于清朝，虽然二者在历史个案的考证上并无直接联系，但对于把握中央欧亚政权的整体历史发展而言，则具有重要的比较意义，而这也正是近年比较帝国史所要强调的研究范式。就笔者所熟悉的清史而言，清朝在中央欧亚所构筑的情报网络，并不仅局限于拉达克一线，而是有土尔扈特、哈萨克、叶尔羌、廓尔喀（尼泊尔）、布鲁克巴（不丹）等多条情报渠道；至于唐朝的情报网络中，是否如本书描述那般由粟特人独树一帜，仍有待专家进一步发掘相关史料。

最后，笔者想强调比较史学思维对于理解中央欧亚网络中的特殊意义。本书指出回鹘统治者曾因粟特网络强大的国际影响力而试图改宗摩尼教。从比较的视野来看，回鹘汗国的摩尼教僧人与吐蕃帝国的佛教喇嘛，或许对于帝国的构成具有一定的历史共性。就更深远的历史维度而言，摩尼教对于回鹘汗国的发展，是否与藏传佛教对于蒙古和大清帝国的建构具有可比性？换句话说，如回鹘帝国曾通过尊崇摩尼教以进一步掌握粟特网络，那么崇奉藏传佛教是否也为清朝在中央欧亚所建构的情报网络提供了普世话语的正当性？祆教萨保、摩尼教拂多诞、藏传佛教喇嘛、伊斯兰教和卓在帝国的建构过程中所扮演的角色是否具有相似的历史轨迹？这些问题可供读者进一步思考。至于要具体回答上述问题并进一步建构比较史学的理论框架，显然不可能依靠个别学者的单打独斗。未来的研究者如何携手合作，推动"跨断代、超地域的协同研究"，应是有识之士所要努力的目标。

孔令伟

哥伦比亚大学东亚系与历史学系博士候选人

目　录

序章

何谓真正的"自虐史观"？

本书的追求所在

为丝绸之路和唐帝国所倾倒的日本人　　大多数日本人都为"丝绸之路"这一词语所倾倒，对唐帝国充满了憧憬，并且很容易将两者重叠起来形成一种罗曼蒂克的幻想。这究竟是为什么呢？其关键恐怕在于佛教。佛教传入日本是6世纪中叶之事，而佛教文化的真正输入却是在7世纪以后的唐代。丝绸之路东端的终点历来被视为唐朝首都长安，而日本人却进一步将丝绸之路延长至博多、大阪、奈良、京都。这种解释不仅不见得错误，甚至还起到了另一种作用——使对历史不太关心的人也能认识到"丝绸之路"是日本文化的源流之一。

　　"日本"这一国名的形成正好也在这一时期。当时日本与唐朝因佛教文化而联结在一起，而唐朝又通过丝绸之路与作为佛教文化盛开之地的西域、印度连为一体。这种日本民族形成期的兴奋感以及对佛教的好印象就一直流传了下来，跨越数百年的时空为现代日本人所承袭。言及于此，我眼前马上就浮现出了三藏法师从西域到印度追寻佛教原始典籍的身影。自奈良时代以来，佛教逐渐成为日本人最亲近的宗教。伴随着明治时代以来学术的普及和发展，今天只要提到"正仓院御物"[1]，无论是谁都会条件反射地联想到丝绸之路以及犍陀罗。

自汉代从印度传入中国的佛教，在南北朝时期终于扎下根来。到了隋唐时期，北朝佛教和南朝佛教逐渐融合，加之以唐代玄奘、义净为代表的义理佛教和由善导集大成的净土教之兴盛，再加上以不空为代表的密教，以及历代皇帝对佛教的保护和尊崇，唐代成为中国佛教发展的黄金时代。因此，将唐帝国称为佛教王国、唐都长安称作佛教都市实际上一点都不夸张。

唐代的人口大约为五千万。一般认为，唐代的佛教僧侣，包括未得到认可的私度僧在内，至少有五十万人，每一百人之中就有一人是佛教僧侣。据研究，目前已基本可以断定长安的佛教僧尼人数在两万人以上。因此，若以长安人口为一百万来考虑的话，长安僧尼的比例是每五十人就有一位佛教僧尼。

从高祖李渊建国的 618 年开始，到因朱全忠而灭亡的 907 年为止，唐王朝大约持续了三百年之久。然而与大唐帝国之威名相应，唐朝名副其实地保持帝国繁荣的时期，实际上只是从 630

年东突厥灭亡到755年安史之乱爆发的这段时间。安史之乱以后，唐朝不仅失去了今天的甘肃省以西之地，而且在本土之内出现了许多半独立的地方政权（藩镇），成为一个与先前完全不同的小国家。在文学史上，唐代被分为初唐（唐朝建国至8世纪初期）、盛唐（玄宗朝至安史之乱结束后的765年）、中唐（766—835）、晚唐（836—907）四个时期；而从政治史来看，则可以分为前后两期，也就是说把包括太宗贞观之治在内的初唐和包括玄宗开元之治的盛唐合起来作为前期，而将中唐和晚唐合起来作为后期。一般容易把盛唐看作唐帝国的顶峰时期，而实际上，以均田制、府兵制、租庸调制为代表的律令体制，其发展和完成是在初唐时期，这些体制自进入玄宗时代就已经开始瓦解，安史之乱只不过是给其致命一击而已。虽说如此，文化的繁荣却一直持续到唐代后期。在学术以及文学领域，后期不仅接连不断地涌现了许多名垂后世的巨著，文学的类型也更加多样化，雕版印刷也开始普及。

唐朝是中国历史上最富于国际性和开放性的王朝，而且中国文化自身在这一时期也达到了最高峰，创造了一个灿烂辉煌的时代。7、8世纪的唐朝乃是名副其实的世界第一帝国，其世界主义的特征表现在各个方面，诸如：国内各个城市里设置的外国人居留地；各地随处可见的外国使节、留学生、商人、艺人；通过商业渠道如洪水般流入唐朝的外国文物；在艺术及文化领域中的西域趣味；与道教和儒教对抗的普世性宗教（佛教）的兴盛，进而还有被称为三夷教的摩尼教、景教、祆教等宗教，都反映了其世界性，而这些都与丝绸之路密切相关。

若从学术角度来看，其实只有元朝，即蒙古帝国时代才真正形成了世界性的帝国，而且从佛教文化方面来说，实际上日本从元朝也得到了很大的恩惠，绝不少于来自唐朝的影响。只是由于"蒙古袭来"，即元军入侵日本这种负面的形象过于强烈，所以一般的日本人并不太喜欢元朝。除此之外，汉代以及三国魏晋时代太远，宋明时代又太保守，中华色彩过强。清朝虽然是一个大国，但由于日本在"日清战争"[2]中取得胜利，所以作为憧憬的对象来说，清朝也被排除了出去。

从《古事记》[3]的时代到明治维新为止，"汉文"[4]长期是日本的通用语言。从飞鸟到奈良、平安、镰仓、室町、江户各个时代，日本官员及读书人所使用的正式书写语言都是"汉文"，或者是夹杂日语的"变体汉文"。在这种情况下，大量的汉字词汇原封不动地进入日语，扎根落户。倘若从现代日语中去掉汉字词汇，就写不出完整的文章，甚至片假名和平假名也只是改革汉字出现的结果而已。可以毫不夸张地说，在近世[5]以前，日本的文字和文化完完全全是来自中国。可是自从明治维新以来，日本的政治家、官员、商人和文化人士的目光都转向了欧美。尤其是第二次世界大战结束以后，在艺术、娱乐这些领域，包括一般大众在内，日本彻底地倒向了美国。

对于过去的日本来说，中国的影响曾是压倒性的，超过现在

丝绸之路与唐帝国

的美国。战后六十年的岁月，日本外交进入了毫无作为、惨淡经营的低谷时代，今天日本的政府首脑以及高级官员毫无顾忌地公开宣称：唯有日美同盟才是日本外交的基本方针。而实际上，对于今天的日本来说还有其他选项，既有欧洲又有亚洲。但是，对于飞鸟、奈良时代到平安时代前期的日本来说，大唐帝国乃是唯一的选项，属于独一无二绝对性的存在。虽说当时还有百济、新罗、渤海等存在，但是那些国家也都接受了汉字、律令制、佛教文化，同样属于东亚文化圈中的一员，与日本就像兄弟关系。而既是父亲又是母亲，同时还是师父的，只有唐朝。

现代日本人对于欧美的自卑感

虽说标榜资本主义和自由主义的美国处在现代文明的最尖端，但恐怕没有读书人不知道，一百多年前美国还落后于西欧。谈起欧美中心的现代文明，普通的读书人也都清楚，其根源几乎都在西欧。可是倘若回溯到数百年前，西欧无论在军事能力、经济能力还是文化能力方面，实际上都远逊于亚洲。关于这一方面，以亚洲先进国家而自负的日本却几乎没有意识到。

打开欧亚大陆的地图就可以清楚地看到，位于阿尔卑斯山以北，引领近现代世界及其价值观的西欧诸国只占地图的西北一隅，属于寒冷气候带。也就是说，较之建立在小麦、大麦、粟等农作物基础上的埃及文明、美索不达米亚文明、恒河文明、黄河文明等，西欧远远地位于这四大农耕文化圈的北侧。（参阅附

图《欧亚大陆中部与四大文明圈的位置关系》）

在机械化以前的时代，人类自身就是最好的工具，如果人口不增长，文明就不会发达，而人口增长则需要丰富的粮食。就生产粮食所必需的农业技术的水平而言，有人甚至认为，在进入18世纪以后，西欧的农业技术才达到了中国北魏时代，即6世纪成书的农书《齐民要术》的水准。要保证在一年中大量而且稳定地供给价格低廉的粮食，有几个不可缺少的要素，有可以大规模生产谷物以及薯类等易存储粮食的农耕地带、从该处便捷运输的手段，等等。

在铁道及卡车等内陆大型运输手段发展起来以前，阿尔卑斯山以北的西欧地区完全不具备这些条件。实际上，据说在英国工业革命时期，广大工人的粮食是来自新大陆，并且都是适合寒冷地带以及荒地的土豆、玉米等。如此贫穷的西欧自然不可能从古代开始就成为世界的中心。既然如此，为何许多现代日本人陷入了前述的错觉呢？

结论很简单。这主要是因为日本在明治维新以后，通过出洋留学和聘用外籍人员这些渠道，全盘接受了欧美文明。明治时代以来，日本人潜心摄取和模仿欧美的文明，不仅是欧美的技术和工业制品，还包括思想、文学、艺术等文化成果。大学的理工科院系自不待言，甚至各个文科院系也都以西洋学为中心。即便到了今天，一般大学所学的西方语言以英语为首，兼有德语、法语、俄语等语种，综合大学还有意大利语、西班牙语，有些学校还开设西欧的古典语，诸如拉丁语、希腊语；与此相比，在东洋语言方面，长期以来则只有中文及汉文（古汉语），直到最近才在韩流热的影响下增加了韩语。大学的法学院可能有研究罗马法、日耳曼法等欧洲法的专家，而即使在最著名的几所大学里，也不一定有研究中国律令及日本律令的专家；在经济学院则主要学习的是马克思经济学，或者与此相对的近代西欧经济学等。我国大学的这种西方"一边倒"教育，直接导致了在日本人中常见的一种错觉，即认为从古代到现代，西欧一直是世界的中心。

不少现代日本人对欧美人有自卑感，而对亚洲人却抱有优越感，这是长期以来形成的一种"负面遗产"。其产生与形成的背景，既有倡导"脱亚入欧"的福泽谕吉等明治时代启蒙思想家的推介，也有其后各种初高中历史教科书宣传的、明治维新后从西方传入的西方中心史观的因素，又有日本因日清战争的胜利而拥有台湾、日俄战争胜利和日韩合并以及第二次世界大战失败等历史性事件的多重影响。

先进的亚洲，落后的欧洲

但是，如果从我们东洋史（亚洲史）学者的视点来看，以一千年、两千年为单位来观察欧亚大陆整个历史，这种所谓的"自卑感"及"优越感"都是不合适的想法，应该抛弃。造纸术、指南针、印刷术、火药、火器（枪、炮）等没有一个是欧洲发明的。

以法国、英国、荷兰、德国为代表的西欧，即使在欧洲也只是与位于欧亚大陆东端的朝鲜、日本相对的西陲地带而已。也就是说，从所谓"四大文明圈"的角度来看，西欧乃是一个十足的穷乡僻壤，而且经常在不断从亚洲本土蒙受巨大恩惠的同时，又不时感受到来自亚洲的强大压力。

另一方面，从南欧的希腊、意大利、西班牙以及包括东欧在内的整个西方来看，基督教是从西亚传播过来的，日耳曼民族大迁徙则是由来自中亚的匈人西迁而诱发的。其后因伊斯兰教的兴起，卡尔大帝（查理曼大帝）的法兰克王国面貌发生变化，更由于十字军东征，西方才确立起了"基督教民族"的自我认同感。然而随着蒙古帝国的兴起，西欧再次被卷入旋涡，其后在南欧的意大利出现了文艺复兴运动。13世纪晚期来亚洲旅行的马可波罗，肯定完全不会产生诸如"欧洲比亚洲强"的想法，更不会有这方面的自负。奥斯曼帝国占领君士坦丁堡，即由于拜占庭帝国（东罗马帝国）的灭亡而宣告西方的中世纪结束，则是1453年的事情。

很多日本人以及其他东方人天真地相信，西欧自古以来就是人类文化的中心。然而，原封不动地将近代以后的状况投影到过去，这种想法显然是一个很大的错误。譬如，我们可以将8世纪至9世纪欧亚大陆东西两端的文化状况简单地比较一下。大家都知道"花都巴黎"这个说法，但当时真正称得上"花都"之名者只有唐都长安。当时长安有不少书肆，这自是因为唐代纸张十分丰富，随处可得，因而可以提供轻便而且便宜的书籍。关于唐代书肆成立的具体原因，主要有如下几方面：一是因为有科举这一考试制度，使得应考所需书籍的需求量大增；二是尽管还是使用毛笔的时代，但雕版印刷术已经发明，因而日常使用率较高的历书、家庭医学书籍、道德训诫书籍、字书、韵书、唐诗以及佛教典籍等印刷已经开始；其三是商业的发达产生了许多大城市，而大城市中则形成了大量的识字阶层。

另一方面，当时以法兰克王国为代表的西欧还在使用羊皮纸，书籍的重量很重，而且价格昂贵。同时，卡尔大帝就像游牧国家的首领一样，始终在国内各地巡回转悠。在法兰克王国里一直没有出现一个可称之为首都的地方。当时的巴黎只有两三万人口，所以根本不可能出现书肆一类的行业。轻便而价廉的纸张从中国传至撒马尔罕是在 8 世纪，在阿拉伯世界普及则是 9 至 10 世纪的事情，传到南欧的意大利已经到了 12 世纪，传到西欧就更晚了。只要是书店，就必须保持相当数量库存的书籍，而用羊皮纸制成的书籍价格高昂、又厚又重，且完全不知道何时能卖出去，要保管大量羊皮纸书籍是很困难的。在西方，只有极少数王公贵族和基督教的神职人员才拥有书籍。书籍在西方被"世俗化"，需求量增大是从 13 世纪才开始，而这一时期也正是"大学"这一具有同业公会色彩的学校的摇篮时期。书籍在西方真正普及，是从 15 世纪德国人古腾堡改良（并非发明）活字印刷术开始的。普及印刷术需要大量价格低廉的纸张。有无书店乃是衡量文化发展水准的一个晴雨表，这一点恐怕古今东西概莫能外。

提起文艺复兴，在日本或许首先想到的是艺术方面。其实文艺复兴的本质是复兴希腊、罗马的古典，而这些古典并非由近代西欧直接承袭古代地中海世界的南欧。这些古典的传播者，实际上是西亚至北非的伊斯兰世界以及东欧的东正教世界，而不是中世纪的西欧世界。因为在罗马帝国看来，其后统治中世纪西欧的日耳曼人乃是野蛮人的代名词。

日本人对亚洲人开始有优越感，源于明治时代以降的武力扩张。同样，欧洲人对亚洲人开始拥有优越感，最早也不过是 18 世纪欧洲各国对亚洲武力扩张以后之事。截至 17 世纪，承袭蒙古帝国衣钵的奥斯曼帝国、萨法维王朝、莫卧儿帝国、大清帝国等大国先后崛起，无论是从经济能力还是军事能力上来看，西欧未曾凌驾于亚洲之上。亚洲与欧洲的力量对比真正出现逆转是 1683 年以后。这一年，在给神圣罗马帝国带来很大威胁的第二次维也纳包围战中，奥斯曼帝国败给了神圣罗马帝国。

**从"国民史"到
"全球史"**

所谓"历史"，并非自然或单纯地发展起来的东西，而是由人类创造出来的。近代西方推出的"民族国家"（nation-state）这一概念也不过是人类文化的归结之一而已。为了强化进而捍卫民族国家这一框架，产生了所谓一个国家的历史（"一国史"）或国民的历史（"国民史"）这些概念。在中华世界中，为了主张王朝正统性而形成的史观已经具有两千年的传统。与此相对，西方到 19 世纪才形成了一种可称之为"国民性学问"的历史学。这种历史学被广泛地用于下述两方面：历史学家要为建立国民的认同感做出贡献，学校的历史教育也应该培养国民的共属意识，从而使以国家安定为首要任务的权力系统获得统治的正当性。

同样出现于 19 世纪的唯物史观则与上述史观有着完全不同的立场。此一史观在 20 世纪具有极大的影响力，随着东西德国的合并与苏联的解体，这种史观在今天已经大为褪色。此外，与始于德国的马克思与恩格斯的唯物史观不同，起源于法国年鉴学派的社会史学也曾在 20 世纪的西洋史学界相当流行，但并没有成为包括日本史、东洋史研究界在内的日本历史学界的主要潮流。

从 20 世纪末到 21 世纪初期，伴随着马克思主义历史观的消长，出现了一种回归现象，即主张再次回到"一国史"或"国民史"的道路上去。然而这种现象归根结底只是一种政治取向而已，在学术方面并不足取。在当今世界，基于比较史以及关系史等视点的"全球性的世界史"将成为历史学研究的新方向。

历史学的意义　　　　　比近代欧洲要早一千多年，中国采用了科举这样一种选拔官员的考试制度，本着实力主义的原则，"民主地"选拔高级官员。在传统中国，很多情况下读书人与政治家、官僚都是表里一体的关系，将两者联系起来的纽带则是科举。从唐代的文人、诗人（用今天的语言来说就是文科的学者及知识分子）的情况来看，除了僧人和道士以外，几乎没有人不以科举为目标。初唐的张说、陈子昂，盛唐的杜甫、王维、孟浩然，中唐的白乐天（白居易）、元稹、韩愈、柳宗元，晚唐的杜牧、李商隐、韦庄等莫不如此。甚至被誉为诗仙、给人以超凡脱俗之感的李白，也积极地活动，想进入仕途，并在玄宗时期做过官。

科举考试需要儒学，基于儒教精神的儒学很重视实际的政治和经济，从这点来看，儒学宛如"实学"。与此相对，佛教、道教的学问就像是"虚学"。在现代社会，大学的法学院、经济学院的学问被称为"实学"，而文学院的学问则往往被视为"虚学"。这里我对这种说法姑且不论，作为一名历史学者，我倒是对历史学这种与发财无缘的虚学感到很自豪。可是问题在于，历史学果真是一门虚学吗？我以为恐怕绝非如此。

对于人类来说，历史学是否是有用的学问呢？对此我可以给出肯定的回答。大家知道，无论医学如何进步，对于不生病的人来说其实是没有意义的，但并没有人因此而主张废除医学。实际上，所谓学问学术就是这样一种东西。

杜甫为我们留下了详尽描述安史之乱前后历史状况的"诗史"，白乐天明确表示自己作讽喻诗不是为了文学而是为了政治，在他们的目的中，都包括建立于深厚历史教养及学问背景基础上的社会批判。现代社会也要求政治家、官僚、外交官以及监督他们的媒体人，进而包括建设未来构想必不可少的财界人士以及企业经营者，都必须具有反省历史的素养。与此同时，普通读书人水平的提高也非常重要。因为正是在普通读书人关注审视上述精英的过程中，才形成社会舆论及共识。我们在看报纸、电视等媒体报道时，应该看透其背后的东西，要有能力感受并把握历史的发展脉络，发现并洞穿可能导致人类走向灭亡的虚假东西、谎言、不正当的言论及动向。开拓日本未来之关键，就在于必须具备上述这些素质及涵养。

本书的构架与目的 640 年唐朝吞并位于吐鲁番盆地的麴氏高昌国，从而开辟了统治西域的道路。由此开始直到 755 年安史之乱爆发，唐朝直接控制了丝绸之路东部，积极推动了东西南北各个方向的文物流动与人员交流。以这一时期为中心，日本从唐朝学习了很多东西。通过长安、洛阳等唐朝的大都市，日本很自然地与丝绸之路联系在了一起。在这个意义上，说丝绸之路与唐帝国也是日本史研究的一部分也并不为过。

就本书的读者群来说，我的心目中最期待的是在高中讲授世界史、日本史以及现代社会课程的教师。其理由不言自明，已进入社会并活跃于各个领域的日本人的历史知识，几乎都来自高中历史课或是准备考大学期间的集中学习。虽然面向一般大众执笔写书对我来说是第一次，但其实从我读研究生时代开始，就已经给高考考生辅导世界史课程。研究生时代以来，我不仅在高考补习学校讲过课，也应邀到高中演讲过。直到最近，作为大阪大学 21 世纪 COE 工程 [6] 的研究课题"交叉人文学科"（Interface Humanities）的一个环节，我还主持了全国高中历史教师研修会。上述活动及经验使我确信，日本历史教育的瓶颈在于高中的文科教师。如果这些高中老师的历史意识没有根本性的改变的话，那么，日本自明治时代以来的欧美依存体制今后恐怕也不会有什么变化。

　　本书最大的目的，就是从中央欧亚大陆的视点，即既非西欧中心史观又不同于中华中心主义思想的视点出发，尝试着雅俗共赏地叙述丝绸之路与唐帝国的历史。换句话来说，就是从中央欧亚史的侧面，包括游牧民集团和丝绸之路这两个方面来重新审视欧亚大陆的历史，亦即重新审视前近代的世界历史。所谓"前近代"就是近代以前，两者虽然是同一个意思，但西洋史研究者与欧亚大陆世界史研究者的见解有所不同，其中大概有两个世纪的时差。从广义上来说，无论欧洲中心主义（Eurocentrism）还是中华中心主义（Sinocentrism）都是属于民族主义，所以从世界史的认识中走出狭隘，也就意味着给这一类的历史敲一个警钟。

　　本书的具体叙述主线有三条：

　　（1）与丝绸之路的历史表里一体的粟特人的东方发展史；

（2）唐朝的建国史与建国前后突厥的动向。

（3）安史之乱带来的唐朝变貌以及回鹘的活动。突厥与回鹘同是发源于蒙古高原并在中央欧亚东部发展起来的突厥裔的游牧民集团。

本书基本沿着这三大主轴，按照时代顺序展开，但由于（1）与（2）、（3）的时代都有关联，因而粟特人在（2）和（3）中也会涉及——在谈到唐代的西域趣味时，从导入奴隶贸易这一视点详细地论述了胡姬及其由来问题。此外，由于唐朝在真正意义上作为世界帝国只是在安史之乱以前的时期，所以我们的叙述重心也必然偏重于唐代的前半期。

在本书中，并不会简单地重复迄今为止各种通史性著作里已经叙述到的东西，诸如从汉代到唐代的东西文化交流中出现的一些饶有趣味的史实、丝绸之路与游牧骑马民族之间的密切关系史，都不再一一叙述。本书将叙述的重心放在下述方面，即我自己深入研究过、已在学术界公开发表，并在世界的东洋史学界几乎已经成为定论，却又几乎不为一般读书界所知晓的一些史实。因此，本书的论述采取了尽可能引用原始史料的方式。

本书最大且最终的目的只有一点，即力图敦促并推动社会上广大读书人，以及肩负日本未来的学生彻底改变看问题的角度，彻底摆脱欧洲中心主义的历史观。为了达到这一目的，我在这篇序章中涉及了一些关乎整个人类历史的重大问题，因而序章明显带有文明论的色彩。可是，从正文第一章开始，我将在这种大的框架中论述具体的史实，希望读者可以从中了解世界史上有关"丝绸之路"的新史实的发现，并充分感受通过这些新发现带给人们的欣喜和愉悦。

人种、民族、国民的根据何在？

人种无优劣之分　　据说目前生息于地球上的人类只有智人（Homo sapiens）一种。但学校曾经教给我们的知识是：世界上有白色人种（Caucasoid）、黄色人种（Mongoloid）、黑色人种（Negroid）三大人种，或者从黄色人种中进一步分出澳大利亚原住民（Australoid）的四大人种说，而且相信这些人种有各自的祖先。说直白一些，就是认为人类分别由不同的类人猿进化而来。然而，从基于线粒体（mitochondria）DNA 的现代分子人类学来看，现代人类的祖先似乎都可以追溯至二十万年以前的非洲——从原人进化而来的一种新人"夏娃"那里（夏娃假说）。据说夏娃的子孙走出非洲来到世界各地，驱逐了当地的原住猿人。也就是说，"人类皆兄弟"这句话并不是理想，也并非文字游戏，而是确有其事。

根据这一理论，我们不得不得出下述结论：并不是从一开始就存在着不同肤色的人种，而是那些从非洲走向世界各地的人类因为居住地的环境各不相同，才带来了包括肤色、毛发等体质的变化。而且，在农业发明之前的石器时代，人类没有定居的文化，总是处在经常性的迁徙状态之中，因而人类族群的集合离散也总是频繁地发生和出现。虽然后来人类发明了农业，进入历史时代，产生了国家，但人类族群的离合集散与混血仍然不断地展开。在上述这种人类大迁徙的基础上，以各地人类身体呈现出的特征为主，同时考虑语言和文化的因素，人们才将近代人类的分布分别概括为互相接近的三大类，并将其分别命名为黄色人种、白色人种、黑色人种。要言之，上述这种过程才应该是最接近真实的状况。

人种（race）相当于生物学上的亚种或变种，并没有优劣之分，因而人种差别（racism）毫无人类学方面的根据，仅仅是一个属于内心怎么考虑的问题。

**民族与国民是
近代的产物**

与"人种"一词经常混同的概念是"民族"和"国民"，这两者也与"人种"一样，是近代以后才出现的概念。"国民"是指一个国家内部包含的人群，在欧美语言中，英语的 nation 一词就与此相对应。然而关于"民族"一词，却没有刚好完全对应的欧美词语。实际上，"民族"一词乃是明治维新以后日本人新造的词语，倘若要在英语中找对应的词语，除了前面提到的 nation 之外，还可以有 people 或者 ethnic group，甚至还可以是 race。如此看来，"民族"的定义绝非一条直线那么简单。据大多数人的认知，"民族"主要是指具有下述特征的人群：（1）语言相同；
（2）有相同的风俗、习惯以及历史（包括神话）；（3）具有隶属于
同一个民族的"民族意识"。必须注意的是，"民族"内部的宗教
以及外部的体貌特征在多数场合是一致的，但往往也有不一致
的情况。

虽说民族的第一特征是语言的共有，然而这一点却也正是
屡屡引起混乱的元凶。之所以这样说，是因为每一代人的语言
都有可能发生变化。语言并非遗传而是后天习得，所以可以轻
松地变化。以移民到美国的日本人为例，日裔二代、三代就已
经不说日语只讲英语了。第二次世界大战以后，倘若进驻日本
的麦克阿瑟司令部发出指示，命令战后日本的教育必须使用英
语，那么我们今天肯定是说英语。而在现在的美国，无论是白
人、黑人还是黄种人都说英语。也就是说，语言与人种是没有关
系的。据此我们可以了解到，这种基于语言的民族分类其实是
靠不住的。

根据以上所述，我们即便把前述（1）（2）（3）加以精简，将
民族定义为"以共有语言为代表的广义文化的人群"，实际上也
会产生各种难以解释的问题。虽然也清楚这一点，但是当我们想
要捕捉历史发展的大脉络时，仍然不得不暂且使用"民族"这一
概念。

以突厥族为例

在这里，我们可以举出与本书内容密切相关的"突厥族"的例子。这里所说的突厥族，是从唐代至今的历史以及语言等方面的状况加以综合考量，是对历史上的突厥、铁勒、回鹘、葛逻禄、拔悉密、沙陀等的一个总称。一般认为，上述语言虽然有方言的差异，但应该都是非常接近突厥语族的语言。另外，日语中除了使用"トルコ"之外，最近常见的还有"テュルク"以及"チュルク"等标记方式，在本书中则统一为"トルコ"这一标记形式[7]。

截至唐代，突厥族几乎都是黑发、直毛、黑瞳的黄色人种，然而到了唐末，随着以蒙古高原为根据地的回鹘帝国（东回鹘汗国，以下简称东回鹘）解体，以回鹘族为首的黄色人种突厥族从蒙古高原迁徙至阿尔泰地区，占领了从天山山脉一带到整个塔里木盆地的大片地区，结果导致原先住在该地区，属于白色人种的印欧语族群经过数代之后接受了突厥语族的语言，这一区域成为了"突厥斯坦"，即波斯语称之为"突厥人之国，讲突厥语的人群的土地"。但当时突厥语民族并未将印欧语族的原住民赶尽，只是把这一地区变成了"讲突厥语的人群的土地"，这种状态一直持续到现代。也就是说在这里，语言轻而易举地超越了人种的鸿沟。其后凡是提及突厥族，既包括黑发、直毛、黑瞳的人，也有红发、卷毛、碧眼的人，还包括因两者混血等而产生的各种体貌的人。进而在突厥族由中亚进入西亚，先后建立了塞尔柱王朝、奥斯曼王朝之际，不仅白人血统突厥人的比例大为增加，也出现了卷毛、黑皮肤的黑人血统突厥人。这些都是实际存在的历史事实。

但是，作为历史学的课题来说，则有另外一个方面的问题：并非上述所有的突厥人都意识到了自己是突厥族。或者干脆一点说，实际上他们并不具有这种意识。举一个浅显的例子，对于江户时代初期的越后人、土佐人、萨摩人[8]来说，他们是否都具有大家都属于同一个日本民族这种意识呢？这一点恐怕应该画一个大问号。也就是说，如果回到上述民族的定义上来看的话，第（3）的条件认定其实是非常困难的。

**唐代与现代的
"Uyghur"[9]**

在这里，我想略为谈谈本书里频繁出现的唐代的 Uyghur 与现代中国新疆维吾尔自治区的 Uyghur（维吾尔）族的关系。实际上，古代的 Uyghur 作为一个民族活跃的时代只是从唐帝国到蒙古帝国（元朝）这一时期，其后 Uyghur 的名字一度消失。在蒙古帝国时代以后逐渐伊斯兰化的新疆东部的突厥人，以及更早一些时期在喀喇汗国（黑汗王朝）治下伊斯兰化的新疆西部的突厥人，都按照绿洲都市群的分布来进行自我认识及定位，根据出生地分别被称为吐鲁番人、龟兹（库车）人、疏勒（喀什）人等。

而到了 20 世纪前半期以后，出于政治统一的需要，昔日荣耀一时的 Uyghur（维吾尔）这一名称，遂被拿来成为全体的称呼。也就是说本来不是 Uyghur 人的旧喀喇汗国治下的疏勒人、于阗（和田）人也被称作了 Uyghur（维吾尔）人。此外，古代 Uyghur 人也并非伊斯兰教徒（穆斯林）。

另外，从语言学角度来说，唐代至元代的古 Uyghur 语与近现代的新 Uyghur 语基本同属突厥语，在文法上并没有大的变化。可是两者不仅文字完全不一样，词汇的变化也相当大。换言之，在伊斯兰化以后，阿拉伯—波斯系统的文字及词汇大量流入 Uyghur 语，到清朝以后 Uyghur 语又从汉语借用了大量的词汇。

如此看来，这里所说的"民族"也只不过是相同人种的近代人后来杜撰的结果，这与前近代的人们怎样认识自己毫无关系。由此，不仅同一人种因语言相异可以分为不同的民族，而且像突厥族这样，同一个民族往往也可以由复数的人种构成。对于日本人来说尤其要注意的是，无论过去还是现在，欧亚大陆的大部分地区其实都是多语言世界。一般民众中能操两种语言的人并不鲜见，从事商业贸易或翻译工作的人甚至可以熟练运用三种或更多的语言。在研究信息史料极端缺乏的前近代历史时，我们往往容易陷入一种误区，即习惯用现代的框架去投影过去，仅仅凭借语言来定义民族，将国家和民族视为同样的东西。这一方面，我们必须特别谨慎对待。

如果追溯当今人类的起源，均可以溯源于非洲。因此，在世界历史上并不曾存在所谓的"纯粹的民族"或"纯粹的文化"等东西。即便是人种相同的民族，其实也都是混合的产物。世界上

翩翩起舞的维吾尔族女性　笔者摄于吐鲁番

的民族或多或少都是继承了人类共同的文化遗产才发展到今天，都是历史发展演变的结果。如前所述，人种乃是在久远的大时间框架中慢慢形成的，是后天性的东西。与此相比，民族则是在比前者短得多的时间框架中形成的东西，而且以后还会不断变化下去。在这个意义上也可以说，所谓"民族"乃是一种像"生鲜食品"一样的东西。

被有意识混淆的国民和民族

与人种、民族并列，在容易引起概念混乱的词语中，还有前文提及的"国民"（nation）一词。倘若做一个粗略的归纳，"人种"可以说是生物学的分类，"民族"是文化的分类，而"国民"则可说是政治的分类。所谓"国民"，乃是指一个国家（state）的成员。既然是国家，则必然存在统治者，当然还有领土。而国家的统治者阶层，通常并非是为了别的利益，而是为了自身的利益以及发展才去追求国家的安定，同时，为了提高组成国家的人的同胞意识，而致力于制定并强化相关政策及机构。在近代的西欧出现了下述这样一种虚构的说法，即主张国民国家就是一个

丝绸之路与唐帝国

国家内只有一个民族。但在实际上，所谓一个民族一个国家，或曰一个国家一个民族这样的范例，其实在地球上从来就没有存在过（在一般人的眼中，似乎日本可以视为例外）。而一个民族分为复数的国家，或者一个国家里边有复数的民族，则是历史的常态，也是现实。

在历史上出现的略具规模的国家全都是，或者说至少在其创建时都是多文化和多民族的国家，经过若干世代以后似乎变成了同一个民族。也就是说，用现代的眼光看来，仿佛成为了同一个民族。但其实，所谓民族就是在某种程度上流动变化的东西，没有从神话传说时代以来就一成不变的民族。尽管如此，由于日本是一个岛国，这种特殊情况导致人们很容易就将近代西欧产生的一个民族一个国家、一个国家一个民族这种虚构的国家模式套用在日本身上。前文提到，对于江户时代初期的越后人、土佐人、萨摩人来说，他们是否都具有属于同一个日本民族这种意识其实很值得怀疑。此外，对于飞鸟时代及奈良时代居住于日本列岛东北部的"虾夷人"、居住于奈良地区的"奈良人"，以及来自大陆的移民"渡来人"、居住于九州岛的"隼人"来说，我想他们之间恐怕不会存在同为"日本人"这种意识吧。可是，明治政府却将他们定位成自古以来就是同一的日本民族。

不仅国家的统治阶层有意识地以国民来代替民族，而且在民众当中，多数人也都毫无抵抗地将民族和国民混为一谈，近现代史上这方面的事例为数不少。在这种时候成为关键要素的还是语言。明治维新以后，原本应称为日本国民的人们被称为日本民族，同时明治时期还对朝鲜、台湾强行推广日语，结果最终失败。此外，苏联曾强制要求各民族的自治共和国都使用俄语。这些做法都是政治性的，借此显示在文化上也具有一体性，以促使形成各自共同的连带感。

汉民族的实体　　　　　只是，中国的情况还稍微有些不太一样。

提起语言，在中国不是由口语，而是根据文言，即由书面语言来导向统一的方向。中国在历史上的常态是一个多民族的国家，占人口大多数的汉民族之所以总是主张异民族"同化于汉人"或曰"汉化"，正是因为共同的书面语言，即汉文的存在。

若从现代的角度来说，汉民族自不待言，鉴于新疆的维吾尔族、西藏高原的藏族、内蒙古的蒙古族、广西的壮族都可以读写汉语，遂出现了"中华民族多元一体论"之说。尽管彼此操着互不相通的口语，但是根据书面语言的统一，创造了中华民族这样一个民族。其实大可不必如此，只要遵循其所宣称的多民族国家这一现行根本大法的精神，是没有任何问题的。

所谓中国人即是指中国国民，此与所谓汉民族是不同的问题，而且汉民族也并非铁板一块，没有变化。汉民族这一称呼源自汉帝国。在西汉和东汉的汉文化的基础上，混合北方的游牧文化、西方的佛教文化以及伊朗文化等，从而形成唐文化。就背

　　　　　　　　　　　　　丝绸之路与唐帝国

景来说，唐文化之中显然存在着以五胡十六国时代民族大迁徙为首的异族（用现代中国的说法就是少数民族），以及异国人的大量流入。如此来看，"汉文化"和"唐文化"乃是不同的文化。因此，唐代的汉民族的正确表述应该是"唐民族"（然而倘若用这样的表述，文章会比较费解，所以在本书中仍然沿袭通常的表述方法）。其后，唐代的汉民族、汉文化到了辽、金时代再次发生变化，等进入蒙古族与色目人主导的元朝以后进一步变化，最后则是满族的清朝登场。现在汉民族服装的代表之一是旗袍，而旗袍其实是满人的服装，与汉代及唐代没有任何关系。北京话作为现代中国普通话的基准，实际上也是清朝统治者即满人所说的中国话。中国历史绝不仅仅是汉民族的历史。

在这里郑重声明，我绝不是一个分裂主义者。但是，正如日耳曼民族的大迁徙既是一次大分裂，同时也是一次大融合，这场迁徙给后来欧洲各民族的形成提供了很大的契机。同样，五胡十六国时代也是大分裂和大融合的时代，是新的汉民族的形成期。这里我只是想客观地叙述一个事实，即像五胡十六国时期那种大分裂和大融合，其后也曾多次反复出现，最终才有了今天的汉民族。

被古代希腊人、罗马人视为蛮族的北方日耳曼人开拓了中世纪以后的西洋史。与此同样，五胡十六国以降的中国史，也是由被汉民族视为蛮族的北方异族开拓的。希腊人、罗马人与日耳曼人融合，其后又与阿瓦尔人、保加尔人、可萨人、斯拉夫人、马扎尔人等混血而产生了新的西方人。同样，汉族与五胡（3—5世纪活跃于华北地区的匈奴、鲜卑、氐、羌、羯为代表的游牧民族的总称）融合的基础上，又陆续与突厥、铁勒、吐谷浑、沙陀、党项、奚、契丹、鞑靼、女真、蒙古、满洲等混血的结果，才产生了新的中国人。西方人有很多种类，中国人也有很多种类。

胜利者的理论　　　目前，世界上还不存在"美利坚民族"。之所以这样说，因为无论从人种来说，还是从语言、宗教、文化来看，美国都是多种多样的。可是，美国统治者阶层却竭力给国民灌输同胞意识，国旗和国歌就是其统合的象征。奥林匹克运动会也被巧妙地利用了起来。如果再过一百年，即便宗教无法统一，但语言都是英语，同时具有相同的风俗、习惯，又住在同一个国家，在这种背景下，诞生美利坚民族也绝不奇怪。如此下去，今天还只是美国国民的美国人，将来也许会变成美利坚民族。其实我们过去所知道的大多数民族，或多或少都是经历了与此相似的过程才登上历史舞台的。

写出来的历史往往都只是胜利者的历史。18世纪以后的世界史是基于西方中心史观而写出来的，在中国史上则是中华主义，各国历史总是多数派民族的历史。持续地加以政治性的压力，使人民共有风俗、习惯以及历史（神话），拥有同胞意识。从古至今，这种做法在世界范围内一直被反复使用，而且今后也将继续反复使用下去。在这个意义上，从明治以来的"日本民族神代起源说"到现代的西尾干二[10]《国民的历史》以及"新历史教科书编写会"所代表的民族主义史观、中国的"中华民族多元一体论"、美国的国家主义都是同类的。

这里必须注意的是，基于胜利即正义确立的框架、概念或者展示这一观念的用语等，一旦获得话语权，现代历史学家就要面临不得不沿袭其说法的问题。无论书写和阅读历史的人自身是否为专业研究者，都必须时刻警惕这一方面的一些陷阱。我们出于学术研究的方便起见，不得不经常使用"民族"这一术语，然而满足上述定义，即（1）语言相同，（2）共有相同的风俗、习惯以及历史（包括神话），（3）具有隶属于同一个民族的"民族意识"这三个条件的，实际上只有现代史领域，充其量包括近代史领域。前一小节已经谈到，前近代史领域中的"民族"就未必满足第（3）的条件，而在（2）的风俗习惯里则又往往包含宗教。作为一个学术用语来说，我们可以容许"民族"带有某种能被我们意识到的虚构，但是应该将其与露骨地带有某种意图的虚构，即被政治利用的虚构加以区别。

在"人种""民族""国民"的概念上存在着两种混淆，即有意识的混淆和无意识的混淆。前面提到的种族歧视意义上的种族差别主义（racism），有时也被译作民族主义。此外，当统治者企图在政治、军事、经济方面扩大势力时，"国民"就被放在了优先的位置；相反，当在文化方面希望独立时，"民族"则成为首选。现代所有的民族纷争其实都孕育于这种矛盾之中。另外，民族主义者及国家主义者想贬损政敌时，则经常使用"卖国贼"这类词语来威吓对手。

何谓真正的爱国者　　据说，第二次世界大战期间法国驻日大使、诗人保罗·克洛岱尔说过这样一句话："我绝对不希望看到有一个民族灭亡，那就是日本。我不曾听说其他像日本这样拥有如此令人着迷、从古代传承至今的文明的民族。"作为移民国家，历史短浅的美国人尽管常常挥舞星条旗强化彼此的连带意识，但当其面对西欧人时，却会产生一种强烈的自卑感。在这里，作为西欧人代表的法国人，而且是法国高级知识分子，却如此倾慕日本人和日本文化。日本人完全可以以自身的历史为荣，我本人也一直为自己是日本人而深感自豪。对于在奥运会以及世界杯比赛时挥舞日章旗、高唱《君之代》，我感到很自然。我希望成为一名不逊色于任何人的爱国者。可是，我对于在教育第一线的学校里强制要求升国旗、唱国歌这种做法却十分反感，因为在这里让我们看到了国家权力的影子。

权力的本质就是暴力（军事力量）和经济力，凡是当权者自然都很傲慢，国家权力也不例外。国家的统治阶层为了保护自己的政治、经济利益，总是高喊着"国家利益"这一口号，对于不服从自己的势力则称之为"卖国贼"，因此在现代社会里，教育及媒体经常被当权者利用。在教育以及媒体报道中呈现出来的这种做法，既无视悠久的人类历史，又不了解日本在世界史上的位置，只顾眼前利益而鼓吹爱国心，这显然不是真正为了日本人。

的确，日本的和平宪法是根据美国的需要制定出来的，但是其中却彰显了人类的理想。对于美国、俄罗斯的军事力量，以及别国用核武装等增强军备的做法，我也感到是一个威胁。可是倘若因此便以防卫的名目要建设一个"可以从事战争的普通国家"，却完全是开历史倒车的行为。现在认真反思冲绳、广岛、长崎的惨剧，赞同和平宪法的人们却被一些人揶揄为"和平痴呆症"。说这种话的无非两类人：一是有地位，完全不担心自己或家人有可能被征兵的人；二是期待着通过军需产业来发大财的人。其实无论防卫还是侵略，战争都是经济行为。说到底，都是那些鼓吹"挣钱至上"的资本主义宠儿想打仗。对他们经常挂在嘴上的"国家利益""国际贡献""国家的品格"等漂亮口号，我们完全不可相信。

学习历史的终极意义在于必须明确地认识到下述这一点，即无论人种、民族，还是语言、思想等，均没有所谓纯粹的东西，这些都是长期混合形成的历史性产物，因此没有任何优劣差别之分。要自认为是爱国者的话，就应该深入考虑人类史上"国家的本质"，即直到最近才开始具有国境概念的所谓国家的本质，认真研究包括国境问题在内的国家构造应该何去何从，这一今后人类史上的最大课题。佛教的基础教义中有"诸行无常"之说，所谓无常也就是"所有的东西都发生变化"。真正的佛教徒知道，任何人种及民族都是无常的，因而绝不会陷入人种歧视与民族主义的泥潭之中。

打破西方中心史观

近代西欧文明的优越与极限

人类从宗教的桎梏下获得解放是在"近代"。从古代到中世纪，即在整个漫长的前近代时期，人类一直把雷电、暴风、洪水、地震、海啸、疫病等自然灾害看作天意而产生敬畏。可是，随着炼金术、魔术变为化学、物理学，伴随着科学和自然科学的发展，自然灾害已不再是天意所为，"地心说"已经被"日心说"取而代之。而且，以科学文明和技术发达为支撑的资本主义在所有领域的数据上都呈现飙升的趋势，取得了巨大的"进步"，资本主义被视为绝对的"善"。最早察觉到其中潜在陷阱的人们，于19世纪推出了共产主义。尽管共产主义是资本主义的反动，也是一场理想化的人类革命的宏大试验，但理论和实际并未合拍，人类并没有像理论那样如愿以偿。随着20世纪末期开始呈现分崩离析的状态，资本主义的浪潮再也不可阻挡，迅猛地席卷着全球。

资本主义的前提是民主主义，而民主主义最基本的则是自由、平等、人权、少数服从多数、法治主义。虽然诸如自由竞争、机会均等、少数服从多数等听起来都十分"民主"，然而在其之下却陷入了"只要数字指标上升，无论做什么都可以"这样一种状态，导致了无视环境的开发至上主义。另外，贫富差别以及社会的不平等不仅表现在个人之间，同时也在各个民族之间、各个国家之间扩大了起来。科学技术的进步仅仅使一部分人致富，这在全世界范围内引起或正在引起一系列的问题，从近代西欧的殖民地统治到现代毫无节制的环境破坏等，都与此有关。

20世纪的亚洲和非洲的"现代化"实际是"西欧化"、资本主义化、民主主义化。的确，截至不久之前，上述这些与自由、平等、基本人权等现代化的基本要素一样，一直被视为由西欧基督教世界所完成并馈赠给全人类的普遍价值观。而且人们一直坚信，工业革命以来的科学文明，其进步总是"正义的"，将西欧的价值观推广到全世界是绝对正确的。

但是，对于现在21世纪面临的能源、人口，以及放弃战争的和平主义理想等问题，谁都可以清楚地看见，仅凭西欧基督教世界产生出来的资本主义、民主主义、自由主义，显然不可能来加以解决或者加以实现。甚至"自由"一词也不再成为金科玉律，在经济界，"自由"甚至正在成为与"公正"对立的负面概念。关于这一方面，恐怕有待于学术界和思想界进一步探讨。由于我们并非预言家，在这种情况下就只有尽可能地去向过去的历史寻求答案。这里所说的历史，必须是站在尽量客观、公平的立场上所写的历史。

理科系统的历史学、文科系统的历史学、历史小说

在我看来，历史相关论著可以分为三个范畴，即理科系统的历史学、文科系统的历史学和历史小说。在扩大"知识疆域"这个意义上来说，三者没有优劣之分，但其区别则是很明显的。

所谓理科系统的历史学，是指基于原始史料展开精密的论证，并且必须经得起其他人的验证推敲，也就是说要经得起理工科常说的"二次实验"的史学学术论著。但是，由于前近代的历史大都是偶然残留下来的一些东西，通常缺乏一些必要甚至是关键的史料。因此在复原历史的过程中，为了填补这些空白往往不得不进行一些"推论"。坚持基于学术良心进行历史推论的做法就是文科系统的历史学，而不负责任的做法则是历史小说。小说家写的历史读物之所以畅销是因为通俗有趣，其中即便有误解或有意识地曲解史实之处，也是不用负任何责任的。

目前广为人们所知的小说《三国演义》支撑连环画及电脑游戏，就是一例。在《三国演义》中，关羽、张飞、诸葛孔明等纵横驰骋，使人感到魅力无穷。《三国演义》固然是以正史《三国志》为蓝本而写成的，然而那些使我们感到兴奋，觉得有意思的地方几乎全都是编造的东西，因此绝不能称为史书。当然，我在这里并不是要全盘否定历史小说。历史小说只要不脱离正确传达时代氛围这一基本原则，即便多少有些虚构及夸张，对于培养人们的历史意识也是有所裨益的。但是，历史小说往往并非聚焦于过去的时代，而是容易被以十年为单位瞬息万变的现代的思想以及政治形势所左右，有时甚至沦为带有政治意图的宣传。将这些历史小说转换成影像的作品也不例外，最近在电影或电视上登场的圣德太子、新选组、源义经[11]等，都反映了这一倾向。

以近现代史为重点的历史评论也可以包括在文科系统的历史学之中，但是如果故意只把对自己主张有利的东西无限放大，来误导人们的话，那就不能称之为文科系统的历史学，而是历史小说，换言之，就是虚构。例如，那位明言"自己是历史的门外汉"的西尾干二在《国民的历史》一书中，全力走出中华中心主义影响的中国史研究者的观点和西方中心史观，力图从中央欧亚史的角度来重新观察中国史。在这一点上来说，该书与本书有相通之处。但是，该书却又将人们反省战前日本军国主义的立场斥之为"自虐史观"，与那些抱着其他政治目的，竭力主张彻底培育所谓爱国心，并积极从事相关活动的势力同流合污。因此我们只能遗憾地说，该书无论如何都无法归入文科系统历史学的范畴。

本书试图在文科系统的历史学范畴之内，尽可能地以"通俗、易懂、有趣"为目标，同时也会尽力去保障理科系统历史学所要求的证据，其中之一就是对于人名、地名、官职称号及出处的记载。在读者中间，恐怕会有人对本书中经常出现的诸如"我这样认为""根据某某的见解"等叙述方式感到不太适应，以为历史应当客观地罗列事实，不应该用这种表述方式。但是，我的想法有所不同。如果站在理科系统历史学的立场上来看，对于发现新说的人，无论是从保护知识产权还是其他方面，都应该进行必要的表彰；而从文科系统历史学的立场上来说，由于解释多种多样，也有必要明确每种解释的责任所在。无论是丝绸之路还是唐帝国，都是多民族、多语言、多文化的世界，对其进行研究伴随着很多困难，因此必须广泛利用对此抱有同一问题意识的其他研究者的研究成果，同时彼此还必须经常进行各种研究信息交流及共同调查等。本书为了让广大读者对以唐代为中心的丝绸之路研究的最新成果有所了解，会经常提到相关研究者的名字，不论该研究者研究资历的深浅或是否著名。这样做并不是出于照顾同专业研究者的需要。应该说，这一点其实正是本书与以前各类概论性著述的不同之处。

**何谓真正的
"自虐史观"**

在我看来，坦率地记述诸如日韩合并、九一八事变、南京大屠杀，以及从军慰安妇等 20 世纪前半叶日本帝国主义的黑暗面，绝不能称为"自虐史观"。真正的"自虐史观"是一方面无视自身的根基——伟大的亚洲文明，另一方面却盲目地追从西欧中心史观，认为只有欧洲发展起来的近代西欧文明才是人类应该共同努力的方向。这种西欧中心史观从明治时代以来一直存在，在日本以西洋史学为中心的历史学界、历史教育界的最前线，随处可以见到其影响。在明治以来日本的世界历史教科书中，对农业发明以来一万年，尤其是对游牧民族登场以来三千年的人类历史大潮流缺乏一个客观的把握，而对于在18世纪后才称霸世界的西欧诸国所记述的自我中心的世界史框架中，却只是略加增补修改便囫囵吞枣地全盘接受了下来。其实，这种世界历史教科书才真正应当称为自虐史观的象征。

有一些在社会上很有名，然而实际上并不懂世界史的评论家经常放言，说现代是世界史上第一次划时代地进行"文明的统一"的时代，现代化是汹涌澎湃的全球化世界的大趋势等。我每次听到这些言论，都为西欧中心主义的思想竟然如此深入地渗透到了日本知识分子的骨髓之中而感到震惊。在这里我想说的是，在西欧所谓"现代化"的大潮之中，绝不存在世界变成为一个国家的可能性。上面的言论只不过是那些不懂世界历史，却掌握着军事力量（在国内则是警察力量）和经济力量的当政者的说辞，是他们为了自己的利益而有效地控制老百姓的宣传口号或者花言巧语而已。今天的美国拥有基于高度膨胀的、压倒性军事力量的支配能力。不过，全世界究竟又会有多少人期盼着在这种令人不快的背景下实现世界统一呢？

现存世界上最早的史学著作，出自公元前5世纪希腊的希罗多德之手。希腊与其当时最大的敌人——波斯帝国的阿契美尼德王朝——之间的战争乃是该书最主要的内容。实际上，我们不能被马拉松战役的故事蒙住了眼睛。当时的波斯与希腊相比，无论是从领土的辽阔程度，还是从人口或经济力量等方面来看，都占有压倒性的优势。在希波战争中，希腊并没有战胜波斯，只是偶然没有失败而已。而波斯真正的对手是位于黑海沿岸草原地带的游牧民族斯基泰人，希腊在当时并不是波斯需要认真对付的敌人。可是希罗多德却认为，世界自古以来分为欧洲和亚洲，两者一直不断对立、抗争，在希波战争中，希腊战胜了波斯，也就是说欧洲战胜了亚洲。其后，希罗多德又谈到了在希腊北方接近欧洲东部草原地带的马其顿的情况。马其顿的腓力二世征服了希腊，继而承袭腓力二世的亚历山大又远征波斯阿契美尼德王朝，并最终击败大流士三世。通过上述这些叙述，希罗多德所描述的"欧洲善，亚洲恶"这一范式就非常容易为后世的欧洲人所接受了。

近代西欧列强以武力进入亚洲，随之而来的残暴的杀戮，实际上都是这种希罗多德以来的历史观导致的结果。美国的布什政府将基督教与伊斯兰教的冲突视为文明与恐怖主义的对立，要求人们必须在两者之间做出选择，也是基于同一个原因。

人们常说西欧历史源于古代希腊、罗马，其实这只不过是近代西欧从自身利益出发而编造出来的一个幻象而已。16世纪以后，西欧世界通过海上通道直接接触到了中国。在早期阶段，西欧曾为中国悠久的历史与高度的文明而感动不已，并使这种感动向人文主义方向发展，热衷并沉醉于正面意义上的所谓东方趣味或中国趣味之中。但是到了19世纪，随着西欧以武力进入亚洲的步伐加速，西欧却得出了一个结论，即认为相对于不断进步的欧洲来说，亚洲历史的特征显得停滞不前。于是，此前本来是并列存在的各个文明圈的历史，此时却由于西欧的称霸世界而被人为地统合了起来，"统一的世界史"由此宣告诞生。

重新审视日本人的历史意识

实际上，与 18 世纪和 19 世纪的情况不同，现代西欧的知识分子已经克服了对亚洲的文化自卑，现在开始承认一个基本事实，即古代的希腊罗马与西欧在地理上没有联系，哪怕从历史或者文化方面来看也并没有直接的联系。大多数研究者都接受了下述观点，即柏拉图、亚里士多德等的著述，这些对西欧人来说可称之为精神源泉的西欧经典，实际上是从当时在文化上占有压倒性优势的伊斯兰世界中吸收了很多东西，而且继承了拜占庭的希腊正教，即东正教世界的文化。而真正的西欧世界的诞生则是在 12 世纪前后。也就是说，在现在的欧美，大家已经普遍认识到，西欧中心主义的世界史观不过是一种虚构的想象：引领现代世界西欧及北美的文明起源于继承了美索不达米亚和埃及文明的古典时代。这种文明进入中世纪以后虽略有衰微，然而通过文艺复兴又成功地得以复兴，再经过大航海时代，其灿烂的光辉遂得以普照整个世界。

尽管如此，为什么在日本却继续流行着这种以西方为中心的世界史虚构想象呢？究其原因，当是因为接受了明治时代以后教育的日本人自身的思维方式也被彻底西化了。其责任当在于《高级中学世界史教科书指导要领》[12] 以及将其奉为圭臬的教科书检定官员们。因为该《高级中学世界史教科书指导要领》原则上不允许对明治时代导入的、19 世纪的欧洲中心主义世界史规范进行任何变动；此外，许多高中的世界史教师虽然感觉到有问题，并对自己的无知而感到不好意思，但因为有学生高考升学的压力，却也不希望世界史教科书的内容有变动，这些高中教师实际上也在支撑着上述现象的继续存在。

当然，把责任只归咎于不得不面对大学升学考试现实的高中方面是不公平的。实际上，大学方面也有很大的责任。长期以来，大学所出的入学考试试题总是以西洋史和中国史为中心。因此，如何站在新的视野上出好入学考试试题，并拥有不畏惧社会以及媒体批评的勇气和见识，将是大学将要面临的挑战。

在这篇序章中，我围绕"摆脱自虐史观"这一问题进行了一些讨论，然而这绝不是要为那些国家主义者或是不负责任的爱国者张目。我由衷地期盼着日本为近邻诸国所信赖，大家都能举双手赞成日本成为常任理事国；并盼望高举和平宪法这一人类最高理想旗帜的日本会成为引领世界的"文明国家"。为此，我衷心地期望作为国际人的日本人都能拥有与之相应的历史意识及自豪感。

第一章

丝绸之路与世界史

中央欧亚视角

所谓"中央欧亚"在何处?

　　"中央欧亚"在以重新建构世界史为目标的历史学界早已成为常识,然而直到最近,这个专业术语才为大众所知。所谓"欧亚大陆",大家都知道是指亚洲大陆与其西部如同半岛一样相连的欧洲大陆的合称。欧亚大陆再加上隔着地中海的北非称为"欧亚非大陆",这一地区乃是近代以前世界史的主要舞台。人们熟知的"四大文明"无一例外都是兴起于这一区域中位于干燥地带的大河流域。所谓"中央欧亚"则是指整个欧亚大陆乃至欧亚非大陆的中央部分,即从大兴安岭以西的内外蒙古高原到里海周边的内陆亚洲,再加上从南俄(乌克兰)到东欧中部附近的这片区域。

中央欧亚主要由整个欧亚大陆中降雨量最少、水资源最缺乏的沙漠地带和干燥程度仅次于前者的草原地带构成。就中央欧亚有代表性的地段而言，从东往西首先是连绵的草原地带：大兴安岭周边—蒙古草原—准噶尔草原—天山山脉内部草原—哈萨克草原—乌拉尔草原—南俄草原—喀尔巴阡草原；其南部则是一连串的沙漠地带：戈壁沙漠—塔克拉玛干沙漠—克孜勒库姆沙漠—卡拉库姆沙漠。松田寿男所提倡的"天山—锡尔河"一线，其实正是中央欧亚草原地带和沙漠地带的分界线。来自北冰洋和西伯利亚的湿润空气因为这条分界线的阻挡进入不了沙漠地带，因此在分界线的南侧是由草原和沙漠交织而成的一系列半草原半沙漠带，即内蒙古（包括黄河河套的鄂尔多斯）—宁夏—甘肃—青海—西藏—克什米尔（犍陀罗）—吐火罗（巴克特里亚）等。也就是说，就整个中央欧亚的地形特征而言，自北而南依次为草原带—沙漠带—半草原半沙漠带的三重构造。

值得注意的是，中央欧亚不仅有上述横向的变化，在山脉上还有纵向的分布变化。这里先举一个例子来加以说明：在天山山脉中，海拔在两千米至三千米左右的地方分布着许多大小不一的盆地，这些盆地都是非常壮观的大草原。而在天山南麓，在较前者海拔稍低的地方却显露出了呈半沙漠状态的山体，而且随着山体高度的下降进一步变成了光秃秃的山坡，一直延续下去成为沙漠。与此相对的天山北麓，即便海拔下降到一千米左右，大部分地区仍然呈草原样态。当海拔继续下降，才会出现近似于沙

丝绸之路与唐帝国

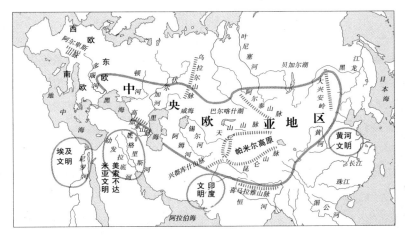

中央欧亚与四大文明圈的位置关系（附西欧部分）

漠的草原。不过在北麓，即使降到海拔五百米的地方，河流周边还是存在着大片可供农耕的地带。天山山脉是由呈锯齿状分布的众多山体连在一起而组成的山脉，观察每一座山都可以看到，山峰北坡要比经常受日光直射的南坡绿色更多。在超过三千米的天山，北坡上针叶树森林郁郁葱葱，与南坡上的草原形成了鲜明对照。而再往上去，一旦海拔超过四千米，整个山峰则被冰雪覆盖。

中央欧亚大的山脉固然很多，但我们不能忘记在这些巨大的山麓以及山脉之外还有很多辽阔的草原，其中特别值得注意的是天山山脉。天山山脉中的巴音布鲁克草原，过去在日本被称为裕勒都斯溪谷，由于使用了"溪谷"这一词汇，导致出现了不少误解。其实这个所谓"裕勒都斯溪谷"就是巴音布鲁克草原，东西长达二百五十公里，南北宽约一百公里。除此之外，在各个山脉中还分布着众多大大小小的草原：相当于欧亚大陆脊梁的帕米尔高原、天山山脉、昆仑山脉、喀喇昆仑山，兴都库什山脉等自不待言，作为中国东北与蒙古高原分水岭的大兴安岭、蒙古高原与准噶尔盆地之间的阿尔泰山脉、甘肃省与青海省的分界线祁连山脉、横亘于西藏与印度之间的喜马拉雅山脉、划分亚洲与欧洲的乌拉尔山脉等都是中央欧亚的自然景观。

上面提到的这些山脉都是巨大的蓄水库，也是游牧民族诞生的摇篮之地。中央欧亚历史上活跃着突厥民族，在他们的古代语言中，一般表示"山"之意有"taγ"一词，除此之外还用另外一个词"yïš"来表示"大山中的森林和草原、山中的牧场"。中央欧亚最主要的大草原地带曾经是若干个游牧国家的发祥地及根据地，诸如蒙古高原的乌德鞬山（Ötükän yïš）和阿尔泰山脉（Altun yïš），以及鲜卑裔游牧民集团的故乡大兴安岭（Qadïrxan yïš）等，这些地方都是使用的"yïš"这个词，而非"taγ"，这一点其实有着很重要的意义。

游牧民族的故乡　　　尽管在河流、湖泊和沼泽周围以及山中高海拔的北坡等地都生长着茂密的树木，但总的来看，中央欧亚是一片由草原和沙漠构成的干燥地域。也正是因为这里是干燥地域，所以本书的重要主题之一"丝绸之路"才会出现在中央欧亚。所谓"丝绸之路"，并非人工建成的

丝绸之路与唐帝国

高速道路，而是在古代完全不具备使用机械等条件的情况下，自然形成的一条道路。正因为如此，避开那些必须使用工具及人力才能开拓的森林地带，穿过

天山山脉中的牧场 天山山脉中的草原上放牧的羊群。天山山脉中有着大大小小的很多片草原。笔者摄

一望无际的草原及沙漠成为一个十分自然的选择。也就是说，在中央欧亚连接各个文明圈的这条交通线是天然的。上述这些文明圈包括：在"四大文明圈"基础上进一步扩大发展起来的东亚农耕文明圈、南亚农耕文明圈、西亚半农半牧文明圈，以及稍晚一些出现的欧洲半农半牧文明圈。

中央欧亚在人类历史上所起到的另一个巨大作用，就是在距今大约三千年以前孕育出了游牧民族。在我看来，人类历史上最大的发明无疑是农业。世界各地都有农业，南北美洲大陆上独立发明了农业，澳洲大陆以及撒哈拉沙漠以南的非洲大陆或许也产生了农业。可是，在地球上的各个大陆中，之所以唯有欧亚非大陆才孕育并发展起与近代直接关联的文明，则是因为只有在这一区域才出现了游牧民族，只有这里拥有中央欧亚的原产马。正是在从四大文明圈发展起来的农耕民与从中央欧亚发展起来的骑马游牧民之间的对立、抗争、协调、共生、融合等关系之中，才催生了欧亚非大陆生机勃勃的历史，孕育了与近代直接接轨的高度文明。另外，虽说没有马的所谓"单纯游牧民"更早就已经存在，然而我在本书里提及的游牧民及游牧民族，则都是指游牧骑马民或游牧骑马民族而言。

此外，倘若进一步就中央欧亚的世界历史意义而言，中央欧亚西部，从乌克兰草原到高加索地区又是印欧语系的发祥地，其东部，从蒙古高原到大兴安岭周边的地区则是阿尔泰语系的故乡。这两大语系在以后的世界历史上扮演了无可替代的重要角色，发挥了无与伦比的巨大作用。想到这些情况，中央欧亚的重要性更是不言而喻。

北部中国与中亚 本书的主要舞台在中国本土，集中于既是唐帝国政治中心同时也与陆上丝绸之路直接相连的北部中国（华北），及其北方的蒙古高原和再往西去的中亚地区。北部中国的范围包括属于中华人民共和国的内蒙古自治区，与现在的蒙古国（即外蒙古）之间横亘着戈壁沙漠。我在后文中将把戈壁以北地区称作蒙古、蒙古本土或漠北，将戈壁以南地区叫作内蒙古或漠南，以示区别。出现需要将两者合起来论述的时候，则统称为内外蒙古或者蒙古高原。

另一方面，在北部中国以西的中亚地区，自古以来被称作"西域"。所谓"西域"，原来的意思是汉代中国西端几个关门，即敦煌西边的玉门关、阳关以西的地区。最早只是指汉帝国统治所涉及的天山山脉以南的塔里木盆地，也就是通常所说的天山南路。后来进一步将帕米尔高原以西的地区也囊括了进来，通常也包括波斯。然而像玄奘《大唐西域记》

戈壁沙漠 流沙较少，但碎石较多。其中有草的地方可以放牧骆驼、绵羊及山羊。笔者摄

所写的那样，把印度也包含其中的情况却并不常见。在近现代使用"中亚"这一称呼时，无论是狭义还是广义，其范围都相当"不一致"，而这些"不一致"则与构成中亚地区核心的"突厥斯坦"这一称呼有着密切的关系。

所谓"突厥斯坦"，在波斯语中是"突厥人的国家，操突厥语的人们的土地"之意。9 世纪的回鹘帝国崩溃以后，以回鹘为首的突厥裔各民族大迁徙加速了天山山脉以南（塔里木盆地）地区的突厥化。在此之前，"突厥斯坦"乃是操突厥语的农耕世界的一个用语，指"天山—锡尔河"一线以北的突厥裔游牧民族所在的草原世界。然而到了 9、10 世纪，随着曾经为印欧语族所占据的"天山—锡尔河"一线以南的沙漠绿洲地区逐渐突厥化，"突厥斯坦"一语反而变为主要指这一区域。所以严格来说，近现代以来的"突厥斯坦"这一称呼只能追溯到唐代以后。然而历来的各种书籍中，"突厥斯坦"作为一个人文地理的概念，在特指唐代以前的中亚（一部分）时被频繁地使用，这一点需要引起我们的注意。

但是，"中亚"在不少情况下是作为包括草原地带在内的、广义上的"突厥斯坦"的同义词来使用的，实际上是中性的中亚概念。顺便说一下，吉尔吉斯语、哈萨克语、乌兹别克语、土库曼语都属于突厥语系统，只有塔吉克语是波斯语系统。不过，在塔吉克斯坦的居民中也有人讲突厥语。经过苏联时代，俄语也深深地渗入这五国之中。另一方面，在新疆维吾尔自治区，虽然维吾尔语以及哈萨克语等突厥语系统的语言居于优势地位，但是汉语也在迅速地普及。再有需要提及的一点是，受苏联学界的影响，一部分研究者还残存着一种倾向，即只把苏联五个共和国的范围当作中亚来看待。然而在日语的"中亚"这一概念中，却并没有这种将新疆排除在外的传统，也没有这种用法。

学术界最常用的是更加广义的中亚概念，即将其范围进一步向广义的"突厥斯坦"的东方和南方扩大：向东包括东方戈壁沙漠，东方戈壁沙漠周围的蒙古草原部分和内蒙古到甘肃省西北部的河西走廊；向南方则包括青海、西藏、克什米尔、犍陀罗、阿富汗。换个视点来说，广义的中亚就是从东部的大兴安岭到西边的乌拉尔山脉、里海之间，从南方的喜马拉雅山脉到北方西伯利亚之间的草原及沙漠地带。这个地区也多被称为内陆亚洲。

综上所述可知，中亚有着各种各样的概念，广义的、狭义的，

主要王朝交替略图（3—10世纪）

西亚	中亚	新疆	蒙古高原	青藏高原	中原地区	朝鲜半岛	年代
					东晋 / 五胡十六国		
							400
萨珊王朝	粟特诸国	嚈哒 / 高昌	柔然 / 高车	柔然	北魏 / 宋	高句丽 / 百济	
				吐谷浑			500
	突厥 / 西突厥	突厥第一帝国 / 西突厥	突厥第一帝国 / 东突厥		南齐 / 梁 / 陈 / 西魏 / 北周 / 东魏 / 北齐	新罗 / 东魏 / 北齐	
正统哈里发					隋		600
倭马亚王朝	唐	唐 / 突厥第二帝国	唐 / 突厥第二帝国		唐	唐	
				吐蕃			700
阿拔斯王朝	倭马亚王朝 / 阿拔斯王朝	东回鹘 / 西回鹘	东回鹘 / 黠戛斯			新罗统一 / 渤海	800
	萨曼王朝		契丹·鞑靼				900

还包括一些折中的理解，其范围及用法也是因人而异。因而，要想将其加以严格的定义不仅很困难，还会产生一些附带问题。因此我在此声明，本书在涉及将通常被认为属于北亚的蒙古高原也包含在中亚之内的场合，一般采用"内陆亚洲"或"中央欧亚东部"这样一种表述，但是在引用前辈学者的论述或与我正在进行学术论争的学者的论述时，在他们使用"中亚"这一表述的情况下，我也往往会使用同一术语。简言之，对于"中亚"这一概念，我将本着具体情况具体对待的原则来加以处理。

农牧接壤地带　　　　　提到中国，或许大家马上会联想到农耕地带。但实际上在中国本土，过去不仅在内蒙古有一望无际的草原，而且在内蒙古的南侧也都曾是辽阔的草原地带。在河北省北部、山西省北部、陕西省北部、宁夏回族自治区、甘肃省等地，农耕地和游牧用的草原纵横交错，可农可牧的土地曾大量存在。而且，在这一片包括内蒙古草原在内的游牧地带，曾经先后涌现过许多游牧民集团，匈奴、羯、鲜卑、氐、羌、稽胡、突厥、沙陀、党项、吐谷浑、奚、契丹等游牧民族，他们驰骋纵横，活跃于这一区域。从秦汉与匈奴对抗的时代开始，经过五胡十六国，再到北魏、隋唐、五代，进而到辽、金、元三朝，在整个中国历史上，以草原为根据地的游牧民族绝不只是客人，他们是与身为农耕民族的汉族同样的、中国历史上的另一位主人。请各位读者首先对此要有一个清醒的认识，若想使得中国史真正摆脱教条的禁锢，这是很重要的一点。

五胡十六国时代之前，西晋文臣江统曾说，在关中（以长安为中心的渭水流域）百余万人口之中，半数为戎狄。江统此言并不夸张。东汉末年的战乱导致汉族人口急剧减少，五胡乘虚而入。经过三国、西晋之后，中国北部涌现了许多由五胡建立的政权，最终由鲜卑族的北魏统一了北部中国。由北魏分裂出来的东魏和西魏、承袭东魏和西魏的北齐和北周，以及不光取代了北朝，而且把江南也纳入手中从而再度统一全中国的隋、唐，这些王朝无一例外都是由鲜卑裔拓跋部出身的人建立起来的，因此可将这些王朝统称为"鲜卑裔诸王朝"或"拓跋国家"（杉山正明语）。鲜卑族原来生活在大兴安岭周边的草原森林地带，后来逐渐南下，在内蒙古草原地带发展壮大起来。随后整个集团继续南下，将农业和游牧的交汇地区变成了自己的根据地，从而控制了北部中国，并最终发展成再度统一中国的大帝国。

近十来年，越来越多的研究者意识到，相对于内蒙古草原地带而言，位于其南侧的这种半农半牧地带的重要性更值得注意。从那些认为汉民族都是农耕民或者都市民、汉民族就是中华民族（中国人）的论者的立场来看，他们将这一地带称之为"长城地带"是包括了"边境"的含义在内的。而在我们看来，鉴于汉民族的半数来自游牧民，这一地带不仅不是什么"边境"，确切地说应该是游牧民与农耕民交汇的"接点"，是孕育和产生中国史能量及活力的中心地带。因此，这一地带的称呼也因人而异：妹尾达彦把这一地带叫作"农业·游牧分界线"；石见清裕则沿袭拉铁摩尔（O. Lattimore）之说，将此称作"蓄水池"或"（中国北部）带状地带"；我以前把这一地带叫作"农牧接壤地带"；最近妹尾达彦又将此地新命名为"农业—游牧分界地带"。在本书中，在考虑到"农业—游牧交杂地带"这一含义的前提下，我将继续使用"农牧接壤地带"这一名称。

从河北、山西北部的"燕云十六州"延伸到陕西、宁夏、甘肃的六盘山、贺兰山、祁连山一带，这一辽阔的农牧接壤地带对中国的历代王朝来说都是一把双刃剑。当王朝能顺利地控制这一区域时，就会呈现出像唐朝前半期那样的大繁荣局面。然而如果局势一变，同一地区却又会成为培养和支撑像安史之乱那种动乱势力的摇篮，该王朝也会变成如五代沙陀诸王朝（突厥系统）、辽（蒙古系统）以及西夏（党项系统）那样的所谓"征服王朝"出现的舞台。

顺便说一下，倘若单就可以畜牧的小规模草原而言，在河北省南部、山东省和河南省北部、山西省南部、陕西省南部等地也散见一些小规模草原。黄土地带乃是中国北部农业的基础。专门研究黄土地带的原宗子在近著中批判说，中国的农本主义实际上要依赖畜牧业，然而在理念上却又尽力排斥贬低畜牧业；斋藤胜在最新的论文中也主张，中国北部的畜牧业不仅不劣于农业，而且可以说是十分盈利的产业。两人的研究结论可谓不谋而合。

与在农耕都市民和游牧民对抗相争之中发展的中国史相呼

应,"万里长城"将这一农牧接壤地带或往北推或往南移,在历史上来回不断变动。当农耕都市民与游牧民一体化时,万里长城就变为了无用之物。就其典

蒙古草原　在辽阔的草原上,奔跑着孕育了游牧民族的马群。笔者摄

型时代而言,首先是唐朝,其次是元朝和清朝。行文至此,附言之,万里长城不仅是阻挡游牧民入侵的屏障,也起着阻止在农耕中国不得志的读书人、军人以及为赋役所苦的贫苦农民北逃的作用。

何谓丝绸之路?

丝绸之路定义的变迁　　本书标题里的"丝绸之路"一词,最早由19世纪德国地理学家李希霍芬(Ferdinand von Richthofen)提出,即德文"Seidenstrassen",后来又由英国的马尔克·奥莱尔·斯坦因(M. A. Stein)翻译为英文"The Silk Road",就是我们常说的"丝绸之路"。在当今世界,丝绸之路一词有多重含义,所指范围也各有不同。在20世纪前

半期，英国的斯坦因、瑞典的斯文·赫定（Sven Hedin）等学者活跃于中亚进行学术探险。他们发现古代的丝绸制品遗物，以及有关丝绸贸易的文书地点几乎都集中在中亚的沙漠绿洲地带，因而"丝绸之路"也就很自然地成了"沙漠绿洲之路"的代名词。

但伴随着明治时代以来日本的东洋史学，尤其是在东洋史学中占有重要地位的内陆亚洲史学和东西交通史学的迅速发展，20世纪30年代以后，"丝绸之路"不仅仅指"沙漠绿洲之路"，也包括横贯中央欧亚的"草原之路"以及经由东南亚的"海洋之路"。在这一过程中，松田寿男博士的研究起到了决定性的作用。松田博士首先从史籍中发掘出了以下史实：在和平时期，匈奴、鲜卑、突厥、回鹘等，这些建立在蒙古高原与天山山脉的草原地带游牧国家与中国王朝的贸易，主要是围绕草原上的马与中原的绢而展开的，松田博士将此命名为"绢马交易"，并且还弄清楚了下述问题：对于中央欧亚游牧国家的发展来说，商业乃是必不可少的要素，尤其究明了绢既作为商品又作为货币这一事实。他也论证了作为远距离交易的"草原之路"的重要性等问题。继而，松田博士还将视野扩大至整个亚洲历史，撰述了数种有关亚洲史的通史著作，提出丝绸之路还应该包括"海洋之路"。时至今日，松田博士的主张已经成为学界的定说。

在历史研究中开拓东西涉史领域，发现了丝绸之路的"草原之路"，乃是我国东洋史学界为史学研究做出的巨大贡献。然而日本高中世界史教科书中，在谈及丝绸之路时大多仍然沿袭

着李希霍芬的原意，
仅仅把"丝绸之路"
等同于"沙漠绿洲之
路"。在这里，我们
明显可以看出在高中
世界史教科书中，西
欧中心主义的影响
仍然存在。如果从

沙漠绿洲都市敦煌 位于河西走廊西端，西域入口处，由此连接南方的西藏。笔者摄

反映当今东洋史学研究情况的角度来加以定义的话，"丝绸之路"
首先应该包括"沙漠绿洲之路"和"草原之路"两个方面。本书
提及"丝绸之路"时，就是指包括这两方面在内的"陆上丝绸之
路"而言。但是，当我们俯瞰整个欧亚大陆的历史，还应该将从
中国南部出发经由东南亚、印度直到西亚的"海洋之路"也纳入
视野之中。碰上那种情况，本书就不再单称作"丝绸之路"，而
称之为"海上丝绸之路"。

东西南北的网络

"丝绸之路"绝不是一条"线"，而是一
个"面"。有关丝绸之路的入门书以及学
习参考之类的书籍，在讲到丝绸之路时，总是举出中亚的天山北
路（草原之路）和天山南路（沙漠绿洲之路），而天山南路则进
一步分为沿塔里木盆地北部的西域北道，以及沿塔里木盆地南
部的西域南道，并通常以东西向的三条线来加以图示。这往往给

人一种错觉，似乎丝绸之路就像是人工铺设的一条道路一样。可是实际上，丝绸之"路"大部分都是沙漠及草原上没有道路的道路。除了有一些谁都必须通过的狭窄的峡谷和山梁，其实从哪儿走都可以。而且即便是那些狭窄的峡谷及山梁，倘若因为自然条件或者人为的原因难以通过，人们马上就会迂回地从其他峡谷及山梁过去。

此外还有一个问题，由于天山南北路都是呈东西走向，所以人们往往将丝绸之路误解为东西贸易路。然而如果阅读一下比较详细的入门书或者历史地图就可以知道，丝绸之路不仅是东西走向，同时也向南北延伸，若将这些支线合起来，则呈现出一种很细的网状结构。网眼的各个接口（交叉连接点）是交通要塞；在这些要塞几乎都出现了大大小小的城市。也就是说，丝绸之路并不是连接东西的线，而是向东南西北各个方向扩张而形成的一张巨大的网络。我把丝绸之路视作"面"的主要原因正在于此。

我们将丝绸之路分为草原之路、沙漠绿洲之路、海洋之路，而上述这些路线不是将中国和西亚连接起来，就是将中国与罗马帝国连接起来，总给人以东西交涉交流的印象。但是倘若把丝绸之路作为一个网络来理解的话，我们就可以明白，丝绸之路绝不仅仅局限于东西方向，同时也有南北方向这一特点。从中央欧亚再往北的北方欧亚地区出产高级毛皮，南海则盛产香药。如果除去北方欧亚地区的高级毛皮以及南海的香药只谈丝绸的话，丝绸之路也将无从谈起。正因为这是一张东西南北交织而成的交易网络，所以世界各地的名贵特产，诸如丝绸制品、金银器、玻璃、香料、药品、毛皮（详见后文）等商品，才能在这一复杂的网络中流通。

正因为如此，人们也往往截取这种面向东南西北方向远距离贸易通道的其中一部分，按其特点分别称之为"黄金之路""白银之路""玉石之路""玻璃之路""香料之路""毛皮之路"等。作为丝织物传播途径的"丝绸之路"，最初不过是与上述名称相同性质的称谓之一而已。只是在上述特产之中，丝绸可谓是最具代表性的一种特产，因此"丝绸之路"这一术语很容易就得到了大多数人的赞同，进而普遍地流行了起来。所以说，"丝绸之路"只不过是这种东西南北交易网络的一个代名词，或者说是一个雅称。再则，如果我们知道在中央欧亚各地出土的丝织品种类及其分布的广泛程度，了解到这些丝织物的图案及其织造技术之精湛，看到从中表现出来的人类文化之深奥后，谁都会觉得这一称谓是最贴切的了。相信随着新一代具有高度实物分析能力的、真正意义上的丝绸之路研究者的成长，今后在从文化交流史的角度来研究丝织品的方面，一定会有很大的发展前景。在这一方面，卢博－列斯尼琴科（Лубо-Лесниченко）、坂本和子、横张和子等人的研究已经向我们展示了其中某些侧面。

关于陆上丝绸之路的贸易，还有一个误解需要澄清一下。我在上文已经强调过，丝绸之路乃是由很多交叉连接点（网眼的接口）构成的网络，因而商品的传递一般使用的是接力（中转）的方式。只是，我们需要注意到，这其中有只来往于两三个连接点的短距离移动的商人，也有跨越若干个连接点往返于中长距离的商人，还有一些往往是两者兼而有之的商人。例如，粟特商人带着粟特产的金银器和印度产的胡椒，从撒马尔罕出发，经天山北路的草原之路到达今天乌鲁木齐东边的北庭，然后从那里越过天山进入吐鲁番盆地的高昌，在高昌滞留数月之后再穿越沙漠戈壁到达敦煌，最后沿河西走廊东进，长途跋涉抵达长安。该商人在北庭购入活羊之后在吐鲁番出售，此时他是短距离贩运的商人；他越过戈壁，在敦煌时新进一批于阗产的玉，然后贩运到长安，又俨然成为一名中长距离贩运的商人。像这种一个人扮演三种角色的情况也很常见。

还需要注意的是，始于公元前的初期丝绸之路贸易，是商人们通过短距离然后是中长距离的接力方式开始的。因此，把西汉的张骞看作丝绸之路的开拓者，这其实是一个很大的误解。张骞并没有开拓丝绸之路，他只不过是沿着已经存在的路线进行了一个较长距离的旅行而已。当然在张骞之后，中国确实对丝绸之路的关心急剧高涨，而同时来自西域的物产以及信息也迅速在中国国内增多起来的这一事实，我们无意否定。

"丝绸之路"除了作为这种东西南北交易网络的雅称之外，有时还作为这一网络内整个区域的名称来使用，也就是说，包含着在近代以前丝绸之路干线通过的地域这样一种含义。而且

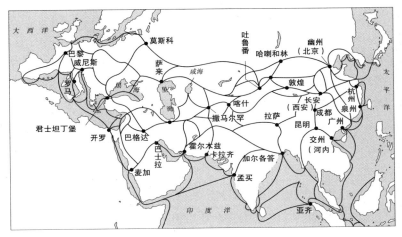

丝绸之路网络概念图　丝绸之路不限于东西方向，也向南北延伸

在我看来，"丝绸之路"这一概念不仅指空间，同时也包含着时间的概念。例如在"丝绸之路地带"及"丝绸之路东部"等用语里，也包含着在世界史上丝绸之路（陆上丝绸之路）起到重要作用的时代。换句话来说，丝绸之路也就是"前近代中央欧亚"之意。另外，由于在本书中多以东方（中国、朝鲜、日本）的视角来观察丝绸之路，所以"丝绸之路东部"往往会成为一个重要的话题。

丝绸之路贸易的本质　丝绸之路贸易的本质是奢侈品贸易。尤其是对主要依靠家畜输送能力的陆上丝绸之路来说，这一点必须予以强调。在旧世界，即以亚欧非世界为依托而形成的"欧亚大陆世界史"的时代，丝绸之路乃是连接各个文明圈最重要的纽带。

与此相对，到了所谓"大航海时代"，世界史开始进入以包括新大陆在内的全球性规模变动为主导的"全球化世界史"时代，陆上丝绸之路则相对衰落了下来。这一趋势与下述变动互为表里：之前被亚洲的光辉和繁荣所遮蔽的中世纪欧洲诸势力改良了从亚洲学习来的火药、罗盘针，带着铁制的刀剑、马匹和火枪，乘坐着大型远洋船驶出大西洋，开始掠夺并积累来自新大陆的以白银为首的财富，同时向欧洲大量移植土豆、玉米等耐寒作物，促使其大规模发展，推动产业革命的完成，最终使欧洲凌驾于亚洲之上。也就是说，生产力和军事力量并行，作为世界史发展原动力的物资流通以"大航海时代"为界发生了巨大的转换。具体而言，到了全球化世界史的"海洋时代"，沉重且体积庞大的粮食、原材料和生活必需品的大量运输变成了可能之事。与此相对，在欧亚大陆世界史的"内陆时代"，尽管丝绸之路的贸易因时间和地点而不同，也有过短距离运输食盐、谷物等生活必需品的情况，但总的来说，仍然是以中长距离运输轻巧而贵重的商品，即奢侈品和嗜好品为主流。

以骆驼、马匹等来运输的奢侈品和嗜好品主要有：来自东方中国的丝织品、纸张、茶叶；西方波斯以及地中海东部的金银器、玻璃制品、乳香、药品、绒毯；南印度以及东南亚的胡椒、香木、宝石、珊瑚、象牙、犀角、玳瑁、蓝靛；北方俄罗斯、西伯利亚、满洲等地的高级毛皮、人参、鹿角、鱼胶；以及来自中亚自身的和田玉、巴达赫尚的青金石、库车的硇砂、西藏的麝香以及牦牛尾；还有多地出产的棉毛织品、首饰、盔甲（锁子甲）、装饰马鞍等，以及葡萄酒、蜂蜜、大黄等物。除此之外的重要贸易品，还有尽管笨重却可以自己活动的奴隶及家畜等。

如前所述，丝绸之路上的商人们在将上述奢侈品长距离或者中长距离贩运的过程中，有时也从事短距离的交易。在那种情况下，所贩运的不仅有马、骆驼等价高而且跑得快的家畜，也有价格低廉行动迟缓的家畜，比如绵羊、山羊、牛等。在这些从事丝绸之路贸易的商人中，以阿兰商人、印度商人、巴格达商人、粟特商人、波斯商人、阿拉伯商人、叙利亚商人、犹太商人、亚美尼亚商人、回鹘商人、回回商人等最为著名。

在丝绸之路上，不仅有各种活跃的商业活动，而且随着佛教、祆教、摩尼教、基督教、伊斯兰教等宗教的传播，基于长期以来积累起来的财富，各地建造起了许多寺院和教会。这些寺院和教会都有豪华的装饰及华丽的壁画，并且因为布施来的金钱财物而得到了精心的管理和维护。此外，僧侣及朝圣者们在进行宗教活动的同时，一般也从事商业活动。不仅公私世俗等方面用来标志权威及炫富的物品成为商品，从事宗教仪式时的必需品（僧侣的服装、道场的装饰品、香料、供果等）也都是重要的商品，这些都成为远距离商业蓬勃发展的重要原因。

壁画遗址的意义　　　　　一般来说，商人的商业行为和与贸易相关的记录极少被公开著录，更不用说被保存下来并且流传后世。虽然如此，在建筑遗址及壁画的视觉形象中表现出来的"物品"却能够明确地向我们传达出，这一地区曾经有过何等发达繁荣的经济流通。前近代时期，在色彩鲜艳的壁画里常常会使用一些可称之为宝石的高价颜料（例如青金石、绿松石、金泥、银泥），因而壁画的画面越大，费用就越多，变相使得壁画成为一种财富的象征。在丝绸之路沿线的城市国家之中，诸如敦煌（郊外有莫高窟、榆林窟、西千佛洞）、高昌（吐鲁番盆地的首府，城内有佛教寺院、摩尼教寺院、基督教寺院等，郊外有柏孜克里克石窟）、楼兰、焉耆（锡克沁石窟）、库车（郊外有克孜尔石窟、库木吐拉石窟等）、于阗（离开首府较远的地方有丹丹乌里克遗址、拉瓦克遗址等）等寺院遗址里都有许多壁画，之所以如此，就是因为这些壁画都是来自王族、贵族和大商人的慷慨捐赠。

在前文列举的丝绸之路商人之中，贯穿整个公元一千纪，最活跃的乃是粟特商人。在粟特商人的故乡索格底亚那，各个城市遗址中不仅王宫、神庙、教堂中有壁画，甚至在许多一般的建筑物里也不断发现壁画。其中位于塔吉克斯坦的片治肯特是中世纪粟特人的城市之一，其遗址发掘的结果尤其令人震惊。片治肯特并非那种很大的沙漠绿洲城市，最盛时期也不过七千人左右在此居住。然而，其城墙内部的狭小空间却得到了最大限度

敦煌壁画 莫高窟第 57 窟《佛说法图》的右侧的菩萨。初唐时期作品，菩萨身上佩戴着华丽的装饰品

片治肯特遗址壁画 一般认为该图描绘了粟特贵族的宴会场面。8 世纪作品，塔吉克斯坦民族考古博物馆藏

的开发和利用,密集而巧妙地建有各种各样大大小小的房屋。在其中比较大一些的房屋之中,估计是贵族或大商人的宅邸,主要的房间里都装饰着堪称豪华的壁画。

在后文里我们还将会谈到,就丝绸之路的商人群体来说,最著名的就是粟特商人。不过粟特人的故乡索格底亚那在8世纪以前不仅一次也没有成为大帝国的中心,而且不是一个巨大的粮仓地带,仅仅是在国际贸易中独放异彩而已。并且在索格底亚那的数十座沙漠绿洲都市之中,片治肯特也没有什么特别之处,规模远远不能和撒马尔罕、布哈拉、塔什干等城市相比。尽管如此,我们却在这些既非王宫也非大寺院的普通民居中发现了这么多豪华的壁画,当可推知片治肯特的财力之一斑。再联想到在索格底亚那超过片治肯特规模的城市还有许多,因而可以说,整个索格底亚那的财富积累或者富裕程度实际上完全超出我们的想象。

丝绸之路史观论争

抹杀"丝绸之路"的动向 　不仅专家学者,一般的日本人也对"丝绸之路"这一用语很熟悉,可见这是一个非常有魅力的词语。然而近年来在日本研究中亚的学者中,尤其是在以伊斯兰化"以后"的新时代为对象的研究者之中出现了一种

丝绸之路与唐帝国

动向——主张在叙述中亚史时，应该抛弃"丝绸之路"这一术语或者提法。说得极端一些，这种动向显然是企图在学术上从中亚史中抹杀掉丝绸之路。

此举其实是 20 世纪 70 年代及其后所谓"丝绸之路史观论争"的旧事重提，我本人对此无论如何也不敢苟同。看起来这似乎是在谈论研究者之间的意见如何不同，但实际上此事与一般读者并非毫无关系。因为以 NHK（日本广播协会）制作的《丝绸之路》系列专题片（新旧两种）为首的传媒、出版界的风潮（包括本书在内的以丝绸之路命名的各种书籍），以及对上述这些感兴趣的读者，实际上都会成为被谴责的对象。

以松田寿男和江上波夫为首的学者认为，无论对中亚史还是世界史来说，丝绸之路都非常重要。所谓"丝绸之路史观论争"就是围绕松田、江上为首的学说而展开的一场学术争论。但是，实际上松田和江上两人并没有直接参与此事。论争的最主要当事者之一是间野英二，他力图从"北方"游牧民和"南方"沙漠绿洲农耕民之间的关系为中心来把握广义的中亚史，从而否认基于丝绸之路的"东—西"贸易的意义；论争的另一方是反驳间野英二之说的护雅夫、长泽和俊两位。这场论争的发端乃是 1977 年出版的间野英二著《中亚的历史》一书。

在间野英二看来，日本的中亚史研究重点过于偏重东西交涉史。为此，他提出了下述观点：只要谈及中亚就首先谈丝绸之路，这是一种"丝绸之路史观"。基于这一史观，中亚往往只会

吐鲁番的壁画 柏孜克里克千佛洞的《誓愿图》，下半部分描绘着粟特商人。11—12世纪

被视为东西交流的一个"通道"，中亚社会本身没有得到应有的关注。更进一步来看，中亚那些与东西交流关联比较薄弱的区域或时代则很难不被边缘化，甚至可能完全被置于研究者的视野之外。因此，他自己不打算单单停留在"中亚是丝绸之路通道"的论述中，而是要写出一部作为一个"自我完结的世界"的中亚史。

但是，松田寿男的"丝绸之路史观"却并非像间野英二所说的那样浅薄。间野英二将松田宏大的史观冠以"丝绸之路史观"之名，并将其歪曲成对当地游牧民、沙漠绿洲农耕民及都市民的动向毫不关心的理论，这种把中亚史仅仅视为东西文化交流史的指责是很不公正的。实际上，最早提出要划分"天山—锡尔河"这一"北方"游牧民和"南方"沙漠绿洲农耕民的分界线，并且注意到中亚史上的"南北"关系的人正是松田寿男。

关于间野英二的主张，归纳起来其要点在于：对中亚来说，最重要的是北部的游牧民和南部的农耕民及都市民，而连接东西的丝绸之路的商人完全无足轻重。撰写中亚史必须摆脱东西交涉史，要将中亚史作为一个"完结的小世界"来加以描述。间野英二最重要的根据之一是中亚出土的古代回鹘文书，他认为在这些文书中"作为回鹘王国的居民而出现的人物几乎都是农民，在那些文书里我们看不到从事东西贸易的'沙漠绿洲商人'是明确存在的"。然而间野英二此说，明显属于对史实的误解。

来自回鹘文书的反证　　实际上在间野之说发表以前，在已经出版的有关佛教、摩尼教的古代回鹘宗教文书（尤其是其序文及跋文）及俗文书之中，已有不少有关古代回鹘商业活动的记载。

例如，在一位佛教徒的忏悔文里这样写道：

> 我乌特莱特从前世到现世，倘若在寺院及僧房等清净之地出自于情爱或不知羞耻的心，做出了不应该做之事；倘若借贷或使用了寺院的财物而没有归还；倘若做买卖时在重量、长度及分量上弄虚作假、少给多取；……；倘若作为间谍从一个城市到另一个城市，从一个国家到另一个国家辗转；总之倘若我像上述那样犯下了大量罪孽的话，我现在将全部坦白并忏悔。

此外，享誉世界的古代回鹘语权威人物茨默（P. Zieme）于1976 年发表的德文论文《关于高昌回鹘王国的商业》中，引用佛教典籍"如果某个贵人的孩子要去远方旅行,想考虑做生意的话,以热切期待的商品的渴望……(下缺)"等的同时,还论及包括未刊文书在内的若干篇商业文书。此外,我们现在更是在古代回鹘文书中发现了许多包括信件在内的商业文书(参见收录于1997年出版的《岩波讲座世界历史》中森安孝夫的相关论文)。同时,东突厥各地——吐鲁番、焉耆、米兰、尼雅、于阗、库车等——加上敦煌出土的佉卢文文书、粟特文文书和藏文文书等自不待言,近年甚至在西突厥各地出土的巴克特里亚语文书中也陆续发现了反映丝绸之路商业实况的原始史料。在这里我可以断言,在站在学界最前沿的研究者们的共同努力之下,今后,反映近代以前欧亚大陆丝路贸易重要性的事实将会逐渐清晰起来。

就自身而言,在以前我的英文论文《关于蒙古时代吐鲁番盆地七克台的回鹘佛教社会》[1]中举出的那些的事例,亦可以充分地说明生活在沙漠绿洲社会的古代回鹘人虽以农业为主要生活方式,但同时也积极地从事远距离的商业活动。由于举出的事例比本书叙述的时代要晚一些,这里就不准备加以介绍了。我想,在前近代的中亚社会里发现上述事例这件事本身就很重要。这一点,即便是研究近代中亚史的专家也不能无视。

环境史的视点

在我看来,以上列举的事实已足以驳倒以间野英二为首的"反丝绸之路史观"。但除此之外,实际上也有学者从其他方向对我进行了策应。这里所说的"策应"是指前文提到的倡导"农牧接壤地带说"的妹尾达彦的见解。妹尾的研究导入了环境史的视点，给以唐代为中心的中国历代王朝的都市史研究带来了新的气象。简要归纳一下妹尾的主张，如下所述：

在考虑欧亚非大陆的都市形成与发展的时候，必须注意生态环境的边界线问题。在欧亚非大陆，最大的生态环境的边界线乃是农业—游牧分界地带。其中最大的带状地区长度超过一万公里，东西横贯，位于北纬四十度前后。从整个地球规模上来看，该带状地区似乎呈现出东西线走向，然而在欧亚大陆东部，其南北宽度则达一百至三百公里。当然，由于受地球年平均气温波动的影响，加上游牧民的南下、农耕民北上等因素，这条境界线在历史上往往以南北数百公里的幅度上下移动。所以，上述模式图只是一个参考。就前近代欧亚大陆多数都市的选址而言，大多选择建在生态环境上划分南北的"农业—游牧境界地带"的南缘地带，并坐落于南缘地带里用水方便的地区。自古以来，"农业—游牧境界地带"加上其南缘地区，便是东西和南北的物产交易商业化极高的区域。在这一区域内发展起来的诸城市之间有一条东西向连接起来的陆路，这条陆路就是相当于欧亚大陆干线的丝绸之路。

以上就是妹尾说的要点，我除了对其论述"丝绸之路"时没有提及"草原之路"，容易给人以"丝绸之路"似乎只是"沙漠绿洲之路"的印象稍有异议之外，其他观点我完全赞同。

在世界史上的重要性 毋庸讳言，由于受到 1980 年放映的 NHK
专题片《丝绸之路》的影响，谈及"丝绸
之路"时往往容易给人以"东西"交流以及"文明的通道"这样
的印象，所以过去的确存在忽视当地历史和文化的倾向。但是，
如果我们对当地出土的各种语言的文书加以解读并做出精密分析
的话，不难发现，前辈学者利用汉语、波斯语及阿拉伯语等所
谓在中亚"外缘"保留下来的史料，苦心论证过的有关"丝绸之
路"的贸易、语言、宗教、文化交流的实况，目前正在如实地再
现出来。目前我们已经发现并确认，过去在中亚生活的多民族、
多语言、多宗教的人们，他们的生活无一例外都与"丝绸之路"
有着密切的关系。可以说，截止到蒙古帝国时代的中央欧亚，
"丝绸之路"的重要性毋庸置疑。

到近代以后，西欧列强乘坐装备着火炮和罗盘的远洋船，从
"海洋之路"出发称霸世界。伴随着这一变化，内陆亚洲在世界
史上的地位开始急剧下降。正如佐口透所指出的那样，近代以
后，虽然有清代中国与俄罗斯之间贸易盛况的支撑，通过内陆亚
洲的国际贸易总量仍然超过近代以前，然而"丝绸之路"在整个
世界贸易中所占的比重却远远不及"海洋之路"。因而，就内陆亚
洲在世界上的重要性而言，无论是在经济方面还是在文化方面都
明显下滑。

近代新疆的居民大多数都是农民。然而在前近代时期，丝
绸之路贸易是依赖骆驼商队运送奢侈品的远距离商业，与其他

地区的定期市场和那种自给自足的、满足日常生活水平的交易完全不同，这里的居民在那时很少与一般农民有直接关系。出于这个因素，出现那种说"丝绸之路贸易对当地住民来说并不重要"之说也是可以理解的。可是在我看来，骆驼商队的通过以及停留势必给地方经济带来刺激。因此，我理解但并不支持这种说法。

其实我更关注另一个事实：7世纪前半叶，玄奘路过丝路商人的根据地粟特地区时，看到的情景乃是"力田（农业）逐利（商业）者杂半"，还谈及当地民情为"风俗浇讹，多行诡诈，大抵贪求，父子计利，财多为贵"（《大唐西域记》卷一）。我们并不是说在中亚史上农民不重要，可是商业这种第三产业居然在前近代世界里能占到产业的百分之五十，无论怎么说都是不同寻常之事，其中自当有其特殊性。

近代以降，伴随军事力量从骑兵转为枪炮等热兵器的发展变化，贸易的主要途径也由"沙漠绿洲之路""草原之路"转移到"海洋之路"，中亚遂逐渐脱离了世界史的主要舞台。此后凡谈及中亚史，都只不过将其看作众多的区域史之一来谈论而已。因而近代中亚史的研究者们甚至对作为雅称来使用的"丝绸之路"一词也开始有了违和感，对这一点我表示理解。我并不是说区域史研究没有意义，譬如我完全不认为研究日本平安时代历史的意义要弱于研究中央欧亚史。可是，要是说平安时代的日本不仅受到了同时代亚洲大陆的影响，而且积极地在世界史上扮演了重要角色的话，恐怕就言过其实了。

尽管苏联解体以后中亚再度受到世界的注目，然而从帖木儿帝国灭亡后的 16 世纪到 20 世纪，中亚史始终未能走出区域史的框架。在前文中我之所以给"丝绸之路地带"的概念加上了"前近代中央欧亚"这一限定词，就是因为当遇到讨论近现代的中亚史以及中央欧亚问题时，"丝绸之路"这一术语并不合适，同时我也不希望媒体使用"复兴现代的丝绸之路"等提法。

欧亚大陆历史的时代划分　在本书中，也使用诸如古代、中世、近世、近代、现代等来自西洋史的术语，但是并不将其在亚洲史上一一对号入座。以中国史为例来说，究竟是把从唐末到五代及北宋的所谓"唐宋变革期"视为从古代到中世的转换期呢，还是将其看作中世到近世的转换期呢？围绕这一问题，东京学派和京都学派之间曾经有过激烈的论争。然而在我看来，把西洋史上产生的概念生搬硬套到整个世界史上显然过于牵强，没有什么实际意义。虽说如此，鉴于汉帝国与唐帝国乃是性质完全不同的两个世界，我也不同意将二者放进同一古代帝国的范畴。此外，若说因为日本史上的飞鸟、奈良、平安时代前期属于古代，所以同时代的唐朝也应该属于古代，这种推理显然非常可笑；另一方面，若将法兰克王国与唐帝国看作同属于中世的话，"黑暗的中世纪"这一西欧历史的固定形象就必然会套用到绚烂的唐帝国身上，这显然也不合适。

目前，我们虽然已经走出了西欧以及马克思的发展史观，迎来了独立思考的时期，但是由于"古代""中世"等术语早已成为普通的名词，具体使用起来很方便，所以在本书中，在论述某个文明圈以及民族的相对久远的时代，或者其间的某一时代时，也经常将这些术语作为一种模糊的用语来加以使用。只是，我想提前申明的是，在具体使用时，因为需要遵从各个具体专业领域的习惯用法，因而"古代""中世"这些词或许会出现逆转现象，譬如文中所提到的中世波斯语（中古波斯语）可能比最早的古代突厥语还要古老等。

西欧诸国以大型远洋船只驶出大西洋，"发现"新大陆，以军事力量扩大殖民地，进而称霸世界。随后，军事力量的重心又由欧洲转移到北美洲，最终实现了以美国为主导的全球化。本书虽以摆脱西方中心史观为努力的目标，但是并不否定上述这一历史潮流。因这一潮流的转折点是 16 世纪，所以我将在此之前漫长的时代统称作前近代或者近代以前，以此区别近代或近现代。也就是说，"前近代"或"近代以前"是本书唯一正式采用的世界史的时代划分用语。就一般情况而言，西方史的古代、中世相当于本书所说的前近代时期。

就中亚史的时代划分而言，先有羽田亨倡导的雅利安时代与回鹘时代的两分法。但这只是以近代以前的新疆和天山北路为对象的划分法。承袭羽田的说法，间野英二把范围稍微扩大，将整个中亚史划分为以下三个时代：

（1）雅利安时代：公元前 5 千年至公元前 7 世纪左右的史前

时代及其以后，到 9、10 世纪为止。

（2）突厥—伊斯兰时代，9、10 世纪—18、19 世纪。

（3）近现代，20—21 世纪。

对强调伊斯兰化的疑问　　从大的方面来说，虽然我基本赞成间野英二的时代划分，但并非一点疑问也没有。主要是觉得这种分期法过于偏重西方，即伊斯兰方面。然而整个新疆完全变成突厥—伊斯兰世界是 15 世纪蒙古帝国灭亡以后的事，间野却将 9、10 世纪定为突厥—伊斯兰时代的开始，这种分期法是只从西突厥斯坦的视点来看待整个中亚，显然过于偏重伊斯兰中心主义。

唐帝国的建设与伊斯兰的兴起都是在 7 世纪发生于欧亚大陆的大事件，然而截至唐帝国晚期，伊斯兰教始终未越过帕米尔高原。唐代丝绸之路的东部，即新疆—河西走廊—华北北部，以及其北方的准噶尔盆地—蒙古高原、南方的西藏—青海一带基本上都是佛教世界。以回鹘的军事力量为背景，可以见到摩尼教在这一地区一定程度的渗透，此外，景教（基督教之一派）和祆教（拜火教）也有一些。不过此时，这一地区仍几乎与伊斯兰教无缘。尽管这一时期作为海上丝绸之路的门户广东已经存在伊斯兰教徒的居留地，也有伊斯兰教徒前往长安，但总体说来，一般在唐代流行的大宗教只有儒教、佛教、道教三教，带有西域特点的宗教也只有所谓的"三夷教"，即摩尼教、景教、祆教。

舒元舆撰写的《重岩寺碑铭》收录在《唐文粹》卷六十五中，其有一段记载说：

> 亦容杂夷而来者，有摩尼焉，大秦焉，祆神焉。合天下三夷寺，不足当吾释寺一小邑之数也。

这段话是作者为了炫耀佛教寺院之多而说的，作为对比而特意指出中土鲜有"摩尼"（摩尼教）、"大秦"（基督教）、"祆神"（祆教、拜火教）寺院这一点，但其所举之中并未包括后来被称之为"清真教"或"回教"的伊斯兰教。众所周知，与作为普遍性宗教的佛教、基督教、摩尼教不同，祆教是伊朗系不向异民族传教的民族宗教，因而完全没有被汉人接受，在中国的信徒非常少，而伊斯兰教徒人数看来比祆教更少。

坊间至今还有一种误传，说所谓"回教"就是"回鹘＝回回＝Uighur（畏兀儿、维吾尔）"民族传下来的宗教。实际上"回鹘"与"回回"完全是两码事。唐代的"回鹘"人本来信奉萨满教，后来改信了摩尼教。至于佛教徒的增加，更是 10 世纪后半叶之事，而回鹘人成为伊斯兰教徒则是在 14 世纪蒙古帝国解体以后。

根据间野英二的说法，中亚的含义是从广义上的"中亚"即内陆亚洲之中去掉内外蒙古和西藏。他的理由是，蒙古及西藏在近代以后也属于佛教世界，因而必须与信奉伊斯兰教的地区加以区别。但是在我看来，欧亚大陆历史的主角不仅仅是中央欧亚的草原游牧民和沙漠绿洲农耕民，我们必须将位于整个欧亚大陆南部的农耕文明圈的农耕民以及都市民也都包括进来。只有在这两者反复不断的紧张—友好关系之中，才能找到欧亚大陆历史的活力。基于这一立场，我无法理解间野为何要把蒙古和西藏这两处游牧民十分活跃的地区从中亚排除出去。究其原因，我想恐怕是由于间野只把伊斯兰作为重点的结果吧。在我们回顾整个中亚史时，倘若过分强调伊斯兰化就很容易产生一种偏差，即完全遗漏掉欧亚大陆东部的西藏佛教文化圈。

关于世界史分期的新提案

在此，我尝试提出自己对世界史的分期方案。尽管有人认为人类的历史可以追溯至距今六百万年至七百万年以前，但是现在的我们人类（智人，Homo sapiens）的历史最多不过二十万年，而且直到大约一万一千年前农业发明以后，人类才进入了历史时代。迄今为止的世界史受唯物史观的强烈影响，所以大家总是以生产力为中心来看问题。换句话来说，这其实是一种农业地域中心、农耕都市文明中心史观。可是我却更注意下述各方面：军事力量和经济力量（粮食生产能力、工商业、能源）及其背后的信息收集和传达能力。

世界历史的八个阶段：

① 农业革命（第一次农业革命）　　　　　　约从 11000 年前开始

② 四大文明出现（第二次农业革命）　　　　约从 5500 年前开始

③ 铁器革命（迟到的第三次农业革命）　　　约从 4000 年前开始

④ 游牧骑马民族登场　　　　　　　　　　　约从 3000 年前开始

⑤ 中央欧亚型国家优势时代　　　　　　　　约从 1000 年前开始

⑥ 火药革命与基于"海路"的全球化　　　　约从 500 年前开始

⑦ 工业革命与铁道、蒸汽船（外燃机）的出现　约从 200 年前开始

⑧ 汽车与飞机（内燃机）的出现　　　　　　约从 100 年前开始

　　我以为可以将世界历史的主要潮流划分为以上八个阶段。由
于我把中央欧亚史与世界史联动起来考虑，所以上述历史分期特
意划分出了④"游牧骑马民族登场"与⑤"中央欧亚型国家优势
时代"两个时期。此外，第⑥阶段的"火药革命"，即具有高度
杀伤力的枪炮等热兵器出现，到第⑦阶段的工业革命人类进入机
械化文明时代，这些事情的发生都还不到五百年。而在此之前的
两三千年之间，最强的军事力量是什么？最早的信息传达手段又
是什么？机械化文明的基础是动力，而在我们表示动力的单位之
中，至今仍还保留着"马力"（horsepower）一词。"马力"即来源
于马。只有培育出骏马，擅长骑马射箭的游牧民才能成为地面
上最强大的军事集团。就前近代欧亚大陆世界而言，需要衡量
的不仅是农业生产力，只有同时对马的战力、信息传达能力与

丝绸之路商业所带来的经济力量进行相应的综合评价，才能真正理解前近代欧亚大陆的历史。

对于把 9 世纪至 10 世纪视为中亚史和中央欧亚史的一大转换期而言，我与间野英二的意见相同。但是在我看来，9 世纪到 10 世纪这一时期正是游牧民在以草原为根据地的同时，试图支配包括农耕以及城市在内的地区，以建立起中央欧亚型国家（若用有些过时的用语来说就是"征服王朝"）的时期。在这个意义上，我将这一时期视为欧亚大陆世界史的一大转换期。当然，这个中央欧亚型国家的完成形态是蒙古帝国，继承蒙古帝国的国家则有帖木儿帝国、奥斯曼帝国、莫卧儿帝国、俄罗斯帝国、大清帝国。因而，若从中央欧亚的立场来对世界史进行分期的话，则有一种能与全球化的世界史进行联动的可能性，即以 10 世纪前后为界，之前叫作"中世"，其后称作"近世"，将 16、17 世纪以后称为"近代"。不过尽管有此考虑，但是目前还不到提出这种主张的时机。

第二章

粟特人的登场

丝绸之路的主角

丝绸之路的历史在很大程度上被游牧民的动向所左右。虽然这一时期很多民族以及集团都曾经非常活跃，然而若说起丝绸之路的商业主角，首当其冲的就是粟特人。粟特人最初只是作为商人进入中国以及中央欧亚东部的一些游牧国家。随着时间的推移，粟特人不仅在经济上，而且在政治、外交、军事、文化、宗教等领域也有超出想象的重要地位。近年来，许多新发现以及基于新视野的研究也让这一点明朗起来。

公元一千纪，丝绸之路贸易的统治者是粟特人，粟特语是当时的国际语言。首次在学术界提出这一假说的人，是在中亚及敦煌探险方面名扬天下的法国东方学者伯希和（Paul Pelliot）。1911 年，法兰西学院刚开设中亚讲座，在首次纪念演讲中，伯希和公开发表了这一观点。在史料极端缺少的时代伯希和能提出这一假说，时至今日我们都不得不由衷地赞叹他独具慧眼。在后来的粟特史研究方面，从明治时代晚期到大正时代的日本学者都十分活跃，他们的研究直追欧洲东方学界，引起国际学术界瞩目。

日本早期有关粟特史研究的代表作是白鸟库吉的《粟特国考》（1924 年），与此同时还有以下论著同时发表，关于在丝绸之路东部（包括中国北部在内）发展的粟特人研究有：羽田亨《漠北之地与康国人》（1923 年）、藤田丰八《西域研究（四）关于萨宝》（1925 年）、桑原骘藏《关于隋唐时代来往于支那的西域人》（1926 年）、石田干之助《“胡旋舞”小考》（1930 年）等。此后，日本学界一直引领着世界学术界关于粟特人的东方发展史的潮流。其中，做出显著成绩的前辈学者有松田寿男、小野川秀美、羽田明、榎一雄、伊濑仙太郎、护雅夫、池田温、后藤胜等人。在比我年轻的学者中则还有吉田丰、荒川正晴、森部丰、影山悦子、山下将司等人接力。

关于粟特人的研究，日本在 20 世纪取得了许多卓越成果。然而进入 21 世纪以后，日本在这一方面的学术地位却面临着危机，挑战主要来自中国学者。1999 年以后，西安和太原陆续发现了一些十分豪华的北周、北齐以及隋代的粟特人墓葬，伴随着这些发现，中国的研究者们开始崭露头角。粟特学的兴起，在中国始于 20 世纪 80 年代，当时中国的粟特学还主要是参考日本的研究成果，而现在则出现了日本步其后尘的局面。

更为令人吃惊的是，2002 年在巴黎出版了一部书名为《粟特商人史》（*Histoire des marchands sogdiens*）的法文著作，笔者是一位名叫魏义天（É. de la Vaissière）的法国年轻研究者。此类单行本著作理应首先在日本出现的，却被法国抢先了。该书中虽然包含了不少对我们来说未知的信息，可不容否认的是，该书中相当多的内容是日本先行的研究已经解决了的问题，而且由于该书作者不懂日语，所以日本的许多研究成果都未被提及。该书出版以后，在十分关注丝绸之路的商业贸易却又苦于阅读日文研究成果的欧美学界引起了很大的反响。很快，2004 年该书的改订版出版，2005 年又出版了英译本。在改订版出版之前，吉田丰、荒川正晴加上我本人曾利用与该作者直接接触的机会，通过英文书评对其提出了增补修正的建议。然而我们的意见在改订版中虽有一定程度的反映，但还远远不能令人满意。估计今后欧美学界有关粟特商人的研究都会以该书为中心而展开，但是其中众多用日文撰写的研究成果依然得不到有效的参照。这一现状非常令人遗憾，但这恐怕是除了日本史研究以外整个世界史研究界都存在的问题。尽管如此，我以为只要我们始终保持最尖端的研究水准，相信上述局面总会有所改观的。

粟特人的故乡：索格底亚那

索格底亚那（Sogdiana）一词是"粟特人的土地"之意，是公元一千纪活跃于欧亚大陆的粟特人的故乡。索格底亚那[1]位于欧亚大陆的正中间，被从帕米尔高原流向西北，随后注入咸海的阿姆河及锡尔河环抱其中。该地区同时也受到从帕米尔高原流出并消失在沙漠之中的泽拉夫尚河（乌孜别克语：Zarafshon）以及卡什卡河的润泽。

阿姆河、锡尔河这两条大河流域在人类历史上起到了巨大的作用。南边的是曾经被称为"乌浒水"或"质浑河"的阿姆河，北边的则是过去叫作"药杀水"的锡尔河。从南方视角出发，这两条大河的中间地带被音译为 Māwarā al-Nahr 或 Transoxiana。前者是阿拉伯语"大河（即阿姆河）彼岸之地"的意思，后者是其译成西方语言的结果。7 世纪后半期，阿拉伯势力进入这一地区，因而有了前者这一称呼，后者则是现代叫法。这片"河中"地区正是西突厥斯坦的中心地带。在这片土地上，虽有克孜勒库姆沙漠，然而从公元前 6 世纪至公元前 5 世纪前后开始，铁器已经普遍使用。这一地带拥有相当完备的灌溉网络，以农业为基础的富饶的绿洲城邦国家群活跃于其中。而且"河中"这片位于两河之间的地区，它的一大中心就是索格底亚那，在很多情况下，两者几乎是作为同义词来使用的。

索格底亚那目前大都在乌兹别克斯坦共和国境内，只有其东部的一部分归塔吉克斯坦共和国领有；其西部是阿姆河下游肥沃的三角洲地带花剌子模；南部有阿姆河中游的重要据点吐火罗（又被称作巴克特里亚）；其东部是锡尔河上游，自古以来作为名马产地而闻名于世的费尔干纳就在这里。上述这些区域都属于干燥地带，其中花剌子模和索格底亚那是绿洲农业地带。与此相对，吐火罗和费尔干纳则是农牧接壤地带的一部分。

索格底亚那的首府是撒马尔罕，在波斯的阿契美尼德王朝（波斯第一帝国）时代，撒马尔罕就以"马拉康德"之名登上历史舞台。公元纪年以后，这一地区更是以众多的绿洲城邦国家而知名于世。这里将主要的绿洲

粟特人陶俑　头顶束发并戴帽子，留有胡须的面部以及服装等都是当时典型的粟特人形象。吐鲁番阿斯塔纳第 216 号墓出土，高 110 厘米，新疆维吾尔自治区博物馆藏

城邦国家罗列如下，同时注明中国文献中的汉文名称（参照附图《索格底亚那的绿洲城邦国家》）。

首先，在索格底亚那的中央有撒马尔罕（Samarkand，康国），其南边，在前往相当于吐火罗入口的铁门（粟特地区与吐火罗的交界处）的路上有羯霜那（Keshāna，史国，即今天的沙赫里萨布兹）；在撒马尔罕的西边有屈霜你迦（Kushānika，何国），再往西就是整个索格底亚那（粟特地区）的西部要塞布哈

拉（Bukhara，安国）；从布哈拉出发渡过阿姆河，可以到达拥有梅尔夫古城的马尔济阿纳，由此也可以前往波斯帝国本土，通过花剌子模到达里海，再远也可以前往俄罗斯及欧洲。

相反方向，位于锡尔河北岸的赭时（Chach，石国，汉文亦音译作"者舌"或"赭支"，即今天的塔什干）镇守于索格底亚那的东北角，往东方可以从天山山脉北麓越过阿尔泰山脉前往蒙古高原，朝西方则可以从乌拉尔山脉南部到达连接着南俄的草原世界的门户。在撒马尔罕的北边，以劫布呾那（Kapūtānā，曹国）居中，两旁并列着苏对沙那（Sutrūshana / Ushrūsana，东曹国）和瑟底痕（Ishītīkhan，西曹国）。而前往东方的中国最近的路线，则是从苏对沙那出发通过费尔干纳，再越过帕米尔高原进入新疆地区的道路。

关于弭秣贺（Māymurgh，米国）的位置，吉田丰认为处于撒马尔罕以东六十公里处的都市遗址片治肯特（古城名），这种主张的可能性最大。而1933年出土粟特文书及其他遗物的穆格山（Mt. Mugh）古堡遗址则进一步将弭秣贺推往东方，指向位于泽拉夫尚河流域的要冲之地。

这些城邦国家土地肥沃富饶，经济基础都是农业。后世受阿拉伯语的地理书影响，甚至将这一地区视作世界四大乐园之一。粟特农业最初的发展时期是公元前6世纪至公元前5世纪。根据考古发现来看，第二个大发展时期乃是5世纪至6世纪。在此期间，为了对抗游牧民及沙尘的侵入而建成的长城和灌溉水路得以扩充，农耕地和城市规模扩大，人口增加，整个地区出现一片繁荣景象。无论是佛教的极乐净土还是基督教的伊甸园，所谓的"乐园"大都是指在沙漠中的绿色天地，即绿洲。

可是，对于干燥地带的沙漠绿洲农业来说，田地的扩充毕竟是有极限的。随着人口的过剩，自然而然出现了一种情况——在商业里寻找活路。因而与其他城市或者其他地区从事交易的人开始增多，人们开始向其他地区的商业中心区域送去自己的伙伴并使其安置下来。在这种情况下，各地出现了粟特人的殖民聚落或居留地。其中，玄奘提到的位于西部天山山脉北麓的七河地区，那里曾存在过的粟特人殖民城市群尤其著名。玄奘在《大唐西域记》中，将其与西边的索格底亚那本土合在一起，统称为"窣利"，即粟特。

索格底亚那碰巧在欧亚大陆的正中间，位于通往东方的中国、东南方的印度、西南方的波斯至地中海周边东部、西北方的俄罗斯到东欧、东北方的七河地区到准噶尔盆地再通向蒙古高原的天然交通干线——丝绸之路网络的心脏地带。因此可以说，粟特商人之所以能发展成为跨国的丝绸之路商人有其必然性。沿着草原之路，粟特人殖民聚落不仅向西到达黑海周边、向东到达怛逻斯河以东至伊犁河流域的七河地区，并且进一步向东发展，从准噶尔盆地到蒙古高原，甚至到满洲。而且沿着沙漠绿洲之路沿线，从东突厥的龟兹（库车）、于阗（和田）、焉耆、高昌（吐鲁番）、罗布泊到河西走廊的沙州（敦煌）、凉州（武威、

咸海

锡　尔　河

七河地区

花刺子模

克孜勒库姆沙漠

恒逻斯

伊塞克湖

阿　姆　河

屈霜你迦（何）

赭时（石）

卡拉库姆沙漠

瑟底痕

劫布呾那（曹）

天山山脉

布哈拉（安）

苏对沙那

苦盏

费尔干纳

巴依肯特（毕）

撒马尔罕（康）

泽拉夫尚河

喀什

卡尔希

穆格山

梅尔夫

马尔济阿纳

羯霜那（史）

弭秣贺（米）

片治肯特遗址

沙赫里萨布兹

铁门

帕米尔高原

铁尔梅兹

巴尔赫

巴克特里亚

○内的汉字是中国文献中记载的城邦国家名称

0　　　　　　300km

索格底亚那的绿洲城邦国家　粟特人的故乡位于欧亚大陆正中

姑藏），进而再到中国北部，几乎所有的大城市里都有粟特人
聚落。

粟特文字与粟特语　　　　　　粟特人在人种学上属于白色人种，其身体
特征正如"红毛碧眼"所形容的那样，具
体而言就是白皮肤、绿色或蓝色的眼睛、深目、高鼻、浓须、亚
麻色、栗色或褐色的卷发等，所使用的语言是今天已经灭绝了的
粟特语。粟特语乃是属于印欧语系伊朗语族的中古伊朗语的东
支，同一语支中还有花刺子模语、巴克特里亚语（大夏语）、于

阗语，但这些语言名义上虽说是同一语支，实际上并不相通。

公元前6世纪，索格底亚那被阿契美尼德王朝（波斯第一帝国）的居鲁士二世征服，成为波斯的属地以后开始使用文字。不过，阿契美尼德王朝的行政语言是阿拉姆语，因此粟特语最初是使用阿拉姆文字书写的，而不是一开始就用粟特文字来书写。这种状况类似于汉字和日语的关系，最早汉字只能写汉文，因而刚传入日本的时候，汉字并不能马上就用来书写日语。经过了相当长的时间以后，汉字才终于可以表现日语了，即万叶假名。其后，从万叶假名里又发展出了片假名和平假名。时代远远早于日本的索格底亚那的状况也几乎是这样：先使用阿拉姆文字来书写粟特语，然后阿契美尼德王朝灭亡，从阿拉姆文字的草书中产生了粟特文字。其后，伴随着粟特人向东发展，粟特文字传入突厥、回鹘。进入唐代以后，在粟特文字中产生了回鹘文字，到了13世纪，从回鹘文字中产生了蒙古文字，最后在17世纪，基于蒙古文字又转化出了满文。

到公元一千纪，粟特人已活跃于整个中央欧亚，其殖民聚落遍布各地。粟特人不仅作为有名的商人，还作为武将、外交使节、宗教的传播者、翻译，以及从事音乐、舞蹈、魔术等的艺人活跃于各行各业。粟特文字及粟特语也成为中央欧亚，尤其是丝绸之路东部的国际共同语言。

亚历山大大帝征服阿契美尼德王朝时，索格底亚那是其远征的东方终点，其后成为塞琉古王朝、巴克特里亚王国的领域，此后整个索格底亚那再也没有出现拥有绝对权力的统治者。粟特诸城相互独立，组成了一个松散的共同体。总体上来说，尽管索格底亚那从公元前 2 世纪开始曾受到康居、贵霜帝国，从 5 世纪后半期开始又受到嚈哒、突厥等游牧国家的间接统治。但在 8 世纪前半期断断续续地受到阿拉伯倭马亚王朝的直接统治之前，索格底亚那大体上保持着独立的状态。

但是，自从 8 世纪中叶被阿拔斯王朝直接统治以后，在其后的萨曼王朝、喀喇汗国（黑汗王朝）、塞尔柱王朝、花剌子模王朝等伊斯兰帝国的统治之下，粟特人失去了自己的独立性。在宗教方面，祆教变成了伊斯兰教，粟特语也被波斯语取而代之。原因在于，倭马亚王朝和阿拔斯王朝的上层尽管都是阿拉伯人，但实际上，在伊斯兰帝国的东方领域中众多前萨珊王朝的波斯人改信了伊斯兰教。因而，进入包括索格底亚那在内的河中地区的，多数都是这些改信了伊斯兰教的波斯人，尤其是 9 世纪末期兴起的萨曼王朝就是波斯人的王朝，所以在索格底亚那，用阿拉伯字母书写的波斯语成为主流。这种波斯语与今天的塔吉克语有着直接的关系。

到了 10 世纪后半期，来自内陆亚洲大草原的突厥人成为统治者，喀喇汗国（黑汗王朝）、塞尔柱王朝、花剌子模王朝先后出现，突厥语成为优势语言，中亚开始进入了真正的突厥化时期。

粟特社会与商业

粟特商人的记录　　虽然粟特经济的基础是农业，然而公元一千纪以后，在粟特人的职业之中商业最引人注目。无论是汉文史料还是伊斯兰史料，对这一方面都有不少记载。首先，看一下汉文史料的记载。受隋炀帝指派，与杜行满一起作为使者被派往西域的韦节曾著有题名《西蕃记》的旅行记。韦节亲自去了粟特地区，所留下来的记载自然可信。遗憾的是，《西蕃记》一书今已不存，所幸在中唐的文人政治家杜佑编著的《通典》卷一九三《边防九·西戎五》中引用了一部分内容，记载如下：

> 康国人并善贾（森安孝夫注：做生意）[2]，男年五岁则令学书，少解则遣学贾，以得利多为善。

此外，《旧唐书》卷一九八《西戎传·康国》中还有一段更详细的记载说：

> 其人皆深目高鼻，多须髯（森安注：胡须）。丈夫（森安注：男性）剪发或辫发。其王冠毡帽，饰以金宝。妇人盘髻，幪以帛巾（森安注：黑色头巾），饰以金花。人多嗜酒，好歌

舞于道路。生子必以石蜜（森安注：冰糖）内口中，明胶置掌内，欲其成长口常甘言，掌持钱如胶之粘物。俗习胡书（森安注：粟特文粟特语）。善商贾（森安注：做生意），争分铢之利。男子年二十，即远之旁国，来适中夏，利之所在，无所不到。（中略）隋炀帝时，其王屈术支娶西突厥叶护可汗女，遂臣于西突厥。

另外，以伊斯兰方面的史料来说，在时代稍微晚一些的 10 世纪，有以波斯语撰写的《世界境域志》一书。下面从该书的"关于河中地区与其诸城邦"中摘抄一部分内容：

这一地区的东边是西藏的边境。南边是呼罗珊及其国境地带。西边是古兹（乌古斯）族和葛逻禄族的边境。北方也是葛逻禄族的边境。这是一个广大、繁荣、令人非常喜爱的国度。它是通往突厥斯坦的门户，也是商人们的聚集之处。居民们十分好战，为了信仰时，他们都是积极主动的战士及射手。

撒马尔罕又大又富饶，是一座令人感到非常愉快的城市。那儿也是来自世界各地的商人们的聚集之所。撒马尔罕由城市化的街区、城塞及郊外构成。市场的屋顶上（森安注：为了凉快）设置有流水的导管。在撒马尔罕，建有被称作"nighūshāk（森安注："听者"之意，指摩尼教教徒）"的摩尼教教徒的教会。撒马尔罕生产纸张和麻绳,纸张输出到世界各地。布哈拉河(森安注:即泽拉夫尚河)流经撒马尔罕的城门附近。

虽然该书编撰于 10 世纪后半期,然而值得注意的是,作为伊斯兰地区的常备地理书,《世界境域志》也参考了之前的不少书籍以及史料。之所以强调河中地区的东邻是西藏(吐蕃),可能是为了向读者传达 9 世纪前半叶吐蕃王国全盛时期的状况。根据这段记载,我们不难推测,9 世纪至 10 世纪的索格底亚那仍然是远距离商业的中心繁华地带。

从古信札所见到的远距离商业

另一方面,商业活动的盛行在粟特人自己写的文书,即粟特文"古信札"中也有反映。这些古信札是英国探险家斯坦因于 1907 年发现的,发现地点是在敦煌西方的玉门关遗址群中的一座烽火台遗址下面。这组古信札由五封大致完整的信件加上一些残卷构成。关于其年代曾有各种意见,现在大家普遍认可 312—314 年这一说法。这些古信札都是当时来到河西至中国北部的粟特人写给粟特地区,或者是居住在粟特和河西之间的楼兰等粟特聚落的家属及同伴们的信件,主要内容是向国内的家属和同伴们传达包括中国的政治形势、商业伙伴、家属情况等方方面面的消息。信札里提到的商品有黄金、胡椒、麝香、樟脑、胡粉(铅粉)、丝织品、毛织品、麻织物等,交易时的货币是以重量来计算的银子以及中国的铜钱。此外，还有一封信的信封是用丝绸制作的。丝绸之路的骆驼商队在向西域的楼兰及索格底亚那运送这批书信时，或许是在敦煌的西边遭遇事故而遗弃了邮袋，亦可能是邮袋被官府人员没收。

这组古信札中的第二封信是一位名叫娜娜槃陀（娜娜女神之奴仆）的粟特商人从河西的某地（姑臧或金城的可能性最大），写给他在撒马尔罕的一位叫卡纳克的粟特商人伙伴（估计也是他亲戚）的信件。通过这封信我们可以了解到，娜娜槃陀把横跨敦煌、酒泉到姑臧（凉州）、金城（兰州）的河西走廊一带作为自己直接的商业区域，同时把同伴及仆人派往中原从事商业贸易。而且他还谈到了五胡十六国初期的洛阳、邺城、长安的政治形势，尤其是谈及了伴随着"永嘉之乱"而来的汉人与匈奴（Huns）之争、饥荒以及因纵火和抢掠带来的混乱、311年发生的皇帝（西晋的怀帝）逃出洛阳等情况，同时他还详细地说到了自己的商业伙伴以及麝香等商品的情况。此外，信中还提及居住在中国内地的一百名撒马尔罕的自由人，以及在洛阳的印度人和粟特人的情况，甚至还有写信人关于存放在粟特本国亲属处的资金如何使用的指示。

顺便说一句，根据这封寄往撒马尔罕的信件，证明匈奴确实曾被称之为"Huns"（匈人），这一点十分重要。另外，第一封和第三封信札是从敦煌发出，估计是寄往楼兰，而第五封信札则是由凉州发出的。由此可以知道，作为粟特商业网络的一个环节，这一时期曾存在过连接各个粟特聚落的邮驿制度。

在经营奢侈品的丝绸之路贸易上，为了避免各种各样的损失——诸如运送途中丢失高价商品、数量的弄虚作假、以次充好等带来的损失，在商品里加上信件乃是通常的做法。例如在信中写上商品的质量及数量，以及交给哪个商队来运输等信息；倘若在装满商品的袋口用封泥封缄过的话，信件里则会写清楚该封泥的形状。近年，在粟特人的墓葬中陆续发现了不少带有宝石印章的戒指，上面都阴刻着各种各样的图案，摁在黏土上就会形成具有独特图案的封泥。此外，倘若将该印章蘸上朱墨等印泥后盖在信纸上，自然也就会将该图案通知给收件人。这样一来，最初只不过是充当商品发货单的信件，其功能不断扩大，逐渐成为了传达个人消息的手段。人们由此自然产生了一个想法，即在没有商品的情况下，也可以单独传送信件。于是，往来于丝绸之路上、由马和骆驼构成的商队便自然成为这种邮驿制度的承担者。

"称价钱文书"与残存
史料的偶然性

粟特人是 4 世纪至 9 世纪丝绸之路东部远距离两地贸易的主角，这一点除了古信札以外，从吐鲁番、敦煌出土的汉文文书、壁画以及遗物中也有相当多的发现。其中最重要的史料有如下几种：被称为"称价钱文书"的有关商业税的史料，被称作"过所""公验"的通行证等史料，进而还有买卖契约文书。关于旅行通行证及买卖契约文书，我将在后面的章节涉及，这里只介绍一下"称价钱文书"（73TAM514:2；《吐鲁番出土文书》第三册，文物出版社，第 317—325 页）。

在唐帝国进入西域之前，吐鲁番盆地里最繁荣的是麴氏高昌王国。所谓"称价钱"，就是唐帝国在麴氏高昌的官营市场上，对按重量出售的高价商品课的一种商业税。吐鲁番出土的"称价钱文书"发现于阿斯塔纳第 514 号墓，人们通过分解该墓被葬女性所穿的纸鞋找到了这件文书。尽管是残卷，它却如实地向我们传达了 610—620 年前后课税与征税的状况。该文书残卷主要有以下内容：征收商业税的官府（内藏）每半月统计一次，共计约一年。征税的商品有金、银、铜、黄铜、丝绸、香料、姜黄、硇砂、药、石蜜，商业税一贯以银钱征收。

更有意思也更重要的是，在这个课税账本残卷上出现的大约五十个商人中，足有八成以上是粟特人，而且在分为卖方和买方的三十三宗买卖当中，竟有二十九宗与粟特人相关。以库车（龟兹）特产的药品硇砂为例来说（详细参见森安孝夫 2004 年论文），只有一宗买卖卖方为库车（龟兹）人而买方是粟特人，除此之外的五宗买卖，无论卖方还是买方都是粟特人。也就是说，粟特商人之间做生意的事例非常之多。这些不光证明了当时粟特商人几乎垄断了丝绸之路贸易，也如实地反映出了丝绸之路贸易乃是中转贸易这一实际状况。在这个意义上，这件偶然保存下来的文书真是非常珍贵的史料。虽然丝织品、奴隶、马、骆驼的价格也很高，却因为这些是以重量以外的标准来出售的东西，自然也就没有出现在这件文书之中。

然而，敦煌出土的世俗文书中所见到的粟特人大都是农民、工匠、士兵，相比之下，商人的身影并不那么引人注目。加之中亚出土文书中出现的大部分居民普遍从事农业，看起来似乎与丝绸之路贸易并无关系，因此也有人认为丝绸之路贸易对中亚绿洲城邦当地的经济并没有带来什么大的影响。可是在我看来，这种观点乃是一种肤浅的议论，并没有考虑到偶然出土的史料的特性。这实际是一个关乎史料论的问题。如果让我来说的话，无论是索格底亚那本土还是各地的粟特人殖民聚落，从事农业的人占大多数，当地居民也大都依靠农业来维持生计是很自然的。在向粟特聚落移民的人群之中，也自然包括农民及工匠。在农业用地并不宽裕的中亚地区，倘若没有绿洲农业来保障稳定的粮食供应，也就没有商业的发展。同时，只要达到一定的人口数量，就必然会需要做衣服、建造住房以及制造生活用品的工匠们。粟特商人正是将自己的生活基础，即家属，安置在这样的移民聚落里，才有可能先是短距离继而发展到中长距离，不断地进行商品的中转，最后发展到进行长距离移动的贸易。这样的系统就是我们所说的"粟特网络"。

远距离贸易的繁荣必然伴随着骆驼商队的频繁往来，而只要骆驼商队移动，所到之处就要支付通行税，到旅店住宿则需要缴纳住宿费及伙食费，所以自然会给地方经济带来活力。如果有很多客商进入旅店住宿的话，当地就要为之准备各种食材、薪炭等燃料，换乘的马匹及骆驼等，供客商们使用，这样一来就会给当地进货者带来利润；同时，远道而来的客商若要购买马具、箱包等旅行必需品，或是需要修理什么时，又会促使当地的工匠以及小卖店店主得利。因此，仅仅因为目前的史料里缺乏绿洲城邦国家居民与丝绸之路贸易有"直接"关系的证据，就得出丝绸之路贸易对于中亚史不太重要这种结论的话，显然有过于武断之嫌。

商业立国的社会结构　　在粟特社会中，自由人和非自由人被严格区别开来。主要有九十多件穆格山（Mt. Mugh）出土文书，这些文书大致都属于 8 世纪前半期的最初二十五年间，可以作为窥视生活在粟特本土的粟特人社会构成的史料。

穆格山文书中虽然包括在羊皮纸以及柳枝（木简的代替物）上书写的东西，但大部分是写在纸张上的。也就是说，在公元751 年怛逻斯之战以前，纸张就已经在粟特本土流通起来了。穆格山文书中虽然也包含少量使用阿拉伯语、突厥语、汉语的文书，但大部分是用粟特语写的文书。文书中出现的表示社会身份的术语里有自由人、商人、工匠、奴隶、俘虏、人质等。

这里提到的所谓"自由人"，恐怕大多是指那些武装起来的土地所有者，视不同情况，他们也属于可以被称作贵族或武士

（骑士）的阶级。有人推测这种"自由人"约占粟特总人口的三成以上。在商人里面也有不少人可以归入"自由人"这个范畴。关于这一方面，前述粟特文古信札就可以得到证明。该信札中，把来到中国的粟特人称之为"自由人"。按照士农工商的顺序，商人被排在最后。这一思想不仅在农本主义的唐代，而且在江户时代的日本也可以见到。即使在与粟特同属伊朗语族的萨珊王朝，商人也属于社会的最底层。然而粟特社会的状况却完全不一样——商人地位很高而担任神职的人员却不被重视。这两点成为粟特社会非常显著的特征。至于工匠是否是隶属民这一点我们不太清楚，不过他们的作坊是附设在大宅子里的，恐怕也兼有商店的功能。

穆格山文书里没有出现农民，但正如7世纪前半期曾在当地旅行过的玄奘所说"财多为贵，良贱无差。……力田（农业）逐利（商业）者杂半矣"那样，可见当时也有农民。鉴于玄奘在谈到农民时没有说贱民，我甚至想说农民都是奴隶这种事情或许并不存在，但是毕竟我们并不清楚当时的状况到底如何。商人的比例很高，反映了粟特社会以商业立国的实际情况。粟特贵族中不仅有地主贵族还有很多商人贵族，这或许是由于两者尚未分化的缘故。

在穆格山文书中还有结婚契约文书。婚契里记载着下述内容：作为婚契的条件，无论丈夫还是妻子，想离婚以后重新结婚，只要交出所规定的财产后就可以离婚；即便一方因犯罪而失去自由成为奴隶，此事也与其配偶以及孩子没有关系，即妻子和孩子不受波及。

这些记载反映出当时女性地位之高值得我们注意，与此同时，通过这些记载我们也可以了解到一个事实——当时确实存在着奴隶。

问题在于军人的状况。据我推测，在军人中恐怕包括上至贵族下到奴隶的各种身份的人。在穆格山出土的盾牌上，就描画着看起来好像是贵族的骑马战士。由于丝绸之路贸易不仅要通过辽阔的草原和沙漠，而且由于运送高额商品，所以遭遇土匪或者沿途打劫的危险性也非常高。为此，骆驼商队人数不能太少，一般都由很多人组成。在这种情况下，参加商队的商人们虽然自己也有武装，但同时也会请职业军人作为保镖来保护商队。在粟特社会中，似乎有许多半奴隶乃至奴隶身份的军人，或是成为上述骆驼商队的保镖，或是成为贵族以及大富商的私人武装。

粟特网络

在汉文史料中发现粟特人的方法

在汉文史料中，粟特商人都是被怎样称呼的呢？在公元一千纪，即公元 1 到 10 世纪的范围内，如果出现"商胡、贾胡、客胡、兴生胡、兴胡"或是"胡商、胡客"等称呼，历来人们都会认为那是指伊朗系统的商人或西域商人。然而在本书中，我想进一步提出一个看法，即上述这些称呼的大部分实际都可以看作是粟特商人。特别是在唐代，只要说"兴生胡"或其省略形态"兴胡"，几乎百分之百是粟特商人；此外若说"商胡、贾胡、客胡、胡商、胡客"的话，十有八九也是指粟特商人。

但是，倘若就东汉到魏晋南北朝时代的"胡"之含义而言，我觉得暂时还需要慎重一些。关于这一时期的"商胡、贾胡、客胡、胡商、胡客"等称呼，一般认为就是指西域商人，在这一点上没有什么变化。然而在这些西域商人中，来自塔里木盆地诸绿洲城邦国家的非汉人（包括龟兹、焉耆在内的吐火罗人，于阗人，楼兰人等）商人绝不在少数，有时甚至还包括远道而来的印度商人和波斯商人，因而不能轻易地断定"胡"就是指粟特商人。例如6世纪的《洛阳伽蓝记》卷三中虽有"自葱岭已西，至于大秦，百国千城，莫不欢附，商胡贩客，日奔塞下"的记载，但同书里还有"乾陀罗国胡王"以及"波斯国胡王"等表述，因此该书里的"胡"未必就是指粟特人。

更成为问题的是，"胡"不仅与表示商业之意的"商""贾""兴生"以及表示旅行者之意的"客"结合，也与其他的词相结合形成"～胡"的词语，例如"诸胡、杂胡、西胡、胡人"等，有时也只用一个"胡"字。汉语的"胡"字尽管基本含义是"夷""外人"，然而也是一个因时代和地域不同而含义随机发生变化的词语。匈奴、鲜卑、氐、羌、羯被称作"五胡"，也经常可以看见以

粟特人骑士 泽拉夫尚河上游的穆格山古堡遗址出土的木盾,上面保留有实战的痕迹。骑士身着铠甲,带着剑与弓箭。全长 61 厘米,圣彼得堡艾尔米塔什博物馆藏

"五胡"一词来代指中国北部至西北部以及位于其外缘的游牧骑马民族。

出于制作汉文文书等的方便起见,往来于中国的粟特人似乎都有汉字姓名。在当时,他们多用表示各自出身城邦的汉语来作为自己的姓。这些主要包括来自康国(撒马尔罕 Samarkand)、安国(布哈拉 Buhara)、米国(弭秣贺 Māymurgh)、史国(羯霜那 Keshāna,又作"佉沙 Kesh")、何国(屈霜你迦 Kushānika)、曹国(劫布呾那 Kapūtānā)、石国(赭时 Chach)、毕国(Peykend)的康、安、米、史、何、曹、石、毕等姓(参见附图《索格底亚那的绿洲城邦国家》)。此外,还有一些目前无法确定其出身城邦名称者,诸如罗、穆、翟等姓氏。然而根据最近的研究,基本也可以确定这些应该就是粟特人的姓氏。我在下面将这些统称为"粟特姓",但是需要注意的是,除了康、安、米以外,其他的"粟特姓"在汉人原来的姓氏中本来就有。综上所述,倘若要在公元以后成书的汉文史料中寻找粟特人和粟特商人的相关资料,有效的方法之一就是注意史料中涉及的"胡"及上述粟特姓,或是与粟特总称有关的诸如"粟特""窣利"等地方。但如果仅仅根据"粟特姓",或是只基于与商业相关用语在一起的"胡"字就做出判断的话,则会很危险。

**关于粟特网络的
推定复原**

通过前文提到的粟特文古信札，我们可以明确地了解到，向东方发展的粟特商人，他们的足迹至迟在 4 世纪前半期已经到达中国。关于其是否可进一步上溯至更早的东汉—三国时代这一点，根据前辈学者从汉籍中爬梳出来的一些虽然零星但却十分可信的史料来看，似也毋庸置疑。此外，最近刚刚在四川省发现的汉代摩崖图中，所描绘的一些人物看上去不同于通常见到的样子，很可能也是粟特人。根据东汉、南北朝和隋代的史料来看，在整个中国，明显可以看到粟特人足迹的地域首先是河西地区，其次是包括长安、洛阳在内的关中和中原，还有与关中及中原相提并论的四川。到了近现代以后，四川给人的印象是内地或边远地区，然而在以陆路交通为中心的时代，四川却是非常方便的交通要冲地带。

另一方面，粟特人前往游牧民族的根据地蒙古高原时，虽然也可以从河西北上，但更简便的途径则是从索格底亚那直接进入草原之路，到达位于今乌鲁木齐东方的天山北路的要冲北庭、庭州（别失八里 Bechbalïq），然后再由此越过阿尔泰山脉到达蒙古高原。顺便说一句，就已经来到中国中枢位置的关中及中原的粟特人而言，他们一般应该是从关中或中原出发北上到内蒙古，然后在内蒙古的无数条可穿越戈壁沙漠的路线中，选择某条道路前往蒙古高原。

在顺利推进远距离两地贸易方面，商品价格以及有关道

咸海

锡尔河

阿姆河

米努辛斯克

额尔齐斯河

塞米巴拉金斯克

巴尔喀什湖

七河地区

伊犁河

索格底亚那
布哈拉

塔什干

怛逻斯

碎叶

昭苏县石人铭文

伊犁

乌鲁木齐

准噶尔盆地

柏孜克

撒马尔罕

片治肯特

费尔干纳

天

喀什

山

库木吐拉

库车

高昌
吐鲁番

脉

焉耆

交河

梅尔夫

帕米尔高原

吐火罗

塔里木河

莎车

塔克拉玛干沙漠

楼兰

罗布

石城镇

米兰

播仙镇

罗布

赫拉特

兴都库什山脉

于阗

昆

仑

山

脉

喀布尔

粟特铭文

白沙瓦

犍陀罗

喀喇昆仑山脉

吉拉斯

拉达克铭文

拉合尔

青藏高原

印度河

德里

雅鲁藏布江

喀

喇

昆

仑

山

脉

巴特那

恒

河

◈ —— 有粟特聚落的城市
∴ —— 粟特相关遗址

粟特网络 东西向展开的网络，越过戈壁向北方的蒙古高原延伸

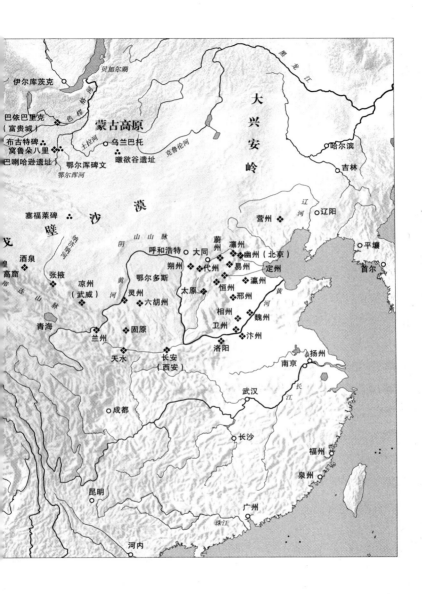

伊尔库茨克

贝加尔湖

蒙古高原

巴侬巴里克
（富贵城）

布古特碑
窝鲁朵八里
巴喇哈逊遗址

乌兰巴托
暾欲谷遗址

鄂尔浑碑文

鄂尔浑河

大兴安岭

黑龙江

哈尔滨

吉林

辽河

辽阳

沙

漠

塞福莱碑

戈
壁

酒泉

皇
高窟

张掖

凉州
（武威）

青海

兰州

天水

成都

昆明

河内

阴山山脉

呼和浩特

鄂尔多斯

黄河

灵州

固原

六胡州

长安
（西安）

朔州

太原

营州

平壤

首尔

大同

蔚州 瀛州
幽州（北京）

代州

恒州

相州

卫州

洛阳

易州

邢州

魏州

汴州

定州

黄河

南京

武汉

长沙

福州

泉州

广州

珠江

扬州

长江

台

路安全的信息至关重要。在收集信息时，必须有广泛的关系网。为了高效率地利用这种涉及硬件和软件两方面的网络，就必须在网络的各个接口，即各城市据点，有效地配备相关人员。为此，粟特商人们就不得不以家属和亲戚再加上同一个城邦国家的同乡一起，组成一个团队互相帮衬提携。关于这一方面，尽管因程度不同不好相提并论，但读者还是可以想象一下现代的跨国贸易公司在世界上建立起来的各种商业网络。很遗憾的是，因为缺乏能够完整复原这一粟特网络的系统史料，我们在这里只能挑选其中某些地区来加以考察——从东汉到唐代这一时期，粟特人确实以集团形式居住过的帕米尔高原以东的一些城市和地区——来寄托我们对于这一巨大网络的一些追思。

这里所说的粟特人集团，其实大小不一，形形色色，小者只有几个人或几个家庭，大者则超过千人。学术界对此使用了各种各样的术语来表现，诸如"殖民聚落""共同体""商贸聚居地"等。实际上，不管哪个词都包括城市内部的居留地的概念。提起"聚落"，或许会有人说，那大家一定对此有着某种共识，如必须要在多少户以上才能叫作"聚落"。但其实不然。研究者们各自有着自己的聚落形象。尽管如此，只要我们将粟特集团存在过的城市、遗址、墓地，包括表明粟特人足迹所到之处的碑文和岩壁铭文的发现地都在地图上标出来（参见地图《粟特网络》），并且用线条连接起来的话（这一工作请读者根据本节相关叙述以

　　　　　　　　　　　　丝绸之路与唐帝国

及本书卷首所附地图自己完成），就会呈现出一个完整的网络来。当然，这一工作不仅无视了聚落构成的最低户数标准，也无视了从东汉到唐代长达六百年到八百年的时间差，因而严格地讲，作为历史学者的工作来说，这一工作其实是很不完备的。但是鉴于前述粟特商人"利之所在，无所不到"这一特征，我以为通过以上论述得出的这张粟特网络图不仅仅可供一般读者参考，实际上可能还有着超乎其上的学术意义，我将此命名为公元一千纪，即10世纪之前的"粟特网络"。

进入东方

商人与武人的两面性 粟特人的重要性不仅表现在商业方面，在军事方面也有着可以说迄今为止我们完全没有预料到的活跃程度。因而，认为应该给予粟特人前所未有的积极评价的看法，最近正在被学术界普遍接受。正如前文已经提到的那样，丝绸之路贸易的实质是奢侈品贸易，运送高额商品的商人集团组建的由马匹及骆驼构成的商队，必须要穿行于草原及沙漠之中，因此遭遇土匪以及拦路打劫的危险性非常之高。鉴于这种状况，商队的武装就必须常态化。个人的情况姑且不论，作为一个集团来看，从事远距离两地贸易的商人与武人实际是表里一体的双重身份。早在3世纪三国时代，就可以见到这样的粟特人集团的身影。

据《三国志》卷三十三《蜀书·后主传》以及《册府元龟》卷二一七的记载，公元 227 年蜀国与吴国合谋联手夹击魏国，当诸葛孔明准备率领蜀军北上时，已经继刘备之位成为皇帝的刘禅曾颁布了一道诏书。在该诏书里有下面这样一段话：

> 凉州（森安注：广义的凉州，指整个河西地区）诸国王各遣月支、康居胡侯支富、康植等二十余人诣受节度（森安注：即接受蜀皇帝刘禅或诸葛孔明的节度），大军（森安注：即蜀军）北出，便欲率将兵马（森安注：作为援军加入进来），（森安注：如果战斗开始以后则要）奋戈先驱。

在魏、蜀、吴三分天下的情况下，割据西北河西走廊一带、处于半独立状态的诸国国王们审时度势，他们没有选择魏国而是倒向蜀国一方。诸国国王将自己统治下的月支，即月氏及康居等人民，分别交由各族首领（胡侯）二十余人统领并派去了蜀国。从姓名上来判断，率领月支军团者应该是支富，而统率康居，正确地说应该是康国（撒马尔罕）军团者则一定是康植。这里提到的所谓"月支"，究竟是指迁徙到西突厥斯坦的大月氏呢，还是残留于原居住地河西地区的小月氏呢？这里很难做出判断。但是，在以沙漠绿洲之路为主的丝绸之路贸易上，粟特商人的先驱乃是贵霜王朝时代的印度商人和巴克特里亚商人（撒尔塔，梵文：Sart，表示商队的"撒尔塔"一词就是从印度语经由巴克特里亚语而进入粟特语的）。如果联想到这一点的话，那么说这个"月支"就是大月氏的巴克特里亚商人的看法或许比较妥当。顺便说一句，有人说粟特人就是受匈奴人压迫而由河西地区西迁的月氏后裔，这完全是无稽之谈。

在今宁夏回族自治区的盐池县，发现了初唐时期粟特人墓葬出土的《何府君墓志》，其中有被葬者是"大夏月氏人也"的记载。因而，或许"月氏"也可以包括在广义的粟特人含义之中。另外，鉴于上述史料里提及异民族的首领（胡侯）有二十多人，所以其中可能还包括康国以外的其他粟特诸国，譬如来自于安国、米国、史国、何国、曹国、石国等的粟特人集团；或许其中还有从东突厥过来的于阗人、准噶尔人、龟兹人、楼兰人等。

由于上面引用的史料中，并没有说到胡侯就是商人，所以也有人对胡侯是武装商人的头领这一观点表示怀疑。然而，这种担心是多余的。因为在几乎同一时期，即魏太和年间（227—233）还有一条史料。《三国志》卷十六《魏书·仓慈传》中谈及仓慈任敦煌太守推行善政的情况时，有如下一段记载：

> 又常日西域杂胡欲来（森安注：中国本土）贡献，而（森安注：敦煌）诸豪族多逆断绝；既与贸迁，欺诈侮易，多不得分明。胡常怨望，慈（森安注：仓慈）皆劳之。欲诣洛（森安注：魏都洛阳）者，为封过所（森安注：国内通行证），欲从

郡还者，官为平取，辄以府见物与共交市，使吏民护送道路，由是民（森安注：汉人）夷（森安注：胡人）翕然称其德惠。数年卒官，吏民悲感如丧亲戚，图画其形，思其遗像。及西域诸胡闻慈死，悉共会聚于戊己校尉及长史治下（森安注：中国王朝驻西域各地的派出机构）发丧，或有以刀画面，以明血诚，又为立祠，遥共祠之。

这段史料最后提及的"以刀画面"这一特殊哀悼仪式，虽然在草原上的游牧民之间广为人知，然而在沙漠绿洲则只有粟特诸国与龟兹了解这一习俗。由《仓慈传》这段记事，可知当时大量的西域商人奔敦煌而来，并来往于敦煌和洛阳之间的情况。当然由此也可以进一步推测出，在河西走廊一带，从敦煌到洛阳沿途的各个城市里，也一定进入了相当数量的西域商人。

如果将上述两条史料合起来考虑，那么可以说，就像支富和康植这样的胡侯一定属于下述这样类型的人物，即，一方面他们是散见于河西地区的西域商人集团领袖，同时又是在一旦出现变故时就能马上成为武装军团首长的人物。根据前一条记事可以明显看出，河西诸国的国王们与蜀帝，实际上在行动之前就已经有了进行军事合作的约定。因此我们可以认为，在这类行动的背后，也一定有能布下庞大情报网络的商人集团。洛阳乃是三国曹魏的中心，而河西地区，在诸国建立起殖民聚落的粟特商人以及西域商人们，实际上早已和曹魏之间建立起了多层次的通商关系。

尽管如此，他们之所以要倒向位于四川的蜀国，恐怕其目的正是出于扩大商业圈的需要吧。因为只要一切顺利，不仅蜀汉所在地四川，而且自然还可以进一步向东吴的根据地江南发展。

活跃于外交和政治舞台 粟特网络不仅是一个商业网络，而且被作为一个外交途径而有效地利用了起来。这里介绍一下 6 世纪前半期酒泉安氏集团中的两位人物。

首先是一位名叫安吐根的人物。安吐根一家，自曾祖父时代开始就住在酒泉，他们自己也明确说自己早先是"商胡"。可是他在北魏末年，作为北魏的使节被派往了位于蒙古高原的游牧国家蠕蠕（柔然、茹茹）。人们一般的看法是：北魏与柔然的关系宛如不共戴天之敌。作为南朝与北魏对抗的国际战略中的一个环节，在由高句丽、柔然、高昌、吐谷浑、南朝、百济、日本构成的对北魏的包围圈中，柔然也扮演了一个角色。尽管这种看法很流行，然而在 6 世纪的北魏末期，情况却未必如此。根据后藤胜的考证，刚开始的时候，曾与北魏有着亲密关系的柔然可汗阿那瑰（520—552 年在位）看上了安吐根的文书行政能力，因而将安吐根留在了草原的宫廷之中。其后经过了若干年到 534 年时，阿那瑰想趁北魏末期的混乱发动进攻，为了探听虚实便派遣安吐根作为柔然使者到了北魏。但这时安吐根又背叛了柔然，而将柔然计划进攻北魏的情报告诉了北魏的实权人物高欢。

534 年末到 535 年初，北魏分裂成为东魏和西魏，柔然在外交上居于优势地位。在这种情况下，安吐根却没有靠拢与自己的根据地河西比较近的西魏，反而积极地与远方的东魏建立起了联系。从前一年开始安吐根已经与高欢搭上了关系这一点来看，就可以知道安吐根一定拥有十分完备的情报网，早就料到了北魏的实权终将落入高欢之手。安吐根之所以具有如此敏锐的政治洞察力，在前一年能够不顾自己的身家性命，把柔然的国家机密告诉敌方，背后肯定有帮手，一定是存在着一个忠心耿耿的商人集团在幕后进行运作。果然不出安吐根所料，在北魏分裂之后，高欢成为事实上的统治者，东魏的势力压倒了西魏。

从那以后，安吐根致力于推动柔然与东魏之间的和亲，并且于 541 年成功促使两国结亲。其后这种政治联姻多次交错重叠，与安吐根也都有关系。在这一时期，安吐根自己也曾多次与柔然的使节一起来到东魏，不仅熟练运用粟特语和汉语辅佐柔然的正使，成为了事实上的谈判主角，而且想必其间也一定充分发挥了他自己作为商胡的特长。估计他也可能会指挥自己手下的粟特人，把商品从柔然运往酒泉，并在河西地区、蒙古高原以及东魏所在的北中国东部这三大地区纵横驰骋，继续从事商业活动。

做出这样的推测是有根据的。实际上，在青海建国的游牧国家吐谷浑从北魏时代开始，就一直起着促使北方的柔然与南方的南朝进行联合的桥梁作用。北魏分裂以后，吐谷浑鉴于与比邻的西魏、北周处于敌对关系，于是倾向于和远方的东魏、北齐之间建立起友好关系。当时，往来于吐谷浑与东魏、北齐之间的使节以及商队所走的路线正如《北史·吐谷浑传》所说的"假道蠕蠕，频来东魏"，不得不依赖于往北绕行经由柔然的道路。在这种国际形势之中，553年发生了一个事件。

说起553年，这一年正是高欢之子接受东魏的禅让而建立北齐王朝的三年之后，也是西魏终于从南朝梁那里夺取了四川，从而切断了吐谷浑与南朝联系的那一年。此外还是柔然终于进入灭亡期，代之而起的突厥开始在漠北称霸的时期。这时，肩负着吐谷浑的国家命运，被派往北齐的吐谷浑正式使节团兼商队一行，在顺利完成使命后回国的途中被西魏凉州刺史史宁的情报网打探到。于是，在凉州西边的赤泉这个地方，吐谷浑使节团遭遇了史宁的伏击。吐谷浑的高官仆射乞伏触扳（人名）与将军翟潘密被俘，同时被俘的还有"商胡二百四十人，驼骡六百头"。据记载当时被捕获的商品还有"杂彩丝绢以万计"（《周书·吐谷浑传》）。假定其中一匹绢按十万日元计算，总金额就会高达十亿日元，由此可以想见这批商品是多么贵重。

从北齐返回吐谷浑的使节团暨商队为了避开西魏的领土，计划先绕道北上，经由蒙古高原转道赴河西，然后从河西进入吐谷浑的根据地青海。为此，吐谷浑一行不得不尽量躲开西魏的耳目，企图在不被西魏发觉的情况下穿越河西走廊的某一地点，但最后还是不幸遇上了这场灾难。这一事件不仅是吐谷浑使节团及其商队的厄运，还直接影响到了国家的战略。另外值得注意的是，在这个吐谷浑使节团暨商队中，还包括了粟特商人二百四十

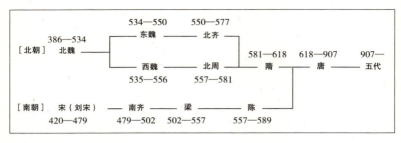

中国王朝更替图（南北朝—隋唐时代）

人。这一事实不仅给人带来粟特商人的商业活动竟然如此活跃的强烈印象，据此我们还可以充分地了解到粟特商人介入外交领域的情况。顺便说一句，从名字来判断，将军翟潘密并不是吐谷浑人，而是粟特人。这也是一条很重要的史料，这个事例说明从很早开始，粟特商人和粟特武人已经是二位一体了。

话题再次回到安吐根。柔然，是一个位于连接东魏和河西之间，地处蒙古高原的国度。安吐根虽然无论在外交上还是在商业上都很活跃，然而上述事件之后，他似乎还是在柔然的宫廷里遇到了什么麻烦，所以最终归顺了东魏。回到东魏的安吐根受到长期与之保持亲密关系的高欢及其后继者的照顾，在东魏变为北齐的朝代更替之后，550年又获得了晋升。在北齐时代，西域商胡世家的安吐根深受武成帝、后主父子以及胡太后的宠幸，因为与专权跋扈的和士开形成尖锐对立而名留史册。

以安吐根、和士开为首，在掌握了山东、河北等丝绸产地的北齐聚集着很多粟特商人。他们越过北周，与西方建立起联系，

丝绸之路与唐帝国

并促使表示统治出现困难的代名词"齐俗"在后来蔓延开去。关于这一方面的具体状况，可以参见岩本笃志的相关研究。所谓"齐俗"，就是与中华的农本主义背道而驰的重商主义。虽然重商主义也可能变成贿赂横行的拜金主义，但是不应一概加以否定。我希望大家注意这种"齐俗"与玄奘、韦节等汉人视野中的粟特本土风俗的类似性。换句话说就是，我们应该看到，当这种前近代的商业资本主义活力一旦与游牧骑射军团的军事力量结合起来，就会产生出诸如突厥、隋、唐、回鹘等强大的帝国。

西魏的正式使节：安诺槃陀

还有一位有名的粟特人出现于外交领域，就是被称作"酒泉胡"的安诺槃陀。545年他受西魏掌握实权的宇文泰派遣，作为西魏正式的使节团团长前往突厥访问。此时，位于蒙古高原西方阿尔泰地区的突厥在长期忍受柔然的控制之后，终于开始出现独立势头。从《周书·突厥传》的记载来看，突厥非常欢迎西魏使节的访问，认为现在大国的使者前来访问，意味着突厥将由此兴盛起来。

酒泉的位置正处于西魏中心地区和阿尔泰地区的中间地带，因此以酒泉为据点的粟特人被选拔为外交使节也很自然。然而据护雅夫推测，原因可能不光如此，或许还因为粟特人也已经进入了突厥方面。当然这种可能性是有的,此外也可以举出别的例证。譬如，由于安诺槃陀和前面提到的安吐根同属于酒泉的安氏，而且活跃的时期也相同，可以推断两者分别所属的两个安氏集团之间应当有联系。如果是这样的话则另一种可能就是，两个集团的情报网络交织在了一起，为了正确地观察和把握企图从柔然独立出来的突厥的政治形势，对任何事情都很敏感的安氏就首先对突厥以及西魏做了工作。由于远距离两地贸易受各地的政治形势影响很大，而且无论是当时的北部中国还是游牧民族，实际上都处在急剧变动的阶段。所以，在这种情况下，位于酒泉的两个安氏集团之间出于自我保护和寻求同盟的原因，可能就互相交换了自己拥有的情报，这也是很自然的事情。

虞弘墓发现带来的冲击　　作为粟特人活跃于外交领域的事例，上面我们介绍了居住在酒泉、布哈拉的安氏集团中的两位人物。下面我还想举出一些酒泉以外的事例。

上溯至突厥兴起时代以前大约半个世纪，役属于柔然的突厥裔民族、高车的副伏罗部接到了一个来自柔然可汗豆仑的命令：与柔然一起向北魏发动进攻！对这一命令，副伏罗部的阿伏至罗表示反对，并上奏要求停止攻击北魏，然而却没有被接受。于是，阿伏至罗便率领手下的部众向西，在阿尔泰山脉与东部天山山脉之间宣布独立，建立了高车国。成为高车国王的阿伏至罗，在之后不久的490年，便将表示外交使节身份的"二箭"（两支箭）和书信交给"商胡越者"，并派遣其去了北魏的首都洛阳。为了申明自己独立的正当性，阿伏至罗在信中写道：

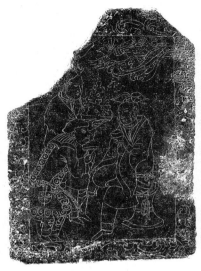

北齐的粟特商人与骆驼　左边是粟特商人商谈的情景，右边是牵着运送丝绸等交易品的骆驼及马匹的粟特商人。北齐墓葬出土石刻，青州市博物馆藏

蠕蠕为天子之贼，臣谏之不从，遂叛来至此而自竖立。当为天子讨除蠕蠕。(《魏书》卷一○三《高车传》)

将此事与以前列举的各种事例进行比较可知，上面提到的"商胡"应当就是指粟特商人。据吉田丰的研究，"越者"一词来自粟特语，乃是粟特语里经常使用的人名要素之一，即"奇迹"之意，那么"商胡越者"指粟特人可谓确定无疑。

历来，北朝隋唐史研究界的中华主义倾向十分强烈，不管什么都喜欢用"汉化"一词来作结论。然而虞弘墓的发现却给了北朝隋唐史学界以巨大的冲击。所以在最后，我还想再谈谈虞弘墓主人公的经历。

　　从 1999 年在山西省太原市发现的虞弘墓出土的墓志来看，虞弘的祖父曾是"鱼国领民酋长"，父亲从鱼国到茹茹（柔然）国以后，不仅担任了"莫贺去汾达官"这样一个官职，而且有着作为使节来到北魏的经历。据推测，出生于柔然的虞弘早在十三岁时就被任命为柔然的"莫贺弗"（官职名），并曾奉君命出使过波斯以及吐谷浑国，可能也参加过商队赴远方的贸易。其后，在成为"莫缘"（官职名），并作为柔然的使者被派往北齐的时候（554年前后），因为两国关系恶化而被北齐扣留。之后，先后效力于北齐、北周、隋这三个王朝。在北周时代，虞弘曾"领"山西的重要据点——并州、代州、介州的"三州乡团"，还有"检校萨保府"。这一方面，我在下一节还会将其当作粟特人在军事层面表现的一个证据而加以论述。此外，这里提到的"萨保=萨宝"，乃是一个与粟特人有密切关联的术语，具体情况也将在后文详述。

　　由于虞弘的"虞"字不包括在所谓粟特姓之中，加之其父亲和本人的出身都是鱼国，所以我们在断定他就是粟特人方面稍微有点踌躇。然而他的字"莫潘"是粟特语的 Mākhfarn（月神的荣耀）之意，加之虞弘墓的构造以及墓中有以拜火教的拜火坛为代表的各种图案，倘若再把上述这些与 2000 年以后在西安接连发现的安伽墓、史君墓、康业墓等典型的粟特人墓葬进行对比

虞弘墓的石棺 发现于中国的山西省太原市，给人们带来巨大冲击的粟特人墓。山西省博物馆藏

的话，就可以知道，虞弘墓毫无疑问就是粟特人的墓葬。虞弘父子的经历与前述安吐根为首的安氏集团的人物几乎完全一样。这种惊人的相似绝非偶然现象，应该说是如实地反映了当时粟特人的动向。

作为国际通用语的粟特语　　如此看来，目前已经很容易推断出粟特语曾是中央欧亚东部的国际性语言。这一点也可以根据蒙古高原塔米尔河（鄂尔浑河支流）流域的布古特碑文，以及天山中部草原的昭苏县石人铭文来加以证明。这两件石刻都是突厥第一帝国[3]的正式纪功碑，这块纪念碑不仅是为了给突厥国内，更是为了让周边诸国前来的使者们也看到而于6世纪末前后建成的。不过碑文所用语言既不是汉语也不是突厥语，而是使用了粟特语。根据被称为鄂尔浑碑文的这些突厥碑文可以得知，在唐代7世纪末期复兴的突厥第二帝国，其官方语言是自己固有的突厥语（古突厥语之一种），而之前突厥第一帝国的官方语言却是外来的粟特语。对此，读者或许会感到意外。其实关于这一方面已经可以从《周书·突厥传》中的"其书字类胡"

布古特碑文 刻有纵书的粟特文。高245厘米，展示在蒙古国的车车尔勒格博物馆内。笔者摄

昭苏县石人铭文 位于天山的草原上。研究者们正在调查石像下部的粟特铭文。笔者摄

一语看出端倪。近年的布古特碑文、昭苏县石人铭文的发现更证实了这一点。

这一事实真实地说明了粟特人给予游牧国家的影响有多么大。护雅夫对汉籍史料以及石刻碑文进行分析研究的结果，使我们大致弄清楚了以下史实。在突厥第一帝国，甚至形成了被称为"胡部"的粟特人聚落；以史蜀胡悉（人名）、安遂伽、安乌唤、康鞘利、康苏密等有名人物为首的"群胡"效力于突厥宫廷，他们给淳朴的突厥人传授以"奸智"（当然此语是汉人方面的用语）并使其仇视中原王朝。然而倘若换位思考的话，也可以说上述情况正表现出并且证明了这些粟特人对突厥起到很大作用，乃是突厥在政治、经

丝绸之路与唐帝国

济、外交领域的好顾问。

从现存史料来看，第一次给中央欧亚的游牧民带来文字文化者，既不是在斯基泰的波斯人或者希腊人，也不是在匈奴的汉人，而是在突厥的粟特人。而且可以断定的是，即便是在突厥帝国以前的时代，即在突厥之前统治蒙古高原的柔然时代也应该是这样的。也就是说，柔然在与南方中原的拓跋国家、青海地区的吐谷浑等鲜卑系统的诸王朝，以及西域诸国进行交涉时，也一定是以粟特人为中心，以粟特语为其国际交流语言的。

河西走廊的粟特人军团

河西屈指可数的大都会：凉州

在遍布中央欧亚的丝绸之路网络中，说起货真价实、真正可以畅通无阻地通达东西南北方向的交通枢纽，则要数西边的索格底亚那和东边的河西地区。在河西走廊一带，作为粟特人聚落的重镇而知名者，迄今为止主要有酒泉（肃州），以及因池田温的研究而知名的敦煌（沙州）。在唐代的敦煌，从行政区划的角度来说，有一个被叫作"从化乡"的聚落，该聚落也被称为"安城"，是一座东邻沙州的独立城镇。其户数约有三百户，居民不仅有安姓，还有很多康姓、石姓、曹姓、罗姓、何姓、米姓、贺姓、史姓等姓。但是，较之上述两地更值得我们注意的地方是，在河西首屈一指曾被称作姑臧或武威的大城市凉州。

　　早在东汉初年，姑臧就作为一个繁荣的大市场而知名。据《后汉书》卷三十一《孔奋传》的记载，孔奋为避王莽之乱到了河西，经河西大将军窦融的推荐，孔奋成为姑臧的长官。关于当时的情况，有如下一段记载：

　　　　时天下扰乱，唯河西独安，而姑臧称为富邑，通货羌胡，市日四合，每居县（森安注：即成为县的长官）者，不盈数月辄致丰积。奋在职四年，财产无所增。

　　公元627年至628年赴印度求法的僧人玄奘曾穿过河西走廊，在玄奘的传记《大慈恩寺三藏法师传》卷一里亦评论说："凉州为河西都会，襟带西蕃、葱右诸国，商旅往来，无有停绝。"也就是说，凉州是河西最大的都会，并且与西域以及葱岭以西诸国有着密切的联系，商人们的往来络绎不绝。

　　此外，唐代上至王公贵族和官僚，下到庶民百姓，举国上下每年最为热衷的岁时文化之一是正月十五前后的"元宵观灯"。宫殿、官府、商店以及各户各家都张灯结彩，连成一片的各色灯笼悬挂于各处，身着漂亮服装的男女彻夜唱歌跳舞，恋人们则高兴地玩起各种游戏。灯笼中有灯树、火树、山棚等各个种类。有的先在长竿上绑上很多横杆，然后悬挂成千上万的灯笼，有的是把无数的小灯笼组合成圆锥形，再组合成一个大灯笼，热闹

　　　　　　　　　　　　　　　丝绸之路与唐帝国

非凡。这一传统后来也传到了日本，演变成为青森、弘前等地的"睡魔祭"、秋田的"竿灯祭"。在隋唐时代的中国，上层当政者允许这样一种通宵达旦的游乐十分罕见，因而其狂热以及热闹程度似乎也超出我们的想象。即便与现在日本的"睡魔祭""竿灯祭"以及仙台的"七夕祭"、神户的"光之回廊（Luminarie）"[4]等相比应该也毫不逊色。而当时，可以与长安、洛阳这些元宵观灯活动盛行的城市相提并论的只有两个地方，一处是隋炀帝酷爱的南方的江都，也就是扬州（广陵），另一处就是河西的凉州。

在凉州这样一座繁华的都市中，自北朝至整个隋唐时代，有关粟特人群居于此地或聚集于此的相关史料不少。前面提到的在敦煌发现的粟特文古信札就是其中之一，该信札涉及4世纪初期前二十五年间凉州粟特商人的情况，而到了4世纪末，由于在凉州的即序胡安据盗掘了前凉王张骏的墓葬，所以据说后凉王吕纂（第二代王）诛杀了安据的同党五十余家（参见《晋书》卷一二二《吕纂载记》）。这一记载就是布哈拉的粟特人安氏一族已经在凉州生根落户的一个有力证据。

进入5世纪，429年北魏世祖太武帝亲自率军远征蒙古高原，大败宿敌柔然大檀可汗率领的军队，俘获了数百万的俘虏、家畜以及车辆庐幕等，却因最后的犹豫未能彻底消灭逃亡中的大檀可汗。事后太武帝从了解柔然内情的"凉州贾胡"口中得知，当时如果不畏惧伏兵再继续进军两天的话，大檀可汗肯定逃不掉。据说太武帝听后跺脚懊悔不迭（参见《魏书》卷三十五《崔浩传》等记载）。这也是一条关于以凉州为据点的粟特人在漠北拥有情报网的证据。

进而，439年（太延五年）统治河西的北凉被北魏征服。首都姑臧（凉州）陷落的时候，凉州居民三万余家被带往北魏的首都平城（今天的山西省大同市），在凉州的粟特商人也没有逃过这一命运。当时北魏之所以要灭掉北凉，理由之一就是北凉自己在财政上严重依赖粟特商人的商队贸易，同时却阻碍粟特商人自由往来于北魏。对于这一事件，代表粟特城邦国家联盟的粟特王曾向北魏派出使者，企图通过交涉赎回这些粟特商人。但经过十年以后，到452年前后，北魏皇帝才终于下诏批准了此事（参见《魏书》卷四上《世祖本纪》、卷九十九《沮渠牧犍传》、卷一〇二《西域传·粟特国》的记载）。在这里，赎回的"赎"就意味着并非无条件让其回国，应当是基于某种条件将这些粟特人从奴隶身份解放出来，以恢复自由身份之意。这些粟特商人被扣留都在十年以上，但粟特国家却并没有抛弃他们，而是一直在努力进行营救工作。在这一期间，粟特人是否在帮助和促进北魏加入丝绸之路国际贸易方面出力了呢？或者粟特人作为杰出的军事集团是否为北魏的远征等行动而效力了呢？这些都不得而知。在《魏书·西域传》里虽然没有见到公元452年以后来自索格底亚那的朝贡记事，然而在《魏书》的《本纪》中却记载了457年到479年间以粟特名义的四次朝贡以及468年到509年间以撒马尔罕为名义的十次朝贡。总之，通过上述史实足以说明，粟特商人向东方的发展绝非孤立的个人行为。

粟特聚落的领袖：萨宝　　从北魏到隋代，作为一个集团，向东方发展的粟特人在汉语世界里定居以后，当时的政府给粟特聚落的领袖授予了一个叫作"萨宝"（此外也有"萨保""萨甫"等表记）的官职名称，并允许其自治。

关于一直持续到唐代的称号"萨宝"一词的词源和意思，长期以来海内外学界一直在进行讨论。主要通过日本学者吉田丰、荒川正晴的研究，目前这一问题已经基本获得了解决。其结论主要有以下几点：

（1）"萨宝"译自源于巴克特里亚语的粟特语 sartpaw 一词，原来的意思是"商队首领"，由此又派生出了单纯的"领导者"之意。

（2）从北魏至隋代，"萨宝"指居住在汉人世界的粟特聚落的领袖，不论其是否为祆教徒。

（3）进入唐代以后，先前自治性质的聚落被整合进唐朝的州县制中，粟特人也和汉人一样成为户籍上登记在册的州县"百姓"。

（4）为此，自治的范围仅仅限于宗教方面，"萨宝"的意思变成了单指祆教徒集团的领导者，明确了并不是从一开始"萨宝"就有祆教徒的统领这样一种宗教的含义，同时还弄清楚了来到中国的祆教徒的大多数并不是波斯人，而是粟特人。

粟特语、汉语双语墓志铭　西安发现的粟特人史君墓石椁正面入口上方的石板上刻着铭文。西安市文物保护考古研究所藏

　　原则上每一个聚落只有一个萨宝，但是像凉州这样有很多粟特人居住的地方，聚落往往也不限于一个，同一座城市里也可能存在多个聚落萨宝，像安氏聚落的萨宝、康氏聚落的萨宝等。但不管怎么说有一点可以肯定，即只要有被任命的萨宝的地方，就一定存在着粟特人的聚落。

　　正像后文所介绍的那样，通过汉籍史料我们可以知道，凉州的安兴贵、安修仁兄弟对唐朝的建立贡献了很多力量。他们的曾祖父叫安难陀，早在北魏时代就从布哈拉移民到凉州，其后世代担任凉州萨宝。如果按照一代三十年来推算的话，安难陀到北魏任凉州萨宝的时间当是 6 世纪前半期之事，也就是说，在 5 世纪中叶，在凉州的粟特人全部被北魏掠至首都平城这样一个大事件发生之后，或许是后来被释放的粟特人又回到了凉州，或许是凉州又迎来了新的粟特人移民，总之到了 6 世纪前半期，凉州的粟特人聚落又恢复到了需要设置萨宝的程度。

　　其后陆续也有其他史料证明萨宝的存在。根据武威出土的康阿达墓志的记载，效力于唐朝的康阿达的祖父康拔达居然曾接受过南朝梁的高官厚爵。这是因为北魏末期，东西两大势力激烈相争，在北朝中不存在抑制河西势力。另外，最近在西安刚刚出土的史君墓里有粟特语和汉语两种语言的墓志铭。根据吉田丰的解读，我们已经弄清楚了下述事实：一是在北周时代，粟特人史氏仍同

粟特人的萨宝 安伽墓石棺床的石屏风上描绘着曾是萨宝的墓主的生活。浮雕贴金彩绘，陕西省考古研究所藏

样被任命为"凉州萨宝"；二是与汉语"凉州萨宝"对应的粟特语正是作"姑臧（Kacan）的首领（sartpaw）"一词。

2000年，西安出土了北周时代的安伽墓，这是一座有着包括金箔在内的艳丽彩色浮雕的粟特人墓葬。从该墓志中我们也获知了一些非常重要的信息，即祖籍布哈拉的安伽之父出身凉州后来移居到关中，安伽是作为一名粟特人首领之子而成长起来的。其后安伽效力于北周，并成为位于长安东方的同州萨宝。从西魏宇文泰时期开始到北周中期为止，同州一直是一个军事中枢重地。关于同州与粟特人的关系，我曾有一个有趣的发现：在调查巴黎国立图书馆收藏的伯希和文书时，我在一卷唐代粟特语

佛教典籍上发现，该佛典卷轴的轴芯乃是用一支箭柄来代替的，而在该箭柄上用汉字写着制作地是同州。这一点恐怕绝非偶然。

围绕粟特人与唐朝建国的新说

隋朝末年，公元 617 年七月，李渊率领约三万部队离开根据地太原，十一月进入了长安。次年，即 618 年，创建唐朝，改元武德。正是这一时期，出生于从曾祖父时就开始担任凉州萨宝、祖祖辈辈都是粟特人首领家庭的安兴贵、安修仁兄弟俩却对以河西为据点的李轨政权的兴亡产生了很大的影响。

首先，弟弟安修仁于隋朝大业十三年（617），同其他胡人及汉人一起在凉州（武威）拥立了李轨政权。可是，安修仁部下粟特人聚落的兴盛状况却遭到了李轨的怀疑和猜忌。同一时期，哥哥安兴贵到长安投靠了刚成立的新王朝（唐朝）。得知这种情况，安兴贵遂上奏唐高祖李渊，表示愿意回凉州去劝说李轨归顺唐朝。高祖准奏。于是安氏兄弟俩便开始试图说服李轨。

然而，自己也是隋末群雄之一的李轨却拒绝向唐朝投降。于是安兴贵、安修仁兄弟俩便率领以粟特人为首的胡人集团发动政变，拘捕了李轨，并于武德二年（619）将河西之地献给了唐朝。由此，凉州的安氏遂因对唐朝的这一杰出贡献，获得了唐朝功臣的身份。

由此可见，凉州的安氏一族不愧是出自于精明的粟特商人家系。他们恐怕是从一开始就以脚踩两只船的方式，分别在群雄身上押宝，以图确保自身的安全，类似的情况在其后还可以见到。安禄山作为养子加入安氏一族也是这样，他们也曾分别向唐朝和突厥送去了安氏一族的人员（参见本书第六章相关部分）。

最近，山下将司查明了一个重大的史实，即弄清楚了天理图书馆收藏的《文馆词林》抄本残卷乃是抄自这个安修仁的墓志铭一事。山下将司同时明确指出，尽管安修仁一家从北魏到隋初数代一直担任凉州萨宝，但安修仁成为隋朝的武官以后，旋即把居住在凉州的粟特人等西方的胡人聚集在一起，组建成了一个乡兵集团亲自加以统率。隋末唐初时，安修仁之所以能与其兄一起把李轨当成傀儡来加以控制，正是因为在安修仁的背后有一个以乡兵形式组织起来的粟特人军团撑腰。山下进而举出了一些具体事例来展开自己的新说，他认为，从北朝到唐初不仅凉州的安氏一族，还有固原（原州）的史氏一族、太原的虞弘等事例，在这些事例中都是由粟特人来统率府兵制的军府，这些军府又都是以乡兵形式组织起来的粟特人作为中核的。

这一新说具有重要的意义。首先，历来人们认为粟特人主要是在商业活动方面表现突出，而这一学说超越了旧有的通行说法，首次将目光投向了在唐朝建国以及发展过程中，作为武官而活跃的粟特人以及在背后支撑他们的武人集团。其次，在讨论隋唐王朝的本质究竟是汉人王朝还是拓跋王朝时，府兵制通常是讨论的一个重点问题。山下的研究揭示了府兵制的一个方面其实是由粟特人来担当这一新的史实。这一点为我们研究其后安史之乱的性质等问题也提供了相关材料。因为按照学术界一般的理解，府兵制乃是以鲜卑人为中核的"胡汉融合"的制度，但是恐怕谁也没有想到，在这个"胡"里，竟然还包括所谓"五胡"之外的粟特人。

安修仁之兄安兴贵曾对唐高祖说："臣于凉州，奕代豪望，凡厥士庶，靡不依附。"(《旧唐书》卷五十五《李轨传》)据此来看，安氏兄弟应当是拥有一支可以随意驱使的、具有相当规模的武装集团。李轨政权尽管是地方政权，但毕竟也是统治着整个河西地区的一个政权。而安氏之所以能够发动推翻李轨政权的政变，自然是因为拥有一支相应的武装部队。这支部队少则数百人多则数千人。《隋书·百官志》说，在首都以外的地方，以诸胡二百户为基准，任命自治首领萨宝一人。因而，我这里推测的安氏武装的这一人数与《隋书·百官志》的记载似乎也并不矛盾。

从安兴贵之子安元寿的墓志铭来看，安元寿十六岁进入秦王府，"玄武门之变"时以及之后突厥颉利可汗逼近长安的时候，他都一直活跃在李世民身边。据石见清裕、山下将司、福岛惠等人的研究来看，在李世民发动"玄武门之变"坐上皇帝宝座的时候，有证据表明安元寿曾为之动用粟特人的兵力。因而，安元寿可谓是太宗即位的功臣之一。基于这一点，他本来可以因此在仕途上飞黄腾达，然而其后，他还是遵循父亲安兴贵的意思毅然辞官回到故乡凉州继承家业。所谓家业，山下将司认为就是指东西方贸易。而我以为不仅如此，安元寿应该是在从事交易商品的同时，还包括饲养及买卖作为机动运输力量的马匹。关于这一点，在《旧唐书》卷一三二《李抱玉传》的开头部分所说的"李抱玉，武德功臣安兴贵之裔。代居河西，善养名马，为时所称"的记述中就可以看见。由这条记载，我们可以窥见安氏一族把持河西地区名马产地的情况。这里提到的李抱玉是一位武人宰相，其本名叫安重璋，历仕肃宗、代宗朝。在平定安史之乱时立有大功，为了避开与安禄山同姓，757 年由肃宗赐姓李，改名李抱玉。

通过上述史实，似乎可以容许我们推演出如下结论：粟特人不仅活跃于河西走廊到宁夏一带，而且还进入了从鄂尔多斯（黄河弯曲部分）到山西北部的农牧接壤地带，进而进入了天山地区到蒙古高原的草原地带。由于他们拥有大量的马匹，所以往往把马作为商品，从事着建立在马和骆驼的机动能力之上的东西方贸易；与此同时，他们自身也变成了一个武装集团，自身兼有以骑兵为主的军事力量。并且，这些武装集团不仅用于护卫他们自己组织的商队，同时也给他们看好的势力积极主动、源源不断地提供军事帮助，以图谋共同的发展。这里所说的自己看好的势力，既可以是突厥游牧集团，也可以是汉人军阀，只要是在粟特人看起来有发展前途的一方就可以。

第三章

唐朝的建国与突厥的兴亡

多民族国家：唐帝国

唐朝并非汉族王朝

位于欧亚大陆东部、以拥有悠久历史而自豪的中国曾是一个多语言的世界。在中国历史上，大约有一半的时间，其统治者并非汉民族，而是异民族（即中文称之为"少数民族"的非汉民族）。人尽皆知的由异民族统治的例子有五胡十六国及北魏（鲜卑拓跋氏）、辽（契丹族）、西夏（党项族）、金（女真族）、元（蒙古族）、清（满族）等。而近年来，不仅承袭北魏的东魏、西魏、北周、北齐，甚至隋、唐王朝也被视为鲜卑国家或"拓跋国家"。后面这一观点，在学术方面与中国学者陈寅恪提倡的"关陇贵族集团"或"武川军阀集团"（下文简称为"关陇集团"），主张西魏、北周、隋、唐都是由关陇集团产生出来的王朝这一说法很相近。因而此说对于中国史研究者来说，恐怕也并非什么新奇的观点。

所谓"关陇集团"是指承担北魏国防重任的精锐部队：出身六镇，尤其是武川镇者（大多数是鲜卑族），在北魏分裂之后迁徙到关中盆地，并与当地的豪族联手组成胡汉融合的集团。无论是掌握西魏实权并开创了北周王朝的宇文氏，还是创建了隋朝的杨氏，抑或是建立了唐朝的李氏，其实都出自这一集团。但是，在历来标榜关陇集团的学说中，中华中心主义的色彩向来比较浓厚，大都是把北朝和隋唐的历史放在自秦汉以来中国史自身的框架里来加以解释。与此相对，我们则是从北亚史、中亚史甚至是中央欧亚史的角度来把握这一段历史。因而在表现形式方面，我们会经常使用"鲜卑裔王朝"以及"拓跋国家"这样一些术语。站在这一立场来看，我们可以断言说，唐朝绝非狭义的汉民族国家。

尽管在本书的序章中我们已经谈过了所谓"汉化"的问题，然而由于这个问题非常重大，所以我还想在这里就此略事阐述。

在现代中国，除了作为主体的汉民族之外，正式得到承认的还有五十多个"少数民族"。然而，这其中并不包括今天中国境内截至唐代为止活跃的匈奴、鲜卑、氐、羌、羯、柔然、高车、突厥、铁勒、吐谷浑、葛逻禄、奚、契丹等族。之所以如此，是因为经过魏晋南北朝和隋唐时代，上述诸族已经融合进自秦汉时代为止就形成的狭义上的汉民族，从而形成了新的汉民族。因此，唐代的汉民族、汉文化与秦汉时代的汉民族、汉文化是不同的东西。可以说，将前者称之为唐民族、唐文化或许更为恰当。然而，谁都不将其称为唐民族而是叫作汉民族，这种用语的保守性往往会掩盖历史的真实。

把唐代本来是中国历史上的黄金时代一事，视为唐代是汉民族历史上的黄金时代，并由此得出此一民族非但不歧视反而优待各少数民族的结论，这一主张本身就是典型的以上所言主义的想法。实际上，唐朝是以异民族，即接受了以汉语为主的中国文化的民族为中心而建立起来的国家，或者至少应该是由受到了异民族输血的汉民族即"唐民族"建立起来的国家。所以，唐朝的统治者对汉民族以外的少数民族毫无抵触心理，只要有能力，不分出身地域等，一律平等地加以重用。唐代的世界主义、国际性、开放性，既来自唐朝国家的本质，即唐朝本来就是由汉民族与异民族混血、文化融汇所产生的能量而创建的国家；另一方面，也是因为唐朝是多民族国家，其世界主义、国际性以及开放性才会不断地受到促进与推动。在这一方面，唐朝与后来的蒙古帝国、现代的美国其实是相通的。

在唐代，既有从东魏和西魏分立时代开始就给中国带来巨大经济负担的突厥人，也有作为商人而活跃的粟特人和波斯人，还有像高仙芝、慧超那样的朝鲜人，阿倍仲麻吕、藤原清河、井真成那样的日本人，无一不是熟练地操着自身固有的语言和汉语两种语言，视情况不同还可能使用第三种语言。如果是仅仅把他们

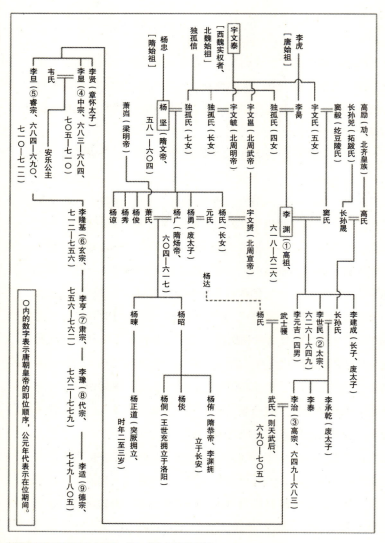

关陇集团与拓跋国家（北周、隋、唐）皇族世系图

都可以说汉语这一点抽出来，就解释为他们都已经汉化了，或是解释为唐朝之所以接受这些异民族，是因为汉民族的度量大等，显然于史不尽然。这样的解释只不过属于事后诸葛亮式的想法而已。

唐朝建国的中坚：鲜卑　　那么，在创建唐帝国的过程中起到中坚作用的异民族（非汉民族）究竟是哪个民族呢？迄今首推的是来自北魏武川镇的鲜卑裔集团。所谓武川镇，乃是北魏在北方设置的边境军镇"六镇"之一。北魏是由原来居住在大兴安岭方向的游牧民族鲜卑进入中原以后建立起来的王朝，为了防御北方新兴的游牧民族柔然和高车，北魏在自己北方边境地带设置了六个军镇，武川镇便是其中之一。武川镇位于今天的内蒙古自治区首府呼和浩特以北，在北魏的首都还设在平城（今山西省北部的大同市）的时代，六镇的武将们作为肩负着国防重任的精英集团，享受到了相应的优厚待遇。然而到了孝文帝迁都洛阳，推行所谓的"汉化政策"，国家的中心南移之后，风向却发生了变化。正如吉冈真所揭示的那样，汉文史籍会为了将北魏描述成为一个汉人王朝而对史料有所粉饰。因此，我们对这个"汉化政策"不宜视之过高。不过，当时六镇将士的待遇急剧恶化却是事实，其结果是六镇将士的不满终于引发了从 523 年开始的"六镇之乱"。

　　由于这场混乱，北魏分裂成了东魏和西魏。刚开始时东魏强盛，南下的六镇将士大多数到了东魏与山东贵族联手。与此相对，武川镇的少数派进入西魏，在关中盆地与统率乡兵集团的当地豪族联手。如此一来，在西魏内部形成了一个以宇文泰为领袖的胡汉融合集团，即关陇集团。其后，以关陇集团为基础，北周的宇文氏、隋的杨氏、唐的李氏相继取得了政权（参照附图《关陇集团与拓跋国家（北周、隋、唐）皇族世系图》）。

显然，建立唐朝的功臣正是具有上述背景的这样一个鲜卑裔关陇集团。不过，根据石见清裕的研究，实际情况远不止如此——匈奴与唐王朝的建立也有着很深的关系。当然以前也有人提到这一方面，譬如说关陇集团中的独孤氏是匈奴出身，又说隋文帝（杨坚）之父杨忠身长两米，是一个轮廓分明的美男子，所以身上可能有白人血统。而在所谓五胡之中，只有匈奴和羯具有白人血统的可能性大。不过，石见清裕在汉文史籍里又发现了新的史料。该史料说明在鄂尔多斯（河套地区）一直持续游牧生活的匈奴集团，其名字叫作费也头，而并不是作为胡汉融合集团的关陇集团。

杨坚（隋文帝）、杨广（隋炀帝）两代曾三度远征高句丽，三次远征的失败使得他们建设新国家的事业受到挫折，并引发了全国性的叛乱。在这种情况下，炀帝失去了对政治的热情，616年他到了江都扬州。江都扬州位于应炀帝的旨意所开凿的大运河的要冲，也是炀帝强烈憧憬的江南文化重镇。炀帝把自己圈在这里，过起了美酒加美女的日子。后来，唐玄宗也重蹈覆辙。当权者和大富豪们往往沉溺于美色，在这一方面，古今中外没有什么不同。

另外一方面，全国的叛乱势力已经整合成了大约二十余家。其中，与杨氏同样出自关陇集团并被炀帝委以留守太原重任的李渊，被他三位能干的儿子推动，于617年七月起兵。在这一阶段，李渊父子还只不过是群雄之一而已。他们利用根据地位于山西太原（并州、晋阳）这一有利条件，直奔长安。由于隋炀帝十分重视大运河，所以多数时间都在洛阳或扬州。因此在首都大兴城（唐代的长安）中，隋文帝以来积累的大量财富和武器并未遭到隋末战乱的破坏，几乎原封不动地保留着。李渊很轻易地将这些收入囊中，这一点乃是李渊一派超出其他集团的一个重要原因。

同年十一月，李渊进入长安。当时长安城内只有炀帝的孙子，即十三岁的杨侑。于是，李渊形式上将杨侑奉为隋朝皇帝，自己为唐王，觊觎禅让的时机。到618年三月，炀帝在江都扬州被叛乱的部下所杀。同年五月，李渊成为唐朝第一代皇帝高祖，封其长子李建成为皇太子，次子李世民为秦王，四子李元吉为齐王。这一年，即武德元年，唐朝建国。然而当时各地还有许多势力集团存在。陆续平定这些势力，大体上完成国内的统一则是五年以后。

鄂尔多斯地区的重要性　众所周知，古代中国的中枢部分乃是长安周围的关中盆地和洛阳所在的中原地区。如果以此为中心来考虑唐王朝和北方游牧民族的关系，那么最重要的地区就是拥有太原和大同的山西北部、拥有灵州和夏州的鄂尔多斯，如果进一步考虑到与西域的关系则还有河西走廊。自不待言，山西北部、鄂尔多斯、河西走廊都属于农牧接壤地带。所幸李渊以太原为根据地，在取代隋王朝的时候，首先控制了鄂尔多斯，接着又控制了河西地区，在此基础上分兵两路乃至三路向关中进军夺取长安。这在战略上乃是最合理的策略。

石见清裕的研究精彩地证明了下述几个问题：（1）自六镇之乱以来，在鄂尔多斯拥有最大势力者，是一支仍然保持着游牧生活习惯的匈奴裔族群，叫作费也头。（2）其领地的战略重要性，导致了东魏和西魏围绕费也头展开了争夺。（3）李渊的祖父李虎早在还是西魏武将的时代，就已经与费也头建立了联系。（4）费也头的首领纥豆陵（纥头陵）氏与承袭西魏的北周王室宇文氏是姻亲关系，李渊之妻太穆皇后窦氏与纥豆陵氏及宇文氏也有血缘关系。因而，无论纥豆陵氏还是李氏，都对从宇文氏那里篡夺了帝位的杨氏的隋王朝抱有反感。（5）李渊自太原起兵，以夺取长安为目标，通过与自己有着婚姻关系且位于鄂尔多斯的费也头联手，首先在战略上处于优势地位，然后顺利进入长安，成功地建立了唐朝。

进而根据藤善真澄的研究，李渊起兵之际不仅在佛教界进行活动，将佛教徒的势力都拉进了自己的阵营，而且恐怕当时整个道教界也都对新政权充满了期待。的确，长期以来，隋朝营造大兴城、建筑新洛阳城、开凿大运河、修复长城、远征吐谷浑、远征高句丽等接连不断强制征用劳役的行为，给整个社会带来了极度疲惫。社会上怨声载道，这种情绪也一直延续到了隋末的内乱。

拓跋国家与突厥第一帝国[1]

关于创建唐朝的主角乃是鲜卑裔的汉人及匈奴的一支这一点，我想已经为大家所理解。然而，他们在创建这一中华帝国（即唐帝国）之际遇到的最大对手，却是承袭过去匈奴、鲜卑、柔然，雄踞于当时中央欧亚东部的游牧国家——突厥第一帝国（即东西两突厥，552—630）。可以说，如果不打倒这一强大势力的话，唐朝也就不可能成为人类历史上如此灿烂辉煌的世界帝国。但是，我们在考虑唐朝与突厥的国际关系时，必须首先上溯至唐以前的一系列拓跋国家，诸如东魏、西魏、北齐、北周、隋王朝时期。

从突厥自蒙古高原西部的阿尔泰地区兴起的 6 世纪起，那时候正好也是东魏和西魏分别改名为北齐和北周的时期。这两个王朝名称的改换，意味着之前在名义上奉北魏皇族拓跋氏为皇帝，而实际上掌握实权的东魏高氏（高欢之子高洋）与西魏的宇文氏（宇文泰之子宇文觉），此时已经迫使拓跋氏让出了皇位。

虽说如此，在突厥灭掉柔然，独霸以蒙古高原为中心的草原世界以后，北周和北齐这两个分治北部中国的王朝却无力对抗突厥第一帝国，经常受到来自突厥的掣肘及欺压。据《周书》卷五十《突厥传》记载，自第三代木杆可汗以来——

> 其国富强，有凌轹中夏志。朝廷既与和亲，岁给缯絮锦彩十万段。突厥在京师者，又待以优礼，衣锦食肉者，常以千数。齐人惧其寇掠，亦倾府藏以给之。

就是说，突厥富强起来以后，开始有了凌驾于中华之上的意思。北周武帝（高祖宇文邕）虽然在迎娶木杆可汗之女的竞争中战胜了北齐，但由于与突厥的和亲，北周朝廷每年要给突厥赠送缯、絮、锦、彩等各种丝织品十万段。而且由于突厥人在京师（长安）受到各种优待，所以在长安终日锦衣玉食的突厥人数以千计。另一方面，北齐的人们也因为担心遭到突厥侵扰，所以也是倾其财富送给突厥人。

到了突厥第四代他钵可汗时，《周书·突厥传》中记载着他钵可汗的一句名言："但使我在南两个儿（即北齐和北周）孝顺，何忧无物邪？"这句话恰如其分地表现了当时的力量对比关系。互相激烈竞争的北齐和北周为了自身的利益，不得不通过向突厥提供物资援助或缔结婚姻关系来获得突厥的欢心，同时，突厥也利用北齐和北周的这种对立关系，得以从北方来对南方进行操控。

上面引用他钵可汗这句话，是为了强调他对中原王朝的优越感以及傲慢态度，但不能将此单纯理解为突厥要通过掠夺、岁币等手段来满足极尽奢华的生活。实际上，对于以经济基础脆弱的游牧生活为主的国家来说，最大的危险乃是旱灾、霜雪等自然灾害。以突厥第一帝国为首，其后的回鹘帝国[2]（东回鹘）以及后世的大元帝国（元朝），自然灾害都是导致国家灭亡的一大要因。一旦国家陷入由自然灾害及疫病等引起家畜大量死亡而带来的饥荒状态，倘若在南方能有一个可以随时援助自己的国家，那比什么都让人放心。

进而还需要注意到，正如木杆可汗的女儿作为阿史那皇后嫁给了北周武帝所暗示的那样，在此之前突厥的南方政策偏向北周，但在 572 年他钵可汗即位以后，路线转向了北齐一方。根据最近平田阳一郎的研究，他钵可汗在即位以前被称作"地头可汗"，作为位于突厥东部的一个小可汗，他很早开始就与北齐保持着密切的关系。他钵可汗对北齐第一代皇帝文宣帝（高洋）以下各代保护佛教的国策产生了共鸣，并接受北齐沙门惠琳的教化成为了一名佛教徒。公元 574 年北周武帝断然实行毁佛的措施，发起了被后世称为"三武一宗法难"之一的镇压佛教运动。577 年，北周武帝又最终灭掉了北齐。在这种情况下，他钵可汗遂接来了高洋之子高绍义，将其奉为北齐皇帝，并大量接纳从北齐逃

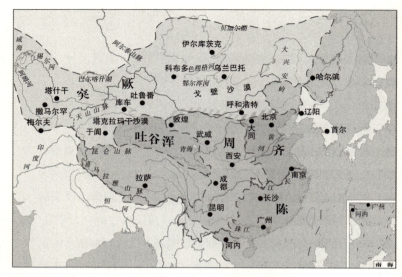

突厥的控制范围　在中华一侧政权分立之际，突厥有着辽阔的控制范围

出来的官员，让他们组成流亡政权。同时他钵可汗还以复兴北齐为名义入侵北周。结果是，尽管率军亲征的北周武帝突然死亡，然而在578年进行的一连串战斗中，面对突厥和北齐流亡政权的联军，北周还是大体上占了上风。

突厥的东西分裂　可是在进入隋代以后，突厥与中原王朝的这种关系则出现了逆转。公元581年，同一关陇集团的伙伴，同时也是北周皇族宇文氏的外戚杨坚夺取了政权。杨坚作为隋文帝即位以后，立即对突厥实施了巧妙的离间

丝绸之路与唐帝国

策略。到 583 年，终于成功地使得突厥分裂为东西两部。如果连续计算世系的话，从第六代东突厥的沙钵略可汗于 585 年向隋朝的上表文中称"臣"开始，东突厥臣属于隋王朝。过去是北方的突厥随心所欲地操控南方分裂的中原王朝，现在则变成了再度统一了北部中国的隋朝开始操控北方分裂的突厥。

东西分裂以后，突厥越来越陷入动荡之中，不仅分为东西两部，而且在进一步细分下去。而另一方面，隋朝则于 589 年灭掉南朝陈，再度统一了整个中国，变得越发强大起

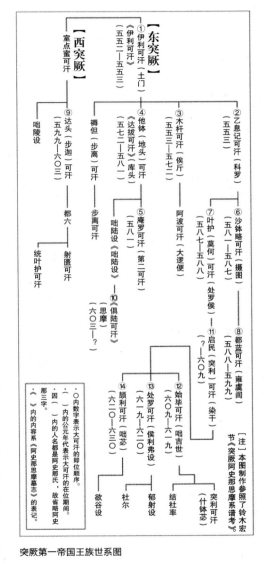

突厥第一帝国王族世系图

来。到 604 年，隋炀帝取代文帝执掌政权以后，炀帝时代也维持了这种隋朝占优势地位的形势。尤其是在隋朝下嫁安义公主等怀柔政策的安抚下，东突厥的突利可汗先迁往漠南自立，接着又因受到漠北都蓝可汗和达头可汗的攻击而逃往隋朝本土之内，然后陷入辗转迁徙的困境：先从山西北部到鄂尔多斯北部，继而又到鄂尔多斯南部，最终还是以隋朝作为后盾，才作为东突厥可汗得以东山再起。在此期间，599 年，隋文帝将来到隋朝的突利可汗重新册立为启民可汗，并继已经去世的安义公主之后，又将义城公主（别名义成公主）下嫁给启民可汗；而另一方面，隋炀帝则在即位三年以后的 607 年修复了万里长城。由此来看，炀帝似乎并不认为已经完全控制了东突厥，而是仍然将其作为一个潜在的威胁。炀帝之所以对此耿耿于怀，以至于后来远征高句丽（612—614）导致隋朝灭亡。一定也是因为看到了下述这一点，即据有朝鲜半岛北部至满洲地区的高句丽与蒙古高原的东突厥直接相连。

615 年，炀帝前往位于今山西省太原市之南的汾阳宫避暑。进入 8 月以后，启民可汗之子始毕可汗率军南侵至大同盆地西部。炀帝遂率军北上抵达位于太原北方，相当于大同盆地出入口的要冲雁门附近，与始毕可汗对峙。不料，炀帝在这里却陷入了突厥的包围圈中。在此前一年，受始毕可汗宠爱的粟特人史蜀胡悉所率领的一支人马，不幸中了隋朝名臣裴矩（负责北方和西方）的计谋，被引诱到从雁门往北，越过山岭的大同盆地西南端的马邑（朔州），在设在马邑的互市场（临时设置的官方贸易中心）被全部杀害。始毕可汗的这次进攻恐怕就是为了报复这一事件。隋朝方面急忙下令附近诸郡出兵救援，当时年仅十八岁的小将李世民等人率军火速赶到，最后突厥才终于解除包围圈并撤走了军队。

始毕可汗在成为突厥第一帝国的第十二代可汗以后，最初按照父亲的路线，对隋朝执臣子之礼，然而从这一时期开始形势再次出现逆转。关于始毕可汗时期的情况，甚至汉文史籍中也高度评价其超越以往，励精图治，致力于复兴的事迹。《通典》卷一九七《边防》评论其治世为："东自契丹，西尽吐谷浑、高昌诸国，皆臣之。控弦百万，戎狄之盛，近代未之有也。"

另一方面，在因远征高句丽失败而疲惫不堪的中华大地上，叛乱此起彼伏，陷入了比东汉末年还严重的分裂局面。隋末中国各地群雄，诸如薛举、窦建德、王世充、刘武周、梁师都、李轨、高开道等纷纷僭称为帝，然而同时又都对突厥"北面称臣，受其可汗号"。当时突厥国内已经对小可汗整理完毕，始毕可汗成为唯一的最高可汗即大可汗。于是，始毕可汗给中国国内的群雄也授予小可汗的称号，允许其分别统治中国的一部分地区。在这里，突厥再次恢复了凌驾于中华之上的态势。始毕可汗对南方的军阀集团任命小可汗一事，或许就是因为突厥看清了其后形势而下的一步棋，做出的一个布局。

另外，在隋末这一时期，射匮可汗领导的西突厥也脱离了隋

隋末与唐初的群雄割据图 远征高句丽失败以后，群雄在各地兴起并称霸一方

朝的影响，开始控制以新疆地区为中心的中亚。618 年，即到了与唐朝建国同时的射匮可汗之弟统叶护可汗即位的时代以后，西突厥也获得了前所未有的发展。换句话说，在唐朝草创时期的最初十余年间，尽管东西两突厥都对唐朝形成了很大压力，但实际上因为西突厥在远离中国本土的中亚，因此与唐朝密切相关、影响中国史后续发展的动向者主要是东突厥。

突厥在唐朝草创
时期的优势地位

在隋末叛乱中，炀帝及其一族被杀之后，炀帝的遗孀萧皇后与杨氏子孙中唯一幸存的婴儿杨正道（杨政道），一起落入了窦建德手中。窦建德之妻是一个嫉妒心很强的女人，于是便让炀帝的后妃以及嫔、美人等后宫女子全部出家，置于丈夫不易伸手之处。

另一方面，曾嫁给启民可汗的义城公主遵从突厥的"收继婚（levirate）"这一游牧民族互相扶持的婚俗，先嫁给了启民可汗之子始毕可汗，接着又嫁给处罗可汗，继而又嫁给了其弟颉利可汗。义城公主毕竟出自隋朝皇室，自然极力想帮助炀帝的皇后及其子孙。于是经过她对丈夫处罗可汗及颉利可汗的活动，终于在619年到620年间的某个时期，萧皇后和杨正道来到了突厥宫廷。

607年炀帝访问位于漠南的启民可汗的牙帐（帐篷群中的主要帐篷）时，有一个有名的插曲。当时，炀帝让西域出身的杰出建筑家宇文恺设计制造了一座叫"观风行殿"的回转式行宫，以及可以容纳数千人的大型帐篷，突厥朝野惊叹不已。义城公主和萧皇后就是从那时相识的老熟人。两个人的立场，不用说，都是图谋让隋王朝复活。于是，突厥以杨正道来突厥宫廷为契机，将其立为隋王，并召集以前来到突厥的隋朝旧臣还有百姓等约一万人，成立了隋朝的流亡政府。

在始毕可汗最盛时期，或许突厥的牙帐又返回到了漠北。但即便如此，与6世纪后半期相比，漠南的重要性却明显增大。

迎接萧皇后和杨正道，设置流亡政权的地方都是过去启民可汗曾经设置过牙帐的漠南的定襄。定襄不仅是漠南屈指可数的优良牧区，甚至也可以从事农耕。定襄此地，在北魏时代叫作盛乐，位于今天的内蒙古自治区首府呼和浩特与其南方的和林格尔之间。在以定襄和其西边的云中为中心的内蒙古中西部，东西走向的阴山山脉横贯其中央，山脉南北两侧都是辽阔的牧区。尤其是其南侧的黄河弯曲部分，在其北岸以及东西带状横贯其间的低洼地带被称为白道川（这里的"川"并非河川之意，而是沿河草原的意思），其中包含着大片适合农耕的肥沃绿地。

李渊和李世民父子为夺取长安，于617年在太原起兵。在此之前他们也和隋末群雄一样，向突厥示好并得到突厥的承认以及支援。当时，突厥向李渊方面提供了由战马一千匹和骑兵两千人（一说为骑兵五百人及两千匹战马）构成的有监视性质的援军。根据现存汉籍史料的记载来看，向天下公开宣示自己在突厥大可汗之下，且被突厥授予小可汗称号的只有前述薛举、窦建德、王世充、刘武周、梁师都、李轨、高开道等人，李渊并未包括在其中。然而若仔细分析当时的形势，此事恐怕不大可能。众所周知，在唐朝第二代皇帝太宗李世民的时代曾大规模篡改历史记载，只要是对唐王朝或者是对李世民不利或不太好的记载统统被抹掉了。李渊被突厥授予小可汗称号的相关记载，恐怕也是在这一时期被删除掉了。俗话说"藏头露尾"，即使这样，在汉籍史料里也随处都可见到唐朝在这一时期曾臣服于突厥这一事实。

丝绸之路与唐帝国

在这里，我还想稍微谈谈机敏的粟特人。公元 617 年四月，薛举政权成立于陇西一带，同年十一月李渊占领了长安。在这前后，原州（固原）的粟特人史索严、史诃耽率领的史氏集团决定投靠李渊，从而形成了两面夹击位于长安和固原之间的薛举之势。因此对唐朝来说，与前章提及的凉州安兴贵一族同样，固原史氏的功劳也很大，因此唐朝答应以后会保证固原史氏的繁荣。固原可谓是一处交通枢纽，其南边可通长安，西边从凉州通到河西一带，北边直接连接灵州。隔着鄂尔多斯，往东可与山西北部，往北也可以与蒙古高原相连接。遗憾的是，我们没有找到史氏一族与突厥也有关系的证据。不过，倘若从固原与突厥的根据地之间地理位置的关系来看的话，说史氏不曾和突厥有联系，反而会感到不自然。

618 年，李渊作为唐朝皇帝在长安即位时，唐王朝还是臣属于突厥的国家，这样说其实毫不夸张。李唐王朝当时只不过是想取代隋王朝的群雄之一，其周围还有很多的敌人。无论是唐朝获胜，还是其他僭称皇帝的群雄取胜，对于想要成为中国霸主的人来说，倘若不能完全解决和消除来自突厥的威胁，就不可能有真正的独立及安宁。

就在这种两重甚至三重交织的相争之中，619 年，唐朝陷入了一个危机。刘武周在太原北方大同盆地西部的马邑崭露头角，企图占领唐朝创业之地太原。唐朝迫不得已迎战，战斗一直持续到次年。617 年唐朝起兵时，突厥虽然援助了唐，但是 619 年却站在了之前授予定杨可汗这一小可汗称号的刘武周一边。具体情况不明，总之面对突厥和刘武周的联手，唐朝实际上面对着的是建国以后的最大危机。

但是，情况后来却又发生了变化。似乎是处罗可汗考虑到有必要帮助隋炀帝的孙子杨正道及其势力建立起在中国的统治地位，于是打出了一个冠冕堂皇的理由——为报答过去隋朝曾经帮助过自己父亲之恩，转而讨伐反叛隋朝的刘武周。在这一转变的背后，估计是其妻义城公主的意向起了作用。于是，处罗可汗声称，以杨正道为首的隋朝流亡政府应该建立在中原地区之内。于是，处罗可汗与唐朝方面联起手来，并派遣弟弟步利设率两千骑兵讨伐刘武周。而唐朝方面为了表示胜利前夕的慰劳和谢意，则默认了突厥人掠夺太原城内的妇孺这一行为。这场危机的结果是唐朝和突厥联军获胜。公元 620 年四月，战败的刘武周在从太原返回马邑途中被突厥所杀。

这样一来，处罗可汗取得了马邑，既可以调剂粮食及马草，又可以作为入侵中原的基地。于是，处罗可汗决定这次要和唐朝翻脸，并为此制订了分兵几路进攻长安的计划。但是，由于处罗可汗即位仅仅一年多就突然死去，所以这个与唐朝进行全面战争的计划最终未能付诸实施。

太宗击败突厥

**玄武门之变后的
太宗即位**

唐朝建国以后，与其对抗的势力集团中最
强大的要数陇西的薛举、山西北部的刘武
周、河北的窦建德、洛阳的王世充等势
力。而先后将上述这些强敌一一击破消灭的人，并非唐高祖李渊
的长子皇太子李建成，而是从年轻时就以勇猛而闻名的次子，秦
王李世民。李世民非常活跃，宫廷中对他的评价极高，再加上他
在社会上的声望日益上升，这些都使得皇太子李建成焦躁不安。
另一方面，四弟齐王李元吉心里也很清楚自己在资质等各方面都
赶不上兄长李世民。在这种情况下，皇太子很自然地与李元吉携
手，从而形成了李建成联合李元吉对抗李世民这一基本态势。

于是，武德九年（626）六月四日清晨，在长安城北门玄武门，
李世民与皇太子李建成、弟弟李元吉发生火拼，一举杀死了李
建成、李元吉二人，这就是历史上被称为"玄武门之变"的政变。
随后，李世民从父亲李渊手中夺过实权，先是当了皇太子，然后
在两个月以后就作为太宗登上皇位，成了名副其实的最高领导人。
在现存的史书中，玄武门之变被写成太宗李世民面对人格卑劣的
李建成和李元吉的陷害而做出的正当防卫。然而这些似乎并不是
事实，而是太宗即位以后迫使当时的史家捏造出来的东西。

毫无疑问，玄武门之变是一场兄弟之间围绕皇位继承展开

的争夺战。不仅如此，作为背景来说，似乎还应该考虑到以下几点。早在武德六年（623）的时候，隋末唐初的势力多数都已经被镇压，剩下的大敌只是北方的突厥，以及凭借突厥之威生存的夏州（鄂尔多斯南部）梁师都和朔州（大同盆地西部的马邑）苑君璋的势力。据石见清裕的研究，在武德后半期，唐朝的问题已经由国内问题转移到了以突厥为对手的国际问题。而且，围绕对突厥的政策，高祖李渊、李建成和李元吉、李世民三者之间出现了基于种种想法和意图的路线上的对立。

据山下将司的研究来看，随着国内战争的结束，为了与突厥全面对决，武德八年（625）四月，唐王朝再度设置了在武德六年被废止的关中十二军，其统帅（十二名将军）清一色都是高祖李渊的人（第二章提及的粟特武将安修仁也在其中）。也就是说，在镇压群雄时建立了显著功勋的李世民一派（即山东集团）完全被排除在外。

武德七年（624）秋，面对突厥方面颉利可汗、突利可汗的入侵，李世民果断出击获得成功，并与突利可汗成为结义兄弟，为以后实施离间策略提前做了准备。但是，在整个武德八年他却一次也没有接到出击的命令，与此同时，高祖派遣的唐军惨败于突厥。

关于对突厥的政策方面。李世民既反对"迁都论"这种软弱的路线，又反对全面对决的强硬做法，主张应该设法让突厥内部分裂。可是他担心，倘若自己的想法实现不了的话，国内将会再次回到隋末那样的混乱状态。对此抱有强烈危机感的李世民为了不再被高祖和皇太子日益疏远并架空，终于发动了这场政变。无论是从国内还是在国际方面来看，这一年的紧张感都达到了巅峰。当然，李世民之所以决心发动政变，是因为在他周围有以房玄龄为首的山东集团的强力支持。取得胜利以后的李世民旋即解散了关中十二军。从此以后，唐朝的建国功臣就不再是跟随李渊在太原起兵的人，而是变成了在玄武门之变中支持了李世民的这部分人。

唐朝的优势地位与东突厥的内附

据汉籍史料记载，看到玄武门之变以后唐朝的不安定状况后，突厥的颉利可汗不失时机，与突利可汗一起率领号称百万的突厥大军长驱直入入侵中原，兵临长安之北。匆忙即位的唐太宗并没有派遣武将，而是一马当先亲自前往迎敌，在渭水之侧的便桥边与突厥大军对峙。颉利可汗被太宗以单骑来到敌营前的胆略和气魄折服，遂请和并撤走了大军。

这一记述也是后来唐太宗为了美化自己而让修史者重新改写的，虽然其中有很多粉饰成分，然而其提到的突厥撤兵一事却是事实。不管怎么说，这件事是太宗即位后的第一件工作，由此，形势开始有利于唐朝。随后，李世民又击败了从鄂尔多斯到陕西北部地区建有梁国且与突厥和契丹等都有勾结的梁师都，从而最终平定了除突厥之外国内所有的势力。这是公元628年之事。

在此之前，从武德末年到贞观初年（626—627），在漠北的蒙古高原发生了一场叛乱——突厥治下，同属突厥裔的回纥、拔也古、同罗、仆骨等九姓铁勒的叛乱，其中也有同属铁勒的薛延陀一部。薛延陀的主部以前迁徙到准噶尔附近，在西突厥统治之下，而现在该主部又回到了蒙古高原，并与先前留下的一部合流。这样一来，统合起来的薛延陀与九姓铁勒形成了强大的反突厥势力，薛延陀的统领者夷男成为可汗。

　　太宗于是派遣游击将军乔师望前往薛延陀，在不让突厥察觉的情况下秘密穿过小路，把册封夷男为真珠毗伽可汗的文书以及印绶仪仗旗帜等物送到了夷男处，促使了薛延陀整合漠北的铁勒诸部，并形成从南北夹击当时以漠南为据点的突厥颉利可汗的态势，此乃 629 年之事。恰好在这个时候，突厥又因连年的大雪而遭遇了饥荒。加之颉利可汗对粟特人的优待政策以及因横征暴敛而引起的不满情绪在国内蔓延，东突厥形势十分危急，一触即溃。

　　在唐太宗治世的贞观初年，颉利可汗的牙帐设在定襄，义城公主的牙帐好像也在定襄的西邻，即汉代的云中城。629 年十二月，之前太宗开展的离间突厥的策略收到效果。突厥东面的小可汗，即以东部蒙古为据点的突利可汗与领有鄂尔多斯的郁射设，率领九俟斤等部落族长来降。旋即，在次年正月，唐朝名将李靖便率军在定襄击破了突厥和隋朝流亡政权的联军，在将俘获的萧皇后和杨正道往长安护送的同时，继续追击与颉利可汗一起逃往阴山方向的义城公主，并成功地追击并杀掉了义城公主。与此同时，唐朝不仅赦免了萧皇后和杨正道，甚至也宽恕了颉利可汗，而且对其大加优待。这样看来，唐朝唯独对义城公主是个例外——没有将她送往长安，而是就地处死。在唐朝方面看来，义城公主乃是突厥对唐朝采取一系列敌对行动的元凶，为此，必须彻底除掉这个抱有复隋野心的女人。

如何对待突厥遗民　这样一来，在唐朝建立十年以后，到630年（贞观四年），唐王朝终于击败了所有的对手，消灭了国内的各路势力、隋朝流亡政权，尤其是消灭了北方最大的对手东突厥。灭亡后的东突厥遗民中有一部分被漠北的薛延陀和九姓铁勒吸收，还有一些投奔了天山地区的西突厥，不过大部分还是投降了唐朝。唐朝遂将这些近百万人的东突厥遗民安置到了国内的农牧接壤地带。这样一来，截止到突厥遗民复兴并建立突厥第二帝国的大约半个世纪，突厥问题变成了唐朝的国内问题。

另外，当时唐王朝对来到长安的突厥首领都授予了不同阶品的唐朝官职，将其纳入了唐朝官员系列。这些突厥首领当中，位列五品以上者居然超过一百人，非常之不寻常。不过，倘若联想到唐朝这样做，其实是承袭了中央欧亚游牧民族建立拓跋国家的普遍性传统的话，也就不足为奇了。北方的游牧民族原本就有一种强烈的倾向，就是优待异民族或其他部族的王公贵族，而且对这些人要比对自己民族或部族集团的民众还要好。在保留着浓郁北族习俗的唐王朝的方针政策中，就可以明显看到这一倾向。或许这正是唐帝国被誉为开放、国际化的本质所在吧。

关于如何对待投靠唐朝的突厥人，朝廷中大致有三种意见：

（1）将其分散到唐朝本土之内的纯农业区域，使其成为农耕民。

（2）让其继续作为游牧民居住在鄂尔多斯和长城附近的农牧接壤地带，成为防御北方新近兴起的游牧民势力的挡风墙。

（3）让他们回到故乡内蒙古草原地带，继续过以前的游牧生活。

对于不断内徙而来的突厥遗民，作为临时性的措施，唐朝首先在从鄂尔多斯到陕西北部这一区域设置了顺州、北开州、北宁州、北抚州、北安州等羁縻州（详见后述），分别将突利可汗、阿史那思摩、阿史那苏尼失、史善应和康苏密以都督的身份安置了下来。所谓"都督"虽是军政长官，在这里也同时兼任民政长官。

后来上述讨论终于有了结论，太宗正式决定采用第二种对策。于是，加上之前的临时措施，又陆续增加并重新整合调整的结果是，设置了顺州、祐州、化州和长州四州，任命为唐朝建国出了大力的匈奴裔费也头首领之子窦静为宁朔大使，总揽四州之事。据石见清裕的意见，内蒙古大草原地带在始毕可汗、处罗可汗、颉利可汗三代一直曾是东突厥根据地，现在成为唐朝新领土，一定还残留了不少突厥遗民。对此，作为自治机构，唐朝设置了定襄、云中两个都督府。

康苏密是粟特人的首领，与突厥迁徙过来的移民同时投降了唐朝，被任命为北安州都督。在五州领导人中也有粟特人，这说明在突厥遗民中亦混有不少粟特人，或者是粟特裔突厥人。

这里我初次使用了"粟特裔突厥人"这一用语。如果在此对其加以定义的话，那就是指下述一类人：高车、突厥、铁勒、回鹘等突厥人与粟特人的混血，或者父母虽然都是粟特人，但本人是在高车、突厥、铁勒、回鹘等游牧国家或游牧地区成长起来，从而在文化方面已经突厥化的粟特人。但是根据情况不同，这一概念有时也比较暧昧，比如这其中也包括一些有着粟特姓的突厥人，其代表便是后一章将叙述到的六州胡和康待宾之乱，以及成为安史之乱核心主导者的粟特裔突厥人。在前一章里，我们已经论述了粟特人兼有商人和武人双重角色这一问题。而由于粟特裔突厥人接受了突厥系统的游牧文化，所以肯定也能培育并锻炼其养马的技术以及作为骑士的技能。

在我看来，唐朝真正建国并非 618 年，而是打倒突厥的 630 年。只有彻底击倒自己的宿敌，或者说击倒像主子一样凌驾于自己之上的突厥帝国，并且将突厥遗民安置稳妥时，太宗才可以做到高枕无忧。

册立旧王族阿史那思摩 到了639年，或许是突厥投降过来的遗民逐渐恢复了势力，突利可汗的弟弟结社率在这一年拥戴突利之子发动了叛乱。太宗认为这是由于自己在政策的判断上出了问题，于是决定将对待突厥战败移民的政策转变为前述第三种。具体做法是，给对唐朝表示忠实服从的突厥王族阿史那思摩赐姓李，将其册立为新可汗，并让其于639年率领"众十余万、胜兵四万、马九万匹"北渡黄河，在内蒙古定襄建立了根据地。当时因为发布的诏书中说："突厥及胡在诸州安置者，并令渡河北，还其旧部。"所以，包括粟特人或者粟特裔突厥人在内，在鄂尔多斯到陕西北部的突厥遗民应该是迁徙回到了他们的北方故地。

根据石见清裕的看法，由于在"其旧部"已经设置了定襄、云中两个都督府，所以这次新可汗率领的突厥遗民实际上是与东突厥灭亡后留在当地的突厥遗民大会师。此时，强大的突厥势力在这里得以恢复也不奇怪，换言之，此即突厥在漠南的复兴。但是，630年以后薛延陀取代东突厥，在漠北的蒙古高原壮大，并且得到唐朝的认可而君临铁勒诸部，对他们来说，唐朝现在的这种做法却是难以接受的。在册立阿史那思摩为新可汗的背后，实际上是唐朝已经开始感到了来自薛延陀的威胁，因而这一措施里也包含着唐朝打算收拾薛延陀的企图。

对此，薛延陀可汗夷男于641年让其子率领铁勒诸部，向漠南的新突厥势力集团发动了攻击。此事由于唐军的出动，战争以两者不分胜负而告终。不过由此却可以看出，阿史那思摩似乎缺乏唐朝所期待的统治能力——他既抵挡不住来自薛延陀的攻击，也驾驭不了在其下膨胀起来的新突厥集团。所以643年内部一发生叛乱，阿史那思摩便放弃了自己的使命逃回了鄂尔多斯。带着一直跟随自己的直属部众，以及四年前从鄂尔多斯移民而来的部族之一，暂时借住于胜州、夏州之间。其后，他率领部众跟随太宗远征高句丽，结果在战场上负伤，回到长安以后死去。

唐朝的全盛期

天可汗称号　　630年东突厥灭亡，草原游牧地带诸族的君长便给唐太宗奉上"天可汗"的称号。历来，大多数概论性书籍都注目于此，并认为这一点显示了太宗除了作为农耕世界中国的天子（皇帝）之外，同时也被尊奉为北方以及西北方草原世界的天子，即"大可汗"的证据，表现出唐帝国已经发展成为真正的"世界帝国"。然而，这其实是一种单方面的过度评价。

根据突厥第二帝国的鄂尔浑碑文，以及回鹘帝国的希内乌苏碑文等古代突厥语史料来看，中央欧亚东部的突厥裔诸民族把唐王朝以及唐帝国称作"桃花石（Tabγač）"。这个所谓"桃花石"并非源自"唐家子"（桑原骘藏说），而是如白鸟库吉和伯希和所主张的那样，其本来是由"拓跋＝桃花石（Tabγač）"这一名称讹变而来的。确切地来说，"拓"（第一音节）的语尾的"–γ"与"跋"（第二音节）的语头的"b–"这一辅音发生了置换，属于语言学上所说的音位变换现象。也就是说，同时代最强大的北方邻居突厥裔诸民族把唐朝视为"桃花石（Taγbač）"。从这一事实来看，认为唐朝并非汉人王朝而是拓跋王朝这一中央欧亚史学界的普遍观点，无疑获得了更确凿的支持。

在北方草原的突厥—蒙古裔游牧民看来，从北魏到隋唐的拓跋国家的天子就是北方的"桃花石（Taγbač）可汗"，也就是"桃花石（Taγbač 国家的）可汗"。从出身来说，唐太宗继承了这种北族王者的血统。被这样的"桃花石可汗"领导的唐帝国凭借着强大的军事力量，制服了包括突厥和铁勒在内的整个突厥世界。因此草原世界的诸君长想在已存在的小可汗之上，再拥立一位大可汗，并将其尊奉为"天可汗"，是非常自然的。

从昭陵看北族的影响　在日本文部科学省科学研究费的资助下，一批学者进行了有关丝绸之路的调查。2005 年 9 月 6 日，我作为调查团的团长，站在了唐太宗与其皇后长孙氏合葬的昭陵上。昭陵位于西安西北约六十公里处，车程约两个小时。昭陵是借着九嵕山这样一个自然山体来建造的，非常巨大，是人工修建的秦始皇陵以及唐高祖李渊的献陵无法相比的。昭陵本来是太宗为先一步故去的长孙皇后而下令建造的，后来太宗自己也葬在了这里。

中国的天子平时在皇宫的御座上或是举行仪礼时，都是面朝南，即南面而听天下，因而死后的陵墓也都是面

巨大的昭陵 以西安市西北的九嵕山为陵墓的太宗与长孙皇后的合葬墓。笔者摄

朝南，昭陵之后埋葬高宗和武后的乾陵也的确是面向南方。但在昭陵，虽然南边有门以及献殿，但很多皇子和臣下的陪葬墓也都在山陵的南侧，而最重要的设施——北司马门却在山陵的北坡中部。在该处还有根据太宗的命令而设置的六匹马，即在太宗创建唐朝的时候，随之南征北战立下汗马功劳的六匹爱马（六骏）的石雕。该处还有649年太宗驾崩以后其子高宗命令雕凿的、太宗时代臣服于唐的十四位诸蕃君长的石像，分别列置在左右（东西）两边。据《资治通鉴》说，这些诸蕃君长之中最为忠诚者是突厥王族阿史那社尔。他在太宗死后曾要求以身殉葬，高宗下敕不许，为此雕凿了阿史那社尔的石像作为代替品放在了昭陵。

但是，昭陵六骏石像现在却没有放在原处，六骏中的两骏很早就被人以非法手段运到了美国，还有四骏现在被移放在西安市内的碑林博物馆，在原地的只是复制品。昭陵六骏是出自阎

立德、阎立本兄弟之手的精美浮雕作品，我们至今仍然能感受到昭陵六骏栩栩如生的英姿。据说，太宗御制的赞美六骏的四言诗，由著名书法家欧阳询用隶书题写于马身之上，但现在却一点痕迹也看不到。

另外，突厥诸国君长的石像也遭到了严重的破坏，当地残存的只是附有铭文的七尊石像的基座，仅有部分残块保存在山麓的昭陵博物馆内。可是根据汉文史料来看，这十四人的姓名、出身及国籍都很清楚。因为被盗掘的陵墓之本体在山顶附近，所以太宗实际上是面北接受十四国君长朝见的。这一点若站在传统中原王朝的立场上来看，是一个很反常的现象，但如果从太宗作为"天可汗"这一角度来考虑的话则一点也不奇怪。

在十四个人中，立于东侧的有：曾经居于唐朝上风的突厥最有名的颉利可汗（阿史那咄苾，东突厥最后的大可汗，634年去世）、突利可汗（阿史那什钵苾，631年去世）、阿史那思摩（647年去世）、阿史那社尔四人，加上新罗女王金真德、安南林邑王范头黎、印度王阿罗那顺，一共七个人。站在西侧的是薛延陀的真珠毗伽可汗（夷男，645年去世）、吐谷浑的乌地也拔勒豆可汗（慕容诺曷钵）、吐蕃的第一代赞府（多作"赞普"，藏语"王"之意）并从唐朝迎娶了文成公主的松赞干布、高昌王麹智勇（汉文史籍中作"麹智盛"）、焉耆王龙突骑支、龟兹王诃黎布失毕、于阗王伏阇信七人。

在上述十四人中，有七个人是雄踞于中国北方和西方的游牧国家或半农半牧国家的领导人，四个人是西域绿洲城邦国家的王。由于新罗被唐朝视为活跃于东北、以半农半牧国家的身份强盛起来的高句丽的后继者，所以也可以算作北方—西方阵营之一员。这样算下来，剩下的就只有南方的林邑和印度了。通过这些我们可以充分地窥见并了解到，对于中国王朝来说，游牧民族和西域城邦国家所在的北方—西方丝绸之路地带具有何等重要的意义。正因为制服了这些国家，太宗才获得了"天可汗"的称号。因此，在昭陵里太宗向北面对位于北司马门的诸国君长是很自然的。我们据此推测昭陵具有象征南面的中华的皇帝（天子）和北面的天可汗两个方面的意义，绝非没有根据的臆测。

除此之外，昭陵还有着浓郁的突厥风格。据中国学者葛承雍的研究，中国的这种"依山为陵"的陵寝制度本身之所以始于昭陵，是因为受到了突厥圣山信仰的影响；而且特意彰显六骏这一做法，也是与鄂尔浑碑文中详述的中兴突厥第二帝国的英雄们彰显爱马如何活跃一脉相通。而且北司马门的六骏之中的几匹骏马的名字的确来自突厥语或粟特语。这一点恰好雄辩地说明，相当于现代新型战斗机一样，古代的优秀战马，总是产生于西北方草原世界的游牧民族之手。

正像前文已经讨论过的那样，尽管因太宗授意，史料被篡改，导致缺乏直接证据，但在隋末群雄并起的时代，李渊肯定曾经从突厥大可汗始毕那里接受过小可汗的封号。也就是说，那时候在突厥与唐朝之间存在一种君臣关系，李渊处于臣子的地位，到其子李世民的时代才终于扭转了这种状况。实际上，消灭了突厥第一帝国的太宗被草原上诸国君长赠予"天可汗"称号的真实含义，应该从这一层面来加以理解。迄今为止有关"天可汗"的种种夸大的解释，不是因为记载此事的汉文史籍被太宗篡改，就是基于前文中心主义讨论过的一种事后诸葛式的解释。

另外，北京大学的罗新认为，始于唐高宗时期的这种给皇帝加尊号的传统，恐怕也是受到了突厥的影响。太宗之后，唐高宗曾经将自称"皇帝天可汗"的玺书送给北方及西域的君长们，其后又毅然改称"天皇"。在这一改称的背后，恐怕也是存在希望此举可使其妻武后作为"天皇"的伴侣而成为"天后"，以便达成其取皇帝而代之的意图。女性当皇帝在儒教世界里本来是不可能的事情，为了实现这一点，武后很可能不仅利用了外来的佛教，也灵活利用了北方游牧民族的风俗。

漠北、漠南的羁縻州与都督府

646 年（贞观二十年），天可汗唐太宗通过种种软硬兼施的手段，打倒了薛延陀，成功地促使铁勒诸部内属。在铁勒诸部之中，实力仅次于薛延陀的是吐迷度领导的回纥。回纥之前曾经沉重地打击过薛延陀，这对唐朝来说是一大幸事，所以太宗一直对回纥派来的使者非常优待。到了 647 年，太宗又接受了吐迷度求在回纥以南设置邮驿，从而将整个北方置于唐朝管辖之下的建议，在这一地区设置了六个羁縻府和七个羁縻州。

所谓"羁縻",在制度上属于中国王朝地方官制的一部分，是在异民族社会实行的一种使其维持原状的同时加以统治的方式。这种做法虽然与直辖地（内地化）相比要松弛很多，但较之"册封"关系——给异民族或异国的君长授予官爵，将其纳入中国王朝的官爵制度的同时又承认其独立，使其负有朝贡义务的臣属关系——则远为严厉。"羁縻"乃是一种实质性的统治形式。例如把回纥变成为瀚海府、拔也古（拔野古）为幽陵府、同罗为龟林府、仆骨为金微府；对于比上述小的集团则设羁縻州，浑部成为皋兰州、阿跌为鸡田州、契苾为榆林溪州，并且在此后又陆续设置了若干个羁縻府州。唐朝在各羁縻府置都督，羁縻州置刺史，任命各府州所有的长史、司马以下的官吏来加以统治。通常任命各个游牧民族的族长担任都督或刺史，长史、司马以下的属官也由当地游牧民中的名人来充当。

作为统辖这些羁縻府州的机构，唐朝又于647年在鄂尔多斯西北方的丰州附近（黄河以北，阴山以南的五原方向）设置了燕然都护府，并让唐人担任最高领导人（都护）一职。当时，唐朝还在戈壁沙漠入口处的鹈鹕泉以北开通了一条由六十八处邮驿组成的"参天可汗道"，也就是前往天可汗处朝拜的道路（参见《唐朝的最大势力圈与都护府·节度使分布图》），并在各个驿站准备马匹及粮食，以确保使者往来之便。燕然都护府除了负责监督朝贡使（每年带着貂皮等重要贡品的北方诸族朝贡使）以及其他事务以外，还起到了促使各种邮件物资的输送畅通无阻的

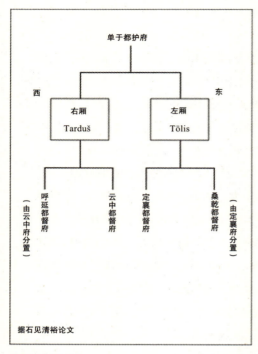

单于都护府

西　　　　　　　　　东

右厢
Tarduš

左厢
Tölis

呼延都督府

（由云中府分置）

云中都督府

定襄都督府

桑乾都督府

（由定襄府分置）

据石见清裕论文

单于都护府的结构

作用。

如上所述，漠北的铁勒诸部首先被分为六府七州，纳入了由燕然都护府统辖的羁縻体制之中。其后到 649 年（贞观二十三年），唐王朝将漠南的突厥遗民（降户）也编入了定襄、云中两个都督府。也就是说，在旧东突厥十二部之中，唐朝在舍利吐利部、阿史那部、绰部、贺鲁部、葛逻禄部、悒怛部分别设置舍利州、阿史那州、绰州、贺鲁州、葛逻禄州，使其从属于云中都督府。而在苏农部、阿史德部、执失部、卑失部、郁射部、多地艺失部则分设苏农州、阿史德州、执失州、卑失州、郁射州、艺失州，使其从属于定襄都督府（在这里之所以详述这些羁縻州名，是因为这些名字与后面的第八章内容有关联），而且各个族长分别成为各州的刺史。在这些刺史之上，阿史德氏与舍利氏的族长分别被任命为定襄都督、云中都督。都督之所以没有任命原来的可汗家族阿史那氏，有着唐朝周密的安排。当然，这些都督府都是羁縻府。

进入羁縻统治的铁勒诸部（主要是九姓铁勒），在其后一个时期之内一直为唐朝的远征活动（例如，征讨西突厥的阿史那贺鲁以及远征高句丽）效力。到了660年，之前蓄积起来的不满爆发，铁勒诸部对唐朝举起了反旗。经过数次的小规模冲突之后，662年，唐朝的郑仁泰等率领号称由一万四千人组成的部队越过戈壁。经过苦战，在当时任铁勒道安抚大使的蕃将契苾何力的勇猛作战之下，唐朝终于赢得了这场战役（从唐朝来看是铁勒的大叛乱）。唐军的军威深入到位于蒙古高原的铁勒诸部，此战役可谓其先声。到663年，随着燕然都护府迁至回纥的旧巢——漠北的鄂尔浑并改称为瀚海都护府，唐朝在漠南的云中故城新设置了云中都护府，又从先前的定襄、云中都督府中分别新设桑乾都督府、呼延都督府，共四个都督府。这样一来就形成了由瀚海都护府节制漠北铁勒诸部，云中都护府节制漠南突厥降户的格局。

云中都护府于664年改称为单于都护府，瀚海都护府于669年改称为安北都护府。但漠北设置都护府的时间只有二十年，到685年唐朝的都护府便从漠北撤退，侨置（暂时设置）于河西的额济纳地区的同城。685年，虽然有同罗、仆骨等部发生叛乱，但在此之前实际上漠北已经出现大规模的旱情，导致整个九姓铁勒陷入困苦境地。到686年，铁勒出现大量难民，这些难民越过戈壁进入河西地区，位于同城的安北都护府便成为接纳这些难民的一个平台。

另一方面，679 年（调露元年）漠南的突厥再度发动独立运动，单于都护府于 683 年被突厥攻陷，于 686 年废置。复兴起来的突厥（第二帝国）的阿史那骨咄禄于 682 年（永淳元年）自称可汗，684 年攻陷丰州。总的来说，突厥、铁勒诸部自 647 年开始的近四十年时间里，不得不雌伏于唐朝的都护府体制之下。但从突厥的碑文来看，突厥自己认为这一屈辱的时期始于 630 年，前后一共持续五十年（参见第六章相关部分）。突厥语以及回纥语中的 "totoq" "čigši" "čangši" 这样一些高官的称号，从音韵学上来看，很明显地与汉语的 "都督" "刺史" "长史" 的中古音相对应。据此来说，这些词汇作为外来语在突厥语和回纥语中扎根落户也是在这一时期。语言尚且如此，律令方面，异民族统治的痕迹则表现得更为明显。

结合后文将要介绍到的唐朝进入西域的状况综合来看，可以说除了草创时期之外，初唐的太宗及高宗这两代，堪称作为世界帝国的唐帝国的巅峰时期。唐朝基于良贱制——将人民的身份分为"良"和"贱"——这一国家身份制度来维持自给自足的小农阶层，同时作为国家直接统治体制的基础，实行了均田制、租庸调制和府兵制。而初唐这一时期也正好与唐朝完成上述中央集权式律令体制的时期相重合。

隋唐进入西域

之前我们主要观察了唐朝与北方势力之间的关系，接下来我们则将目光转向西方看一看，观察一下河西正南方的吐谷浑王国、位于河西西部的新疆地区的沙漠绿洲城邦国家、在其背后的天山山中至天山北路草原地带的西突厥，以及西藏高原上以日出之势蓬勃兴起的吐蕃的情况。

从隋朝开始到唐朝，中原势力进入西域的前夕，新疆的高昌国、焉耆国、龟兹国（库车）、疏勒国（喀什）、于阗国（和田）等西域主要绿洲城邦国家各自拥立着自己的王，并作为丝绸之路上的要冲而繁华一时。在西域北道最东端的哈密（伊吾、伊州），则形成了粟特人和鄯善（楼兰故地）人的殖民城邦。在这些城邦国家之中，除了汉人系统的麴氏高昌国之外，几乎清一色的都是操印欧系语言的居民，突厥系统的居民很少。尽管如此，这些城邦国家却都不同程度地受到了游牧的突厥族（高车、突厥、铁勒、西突厥）的间接统治。

东突厥是唐朝建国的功臣，其后却成为唐朝宿敌，到 630 年终于被唐朝灭掉。以此为契机，西域形势也为之一转，变得对唐朝十分有利。首先就是 630 年，伊吾（哈密）的粟特人首领石万年率领七城全都宣布归顺唐朝。

时代回溯到 5 世纪以降，东部天山的间接统治者，先是从柔然转到高车，进而又转向突厥、西突厥。到 7 世纪初期的 605 年，从之前一直隶属于西突厥的铁勒部里冒出的契苾歌楞（人

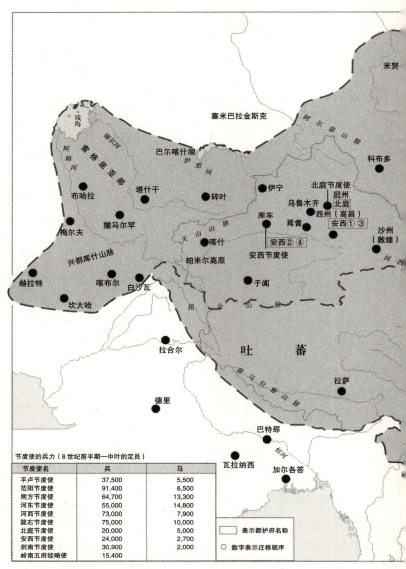

米努

科布多

塞米巴拉金斯克

咸海　阿尔泰山脉

锡尔河

巴尔喀什湖

阿姆河

伊犁河

泽格拉那那

塔什干　伊宁

布哈拉　碎叶　北庭节度使　庭州　北庭

撒马尔罕　乌鲁木齐　西州（高昌）

梅尔夫　库车　焉耆　安西①③　沙州（敦煌）

兴都库什山脉　天山山脉　喀什　安西②④　河西

赫拉特　喀布尔　白沙瓦　帕米尔高原　安西节度使

坎大哈　于阗　昆仑山脉

拉合尔　吐　蕃

德里　喜马拉雅山脉　拉萨

巴特那

瓦拉纳西　恒河

加尔各答

节度使的兵力（8世纪前半期—中叶的定员）		
节度使名	兵	马
平卢节度使	37,500	5,500
范阳节度使	91,400	6,500
朔方节度使	64,700	13,300
河东节度使	55,000	14,800
河西节度使	73,000	7,900
陇右节度使	75,000	10,000
北庭节度使	20,000	5,000
安西节度使	24,000	2,700
剑南节度使	30,900	2,000
岭南五府经略使	15,400	

□ 表示都护府名称

◎ 数字表示迁移顺序

唐朝的势力范围与都护府、节度使分布图

7世纪的太宗、高宗时代是唐帝国的全盛时期，到8世纪以后疆域开始缩小

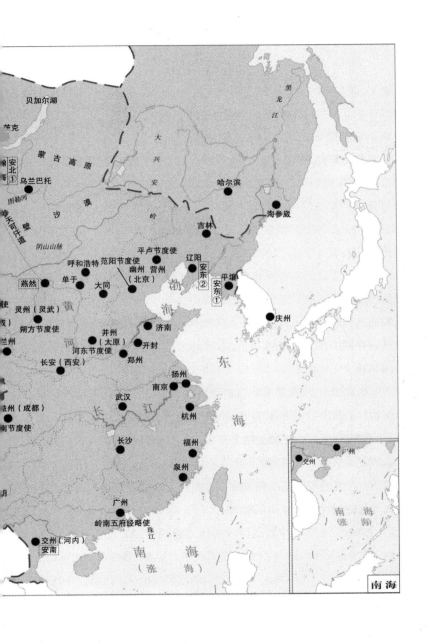

贝加尔湖

萨克

蒙古高原

安北①

乌兰巴托

图勒河

瀚海司马开道

阴山山脉

燕然

单于

呼和浩特 范阳节度使

平卢节度使

大兴安岭

哈尔滨

海参崴

吉林

辽阳 安东②

平壤

安东①

幽州 营州
（北京）

大同

灵州（灵武） 黄

朔方节度使

河

兰州

河东节度使

长安（西安）

并州
（太原）

开封

郑州

济南

渤海

长

江

益州（成都）

南节度使

武汉

长沙

扬州

南京

杭州

福州

泉州

广州

岭南五府经略使

珠江

东

庆州

海

交州（河内）

安南

南 海

（涨 海）

广州

交州

南 海

（涨 海）

南 海

名），成为易勿真莫贺可汗称霸东部天山地区在伊吾设置的监督官"吐屯设"并向位于吐鲁番的高昌国派遣重臣，对往来的商胡（多数是粟特商人）课税。其后，围绕这一地区的霸权争夺一直没有停息。610年，隋朝虽然占领了伊吾，然而因隋末的混乱，这里再度归于突厥族（并非铁勒而是突厥）之手。到了630年，伊吾地区的粟特人首领最终还是放弃了突厥族，前来投降唐朝。于是，唐朝便在伊吾设置了西伊州，632年又将其改称为伊州。

另一方面，在曾以印欧裔居民为主体的鄯善、且末（地名）为中心的塔里木盆地东南边的罗布泊，从5世纪中叶或6世纪初期前后一直为蒙古裔的吐谷浑所统治。到隋代，这一地区曾一度从吐谷浑王国转入隋朝之手，在唐初时再度成为吐谷浑统治之下的区域。

唐朝真正开始着手经营西域，与其说是从630年领有哈密开始，不如说始于634年至635年间发动的以夺取鄯善、且末为目的的征伐吐谷浑之战。吐谷浑王国虽然是因663年吐蕃王国的进攻才最终灭亡，然而实际上在635年以李靖为统帅的征服之战以后，已经沦为唐朝的傀儡政权，而且此后唐朝在西域的势力在唐太宗的时代迅速扩大了起来。

640年唐朝灭掉高昌国将其地改称西州，并设置安西都护府；紧接着又于644年和647年再度平定焉耆，648年平定龟兹，同年以及翌年（649年），唐朝先后向焉耆、龟兹、疏勒、于阗派去部队，并设置了安西四镇。至此，唐代初年突厥在西域的优势地位完全为唐朝所取代。

西突厥的短期强盛 但是，只要西突厥仍然活跃于天山以北，唐帝国对于西域的统治体制基础就依然很脆弱。唐朝在创建之初接受了东突厥的援助，因而一直蒙受着来自北方的威胁与压力。唐朝为了改变这一状况，同时也作为一个对抗策略，从很早就开始尝试着接近西突厥。在611年即位的射匮可汗时代，西突厥再次取代了铁勒的地位，并且在617年前后，射匮可汗之弟统叶护可汗继承了可汗大位。在统叶护可汗时期，西突厥获得了极大的发展。《旧唐书》卷一九四下《突厥传·下》中有如下记载：

> 统叶护可汗，勇而有谋，善攻战。遂北并铁勒，西拒波斯，南接罽宾，悉归之。控弦（森安注：骑射兵）数十万，霸有西域。据旧乌孙之地。又移庭（森安注：宫廷）于石国北（森安注：实际是东北）之千泉。其西域诸国王悉授颉利发（森安注：给间接统治下的国家或民族的首长授予的称号），并遣吐屯一人监统之，督其征赋。西戎之盛，未之有也。

628年，玄奘在赴印度途中，曾经带着高昌国王麹文泰的介绍信在西部天山北麓的碎叶谒见了统叶护可汗，因为他是能给玄奘的旅途提供安全保障的人。根据玄奘的旅行记兼传记《大慈恩寺三藏法师传》卷二的记载来看，统叶护可汗身着绿色的绫袍，长辫发以绢帛包起来向后垂。在可汗周围，被称作达干的高官二百余人也都辫发，身着锦袍。此外，可汗所居的大帐上到处装饰着金色的花纹图案，光彩夺目。可汗端坐在非常豪华的坐垫上，诸达干也分列两排侍坐于长长的坐席之上，在其背后则站着手持仪仗的卫兵们。

提起游牧民的帐篷，一般容易让人联想起一种破旧褴褛的形象，然而这里所说的大帐却完全两样。试想一下，倘若我们在一座可以容纳二百人以上的大型帐篷里，地面上都铺设有金丝线编织的豪华丝绒毯，帐篷内外墙壁上还设有豪华的锦缎装饰，按照日本现在每平方米一百万日元的时价来计算的话，少说也在数亿日元。

时代向前回溯几十年，被称为西突厥始祖的室点蜜可汗曾派遣粟特商人马尼亚克到东罗马（拜占庭）帝国，在突厥与东罗马帝国之间成功地开辟了直接的丝绸之路贸易管道。当时，东罗马帝国的使者蔡马库斯（Zemarchus）也回访了室点蜜可汗位于天山山中草原上的宫廷。蔡马库斯写的希腊语报告流传至今，从其中的描述来看，室点蜜可汗坐在大帐中的纯金躺椅之上，该大帐整个内部被巧妙地编织而成的各种花色的绢绸覆盖着，而且其他的帐篷也都装饰着各种绢绸。所以连玄奘也不禁发出了"虽穹庐之君，亦为尊美矣"的赞叹。看来并非只有石造建筑才高贵，帐篷也可以非常豪华。

相对于东突厥的势力深入到天山东端的哈密，西突厥则全力保守着可汗浮图城（后来的北庭）以作抵抗。唐高祖出于牵制东突厥的目的主动与西突厥的统叶护可汗携起手来。根据桑山正进的研究，玄奘之所以决定接受西突厥的庇护而前往印度，正是因为受到了印度僧人波罗颇迦罗密多罗（人名，梵文：Prabhākaramitra）的劝说，而波罗颇迦罗密多罗刚刚从西突厥统叶护可汗的宫廷来到唐朝。但是，统叶护可汗在与玄奘见面后的同一年（628年）却被人暗杀了。其后西突厥与唐朝的关系因为西突厥内部的权力斗争，加之西突厥和东突厥势力关系的变迁等因素而变得错综复杂（关于这一方面，可参照旧版《岩波讲座世界历史6》所收岛崎氏的论文等）。在这里粗线条归纳一下就是，尽管648年，西突厥的阿史那贺鲁曾一度归顺庭州（后来的北庭）并承认唐朝的霸权，然而到了唐太宗去世（649年）后的651年，当西突厥十姓（十个部族）以及葛逻禄、处月等突厥裔诸族联合起来反唐时，唐朝的西域统治体制旋即土崩瓦解。统治西域的大业由唐太宗一手推进，也因为太宗的去世而受挫。

唐朝全盛期的西域支配　　可是，唐朝认为应该尽快打破这种局面，于是转而采取了积极的攻势。史料记载，唐朝前后三次共派遣了几十万大军，花费了六年的漫长岁月，终于在657年取得了对西突厥的胜利。可以说，突厥第一帝国进军西域以及西突厥对西域的统治，因这次阿史那贺鲁的失败而宣告结束。而另一方面，唐朝却将战胜西突厥时立功的阿史那步真和阿史那弥射这两位西突厥的王族分别册立为继往绝可汗、兴昔亡可汗。由于这些安抚西突厥遗民的举措，使唐朝建立起了超越太宗时代的安定的西域统治体制。

在此之前，西突厥十姓的领域以伊犁河—伊塞克湖为界，分为东方的五咄陆部和西方的五弩失毕部两个部分。唐朝仿其做法，在东西两地各自设置昆陵、濛池两个都护府，分别任命前突厥王族兴昔亡可汗为昆陵都护、继往绝可汗为濛池都护。安西都护府也于658年由西州迁到龟兹，进而唐朝又在索格底亚那设置了康居都督府，至此形成了唐朝势力遍及西域的态势。

然而兴昔亡可汗与继往绝可汗统率部众的能力似乎比较弱。在659年，五弩失毕部之一思结部的俟斤（官名）都曼，率领疏勒以及塔什库尔干的士兵对于阗发动了进攻。此事虽然再次使唐朝经营西域的行动受挫，但幸而由于名将苏定方的全力征讨，反叛得以平息。不仅如此，在平定叛乱以后，唐朝的影响力还进一步向西方扩大，继658年设置康居都督府以后，661年又先后在帕米尔高原以西的吐火罗、嚈哒、罽宾、波斯等十六国分别设置了都督府，并且将其首都置于安西都护府的管辖之下。

由于基于羁縻政策的都护府体制是从律令的层面对异民族

实施统治，所以，在安西都护府统治之下的西域驻扎了很多唐军，部队中既包括根据府兵制的规定在内地征召，然后再送到西域来的士兵，也有在当地征召的士兵。而且，支撑这些部队的庞大费用的庸调绢布等也是每年由内地运送而来的。根据荒川正晴的研究，在7世纪后半期，运输这些庸调绢布的商队都是作为徭役征发而来的人力、马匹。在进入8世纪前半叶以后，由于输送量急剧增加，运输的主力也就委托给了包括粟特商人在内的民间商人。所以，唐朝统治下的西域丝绸之路贸易也随之繁荣了起来。

尽管如此，在7世纪后半期，前西突厥遗民仍然时而归顺，时而反叛，反复无常。加之成功北上的吐蕃王国势力的渗透，使得西域的形势变得愈发复杂。换言之，西域的形势陷入了唐、吐蕃、突厥诸族三者僵持对峙的局面。有关这方面的详细情况，我在拙稿《吐蕃在中亚的活动》以及《中亚历史中的吐蕃》中已有论述，此处从略。简而言之，当时的基本形势如下：

670年，由于吐蕃进攻于阗，唐朝的安西都护府迫不得已从龟兹退到西州。而到692年，唐朝与前西突厥系统的突骑施联合起来一举击破吐蕃之后，安西都护府便再度回到龟兹。此后，一直到唐玄宗时代前半期，唐朝始终在这一地区保持着优势地位。可是在武后设置北庭都护府的702年前后，突骑施突然崛起于天山以北。在710年，突骑施虽然曾一度屈服于自东而来的突厥第二帝国远征军，不过旋即又得以复兴并且更加强盛了起来。

另一方面，虽然吐蕃于 7 世纪后半期就从帕米尔进入了西域，但在 8 世纪前半期却不得不收敛锋芒，按兵不动。由于安史之乱的影响，进入 8 世纪后半期，唐朝在西域的势力急剧衰退，吐蕃才得以趁机从帕米尔西部和河西及罗布泊这两个方向进入塔里木盆地南部。而与此同时，来自北方的回鹘也积极向西域扩张自己的势力。这样一来，从 8 世纪末到 9 世纪中叶这一时期，新疆的北半部成为了回鹘的势力范围，而其南半部则由吐蕃进行统治（具体情况可详参本书最后一章）。

隋唐是"征服王朝"² 吗？ 自从汉朝灭亡以来，经过长达数百年的大混乱以及民族大迁徙，隋唐再次统一了中国。对于隋唐帝国来说，能够对自己的天下造成威胁的强大对手，是处在以中央欧亚东部草原地带为据点的游牧骑马集团的诸民族以及国家，诸如高句丽、奚、契丹、突厥、突骑施、铁勒、回鹘、吐谷浑、吐蕃等。隋唐王朝自身也是以北魏以来鲜卑裔集团为中核，只不过与前述诸族相比，隋唐乃是由游牧民和汉人农耕民两部分融合以后建立起来的帝国。就是说，隋唐是由很早就迁徙到中国本土、被称作五胡（匈奴、鲜卑、氐、羌、羯）的整个游牧民与人口占压倒性优势的汉人农耕民合二为一的结果。因此，就统治阶层而言，隋唐与前述诸游牧国家来自同一个根源。可是，隋唐的统治理念却一直在"汉化"。

在隋唐时代，作为政治理念来说，有基于儒教思想的律令制；在宗教方面来看，则有经由丝绸之路传来的佛教刺激之后、在中国自古以来的萨满教（巫术）体系化的基础上形成的道教，再加上东传之后数百年的演变，几乎已经成为固有宗教的中国佛教。由于上述这些方面都必须要具备"汉文"的素养，所以这些现象被称之为"汉化"，并不时被具有以上浓郁中心主义思想的人过度地加以解释。

　　我们恐怕也不能忘记，所谓佛教，原本就是被视为胡族的宗教，而在律令制度的具体表现形式诸如均田制、府兵制、租庸调制之中，府兵制自不待言，有人指出就连均田制中也包含着北族的要素。因此，所谓"汉化"无非就是这种程度的东西。只不过由于"汉语"已经成为当时宫廷语言以及统治语言这一原因，我才没有把隋唐与辽、西夏、金、元、清等所谓"征服王朝"（中央欧亚型国家）相提并论。

　　历来毁誉褒贬不一的隋炀帝与唐太宗李世民两人都堪称天才的战略家和政治家，然而尽管这两位人物都统治过世界上领土最大、人口最多的国家，并且拥有因大运河而带来的世界最强的经济力量。但是，不知为什么他们却都没有致力于充实内政建设，而是固执地坚持向外发展。究其原因，我以为倒是可以看出隋朝和唐帝国初期的形象——尽管其根基已经完全转移到了农耕地带，在文化方面也与汉文化进行着融合，但是他们并没有失去游牧国家，即尚武国家的本质。值得注意的是，在这个时代，戈壁沙漠这一天然的国境消失了，而这种状况是只有后来的蒙古帝国，即元朝以及清朝才能见到的现象。

　　隋炀帝尽管在压制吐谷浑及突厥方面取得了一定的成功，然而却因远征高句丽失败而自掘了坟墓。唐太宗也是如此，虽然成功地灭掉了吐谷浑和东突厥，但在远征高句丽（645年、647年、648年）时，却不得不饮下堪称毕生唯一败北的苦酒。在其后的时期，唐朝与再度复兴的突厥（第二帝国）以及铁勒、奚、契丹、突骑施、回鹘、吐蕃等游牧民族集团或国家之间，也一直是战争与和亲反复交错，并因此投入了巨大的精力、海量的金钱以及财物。这些若从唐朝方面来看无疑是一种很大的浪费，然而其流入周边的财物却与丝绸之路贸易的活跃有着直接的关联。

　　唐朝皇帝作为名副其实的天可汗，唐朝真正成为世界帝国的那段鼎盛时期，远不能延续到8世纪中叶的安史之乱，只能到几乎完全依靠承袭父亲遗产的唐高宗时代为止。只不过是在7世纪之内，唐朝的羁縻统治能够维持实际效力的时期。因为羁縻统治正是建立在以府兵制为基础的都护府、都督府、镇戍防人制之上的一种统治体制。而到了7世纪末期的武则天时代，突厥已经复兴起来，建立起了强大的突厥第二帝国。其后，唐朝对西域的经营尽管仍然算顺利，在文化方面也迎来了最为辉煌的时代，然而就在被讴歌为盛唐的唐玄宗治世（开元、天宝年间），实际上唐帝国已经呈现出了衰亡的征兆。

第四章

唐代文化的西域趣味

酒家的胡姬

**石田干之助的名著
《长安之春》**

近现代的情况姑且不论，仅就近代以前的
人类史而言，在可以称之为历史史料的文
献之中，有关风俗、文化以及日常生活的
信息保存得非常少。关于这一点，我们只要联想一下报纸和日记
就很容易理解了。所谓记录，并不是要把每天都重复的事情或者
司空见惯的事情记录下来。也就是说，在当时的人们看来理所
当然的事情通常不太会被记载，一般偏重于记载那些与日常生活
不同的奇闻逸事及其传达的重要信息，而文化和风俗并不是每个
星期或者每个月就会发生变化的东西。

　　在被视为中国历史上最具国际色彩的世界帝国唐朝，人们

是怎样生活的？此外，当时有什么样的外国文化传入了唐朝呢？关于这些问题，在上述方面倾注了大量心血的石田干之助的《长安之春》（1941年出版）堪称代表。他着眼于文学作品，尤其是唐诗，从历史史料的角度来分析这些只能称之为从属性史料的文献，尝试着打破了史料运用的这一界限。在平凡社以"东洋文库"系列之一重刊这部《长安之春》时，我的恩师榎一雄曾撰文加以解说。借用榎一雄先生的评价来说就是：

> 《长安之春》收录的诸篇之所以吸引读者，乃是因为其中洋溢着一种难以言传的余韵，而这种余韵给读者展示了一种可以无限想象的空间。之所以会产生这样一种余韵，原因之一也是由于石田博士在书中将文学作品作为史料而纵横引用所具有的效果。

虽说如此，以唐诗为代表的文学作品仍然是出于时人之手，作为历史学者的石田博士并没有凭借自己的想象来对上述文学作品中没有提到之处进行什么增补。《长安之春》之所以被视为少见的名著，其关键正在于此。近年来，坊间充斥着由小说家所写的一些所谓的"历史读物"，不知道是因为亲切还是过于好事，在真正的历史学者看来应该作为留白空下来的地方，他们却用一些完全超出想象的故事来夸张地进行了"创造"。榎一雄先生曾批评这种现象是"以历史面目出现的虚构之横行"。我衷心希望对自己的读书鉴赏力有自信的读者能拨冗读一读石田博士这本《长安之春》。

胡俗的大流行　　唐代是一个胡风、胡俗大流行的时代，也正因为这一点而被称为"国际化"的时代。不仅胡服、胡帽等服装，包括胡食、胡乐、胡妆等都受到了朝野人士的欢迎。《旧唐书》卷四十五《舆服志》记载说："太常乐尚胡曲，贵人御馔，尽供胡食，士女皆竞衣胡服。"如果说《旧唐书》的记载反映了整个唐代的风潮，那么《安禄山事迹》卷下所说的"天宝（742—756）初，贵游士庶好衣胡服，为豹皮帽，妇人则簪步摇（森安注：一种走起路来就摇动的头饰）；钗衣之制度，衿袖窄小。识者窃怪之，知其兆矣"，则明显是指盛唐玄宗时代的情况。

进而，活跃于 9 世纪前半期的政治家、诗人元稹在以《法曲》为题的长诗中吟曰："女为胡妇学胡妆，伎进胡音务胡乐""胡音胡骑与胡妆，五十年来竞纷泊"。所谓"纷泊"乃是表示"飞扬"之意，在这里是表现了胡风流行的盛况。由此可见，即便到了安史之乱以后的中唐时期，仍然未见到胡风衰退的迹象。

汉语的"胡"字，根据前后文所指有所不同。虽然是一个随机融通变化的词语，然而根据时代和地域不同也有着某种程度的变化规律。截至西汉时代，"胡"意味着匈奴，而到了五胡十六国时代，"五胡"则是指以匈奴、鲜卑、氐、羌、羯为代表的北方到西方的游牧民。可是，从作为过渡时期的东汉开始，"胡"就已经开始指以粟特人为首的西域人了。而且，尽管在魏晋南北朝时代还是以指游牧民的用法占多数，然而进入隋唐时代以后，"胡"则变成多指西域沙漠绿洲城邦国家的人。比较容易混淆的是，由于过去的用法还继续存在，所以根据场合不同，有时候会将突厥、回鹘等也称作"胡"。概而言之，"胡"这一词语在中国明确意味着"外人""异国人"之意。

有"胡"字的词汇　　作为有"胡"的词语来说，众所周知的"胡桃""胡瓜""胡麻"都是西域的沙漠绿洲农业地区的产物，在北方的草原上并不栽培。因此，认为这些作物都是西汉时代由张骞带回来的这种说法很容易露出破绽，完全是一种虚构。说西汉的"胡麻"只是"从匈奴传来的麻"也非常牵强。实际上，"胡麻"由张骞带回来的说法始于宋代。那个时候说"胡麻"的意思是"从西方沙漠绿洲农业地带传来的麻"，这一说法则普遍能被接受。

关于"胡坐"究竟是来自北方还是西方虽然难以判断，但"胡床"（椅子）、"胡瓶"（水壶）、"胡粉"（化妆用的白粉）以及"胡椒"，恐怕还是从西方传入的。胡椒虽然是东南亚和印度的特产，但是中国的胡椒最初是通过西域传进来的。

另外一方面，被叫作"胡食"者，乃是指通过酵母发酵而成的面包或者油炸面包、蒸制面包之类食品（胡饼、烧饼、油饼、炉饼、煎饼、胡麻饼）等，这些都是从西亚、中亚传来的吃法或者食物。本来，在3世纪以前的东亚并没有"粉食"的文化，只有将谷物按照颗粒的原状或煮或蒸以后食用的"粒食"文化。后来才从西方传入了粉食文化，即把小麦磨成粉以后，或者做成面包，或者做成面条食用。最早汉语的"面（麵）"字并不是拉面、擀面条、荞麦面条等意，而是"麦粉"的意思。所谓"饼"就是指烤制"麦粉"而做成的食品，也就是说面包、馒头一类食品，而并非指现在日本所说的用大米（糯米）做的"饼（おもち）"。炉饼是"用炉子烤制的面包"，煎饼则是"用食用油煎制的面包"。总之，粉食乃是从西亚沿着中亚的沙漠绿洲农业地带传播而来，胡食的"胡"字指西域没有任何疑问。此外，几乎所有的"胡乐"都是西域乐，而且大多是源自于新疆地区的音乐，关于这一方面后文再加以介绍。

胡服之由来　　现代的日本人每个人都穿着合体的裤子，开襟长袖（筒袖）的短上衣，也就是通常说的"洋服"。所谓"洋服"意思是明治时代从西方传进来的服装，并不是东亚的服装之意。但是，实际上这种服装最早出现在距今三千年以前的中央欧亚，乃是游牧民族为了骑马以及骑射（骑在马上射箭）方便而改良制作的一种服装，其后传播到了世界各地。"洋服"上的皮带以及皮靴等附属物，实际上也是来自游牧骑射民族。

司马迁《史记》中记载了战国时代赵武灵王（公元前325年—前299年在位）与北方强大的游牧骑射民族集团作战过程中，从赵国引入"胡服骑射"的风俗习惯的事情。当时的"胡"指的是北方的游牧民族匈奴。直接骑在马上弯弓射箭的骑士，远远要比被马拉着的两轮以及四轮战车的机动性强。所以中国在模仿其战法时，连服装也一起引进了中国。而且，经过从汉代到魏晋南北朝的漫长时代，曾经的"胡服"被编入了中国文武百官的礼服以及常服的系列之中，因而人们不知不觉地也就忘记了其由来。

因此，在唐代突然引起人们关注的"胡服"并不是指上述早在古代就从游牧民那里引进的服装，而是指最新款式的"西方传来的服装""西方趣味的服装"。根据绘画资料来推测，除了袖子是细长的筒袖以外，通常在这种"胡服"的衣襟上有很大的翻折，且多为正面有纽扣的式样。玄奘《大唐西域记》卷一有关整个粟特的序文之中，谈及其服装时说的"裳服褊急"就是说其裤子和上衣都很窄小，十分合体之意。

胡姬从何处而来？ 石田干之助说过一句话："一言以蔽之，唐代社会异国情调的主流来自伊朗系统之文物。"然而，如果从现在的眼光来看，这一结论似乎需要稍加修正。石田氏将西域一带的塔里木盆地，也就是天山南面的西域北道和西域南道这一地区都视为伊朗文化圈。而实际上，西域南道的于阗（和田）的确是讲伊朗系统的于阗语，但西域北道的龟兹、焉耆则是说另外一个系统的焉耆语（甲种吐火罗语）以及龟兹语（乙种吐火罗语），而且其文字都是使用起源于印度的婆罗米文或者佉卢文，属于印度文化圈或佛教文化圈。因此，若将石田氏的结论修正为"一言以蔽之，唐代社会异国情调的主流来自包括伊朗系统、印度系统、吐火罗系统在内的西域系统的文化以及文物"，才更为接近真实状况。

具体体现这些西域系统之文化者乃是下面将要介绍的胡姬，以及作为胡旋舞、胡腾舞等舞者的胡女、胡儿们。关于这一方面，读者可以试着想象一下那些明显长着异域面孔的"老外"，特别是那些来自异域的年轻姑娘小伙儿。

李白《少年行》云：

　　五陵年少金市东，银鞍白马度春风。
　　落花踏尽游何处，笑入胡姬酒肆中。

若将这首诗译成现代白话文，其大概的意思是：住在郊外高级住宅区的年轻人骑着银鞍白马，满面春风地前往长安西市东边的繁华街区游玩。他们在游春踏花之后，最喜欢去的地方是哪里呢？就是去胡姬的酒肆之中饮酒作乐。

李白还有一首乐府诗《白鼻騧》曰：

银鞍白鼻騧，绿地障泥锦。

细雨春风花落时，挥鞭直就胡姬饮。

这首乐府诗的大意是：名马白鼻騧（白鼻黑喙的黄马）配着银饰的马鞍和绿底绣锦的障泥（蔽泥），威风凛凛。在春风细雨落花之时，骑上白鼻騧挥鞭直奔胡姬的酒肆痛饮一番，何等惬意。

上面引用的两首诗描写的时间都是在春暖花开的时节，主题都是骑马的青年和酒肆的胡姬，为我们呈现了两幅色彩鲜明的美丽画卷。第一首诗描写的显然是长安的情景，诗中所说"少年"并非指孩童，而是指官宦或富豪的子弟或无赖游侠之类的人物，总之是指有钱阶层挥金如土的年轻人。

虽然不能骤断第二首诗所咏也是长安的情景，但将其看作长安也无大碍。对于夏季酷热而冬季严寒的长安来说，春天是一年中最好的季节。立春之后雨水充沛，淡红色的杏花绽放如云，李子花也随之开放；到惊蛰前后，桃花开始开花，一过春分，各处更是春意盎然：蔷薇、海棠、木兰、桐花、藤花等相继开放，落花花瓣随风飘扬。上面诗中提到的白马踏落花想必不外乎上述几种。长安春天的花之王者当推农历三月的牡丹花，但因为牡丹是供鉴赏及比赛之用，故而价格惊人，不大可能沿街栽种。另外，蔷薇在当时虽然也作为鉴赏之用，但远远比不上牡丹。当时人们更看重使用捣碎的蔷薇花瓣做成的蔷薇水这种香水，其高级品就曾从波斯远道输入长安。

8 世纪至 9 世纪时，拥有世界上最多人口的花都长安到处绽放着绚烂的文化之花。正如本书序章中提到的那样，当时甚至连长安的书肆里都热闹非凡。在繁华的街头更是到处都可看到贵族、官僚、文人墨客以及将校、游侠等，加之来自北方突厥、回鹘等游牧国家的使节以及客人，还有从西域来的商人、工匠、艺人及宗教界人士，来自东亚诸国的留学生、留学僧等，到处人头攒动，熙熙攘攘。其中不时也可以见到通过海路从南方来的东南亚和印度沿海地区的人们，甚至包括遥远的波斯及阿拉伯的人们也混杂其中。

身穿流行胡服的年轻人就在上述这种环境中，春风得意地骑马疾驶而过。胡服，即筒袖的上衣加裤子，当然还有皮带及皮靴，有时还包括帽子。此外，他们骑的装饰着豪华马具的骏马，若用今天的话来说就相当于目前的高级赛车。新潮的胡服、高级赛车，再加上身边被称作胡姬的高级夜总会里的外国女招待或外国舞女，可以想见，在当时恐怕没有比上述组合更引人注目的了。

在唐代以长安为首的大都市的酒楼、高级餐馆、宾馆内的酒家、夜总会里，胡姬们戴着各种漂亮的首饰，有的为了显示青春活力而略施淡妆，有的描画着妖艳的浓妆，身上喷洒着异国的品牌香水接待着来自各方的客人。当然，酒席上最受欢迎的宠儿肯定大多是那些色艺兼备的年轻姑娘，但是实际上除了陪侍酒席的胡姬之外，当时还有大量能歌善舞的胡姬。

那么，这些能够如此吸引唐代诗人的目光，并使其感到兴奋的胡姬究竟是一群什么样的女性呢？如果省略掉论证过程，在这里只说结论的话，那么所谓"胡姬"，就是指那些高鼻深目碧眼、有着白色的皮肤，长着亚麻色、栗色或者褐色卷发的白人女性。不难想象，对于属于黄色人种（蒙古人种），长着黑眼睛和黑色直发的东亚人士来说，那些充满了浓烈的异邦情调的漂亮胡姬是多么令人目眩神迷。虽然白色人种分布于从中亚到欧洲的辽阔区域，而到中国的胡姬们，则是来自其中的索格底亚那、花剌子模、吐火罗（巴克特里亚，今天的阿富汗北部）、波斯等操伊朗系统语言（包括粟特语、花剌子模语、巴克特里亚语、中古波斯语）的女性。

在历来的历史读物、唐诗的解说鉴赏书籍以及各种辞典之中，凡是提到伊朗系统的人，几乎都将其解释为西亚的波斯人。然而根据最近的历史学、考古学的研究成果来看，这些应该都是指中亚的粟特人。尤其值得瞩目的是近年考古学方面的成果，在中国北部的陕西、山西、宁夏发现的粟特人墓葬中，出土了若干雕刻着以胡旋舞及胡腾舞为主题的浮雕石棺。此外还有一个佐证是，过去被认为是萨珊银器的很多银器，实际上都是粟特银器。

当然也有例外，所以在谈到这一方面时需要慎重对待。石田干之助虽然将胡姬定义为"伊朗系统的妇女"，然而他自己似乎也认为其中包括很多粟特女性。但是随着后来的文学研究者们

把伊朗单纯地解读为波斯，误解便
蔓延开来。居住于从波斯湾到里海以
及伊朗本土的波斯人，与来自阿姆河
至锡尔河之间的绿洲城邦的粟特人之
间，的确有着很多类似之处，但是两
者毕竟不同，因此还是要严加辨别。
这种感觉就像我们在近现代时期区别
法国人和意大利人、德国人和荷兰人
的感觉一样。如果总是将粟特人和波
斯人并列在一起，就会给人错误的印
象，而且很难纠正。因此我在这里想

胡服骑马女性像 吐鲁番阿斯塔纳
187 号墓出土唐三彩俑。高 39 厘米，
新疆维吾尔自治区博物馆藏

负责任地明确指出：所谓胡姬，就是指"年轻的粟特女性"。

胡旋舞与胡腾舞

魅人的胡旋舞　　　　西域的歌舞、乐曲、杂技等虽然早在汉
代就传入中国，并且在南北朝时代已经相
当流行，但最为盛行的时期仍首推隋唐时代。提起音乐方面的影
响，来自西域诸国的影响固然占优势地位，不过于舞蹈方面，最
为引人注目的则是西域的粟特诸国。其中，进入唐代以后才首次
见于记载者乃是胡旋舞。

下面从白居易（白乐天）的《新乐府》中引用《胡旋女》之一节：

胡旋女，胡旋女，心应弦，手应鼓。

弦鼓一声双袖举，回雪飘飖转蓬舞。

左旋右转不知疲，千匝万周无已时。

人间物类无可比，奔车轮缓旋风迟。

曲终再拜谢天子，天子为之微启齿。

胡旋女，出康居，徒劳东来万里余。

．．．．．．．．．．．

上引诗的大意是：跳胡旋舞的女性又叫胡旋女，胡旋女在鼓乐声中急速起舞，宛如雪花在空中飘摇，像蓬草般迎风飞舞，左旋右旋不知疲倦，千圈万周没有终结。世间没有人可以与她们相比，连飞奔的车轮都显得缓慢，急速的旋风也相形见绌。一曲终了之后，胡旋女向天子拜谢致意，天子也不禁喜笑颜开。胡旋女来自康居（粟特地区），她们不远万里，历尽艰辛才来到了东方。

．．．．．．．．．．．

说到胡旋舞，最主要的特征在于快速不停地旋转，尤其是据说跳舞时必须在一块叫作"舞筵"的小圆毯子上快速旋转起舞，而且一步也不能脱离这块小圆毯。过去，石田干之助以及对唐代文化同样非常熟悉的薛爱华（E.H. Schafer）曾认为跳胡旋舞是

丝绸之路与唐帝国

站在"鞠"即绒球上，像表演杂技一样地跳舞。之所以产生这种误解，这是因为史料中将本来应该作"毹"（绒毯）字之处写成了另外一个非常相近的字"鞠"（鞠），而他们对此未加辨别的缘故。不管怎么说，跳胡旋舞并不是表演杂技，不可能在绒球上快速旋转跳舞。在敦煌莫高窟的唐代壁画里，保留着不少有关胡旋舞的绘画，无一例外都是在一个四周编织着连环图案的小圆毯子——舞筵上跳舞的形象。

此外，1985 年在宁夏回族自治区盐池县发现了六座屈霜你迦（何国）的粟特人家族墓葬，其中第 6 号墓的入口处有一对石制门扉，上面分别刻有跳胡旋舞的男性浮雕。在该男子脚下铺的仍然是舞筵。鉴于这些证据，使我更加确信那种认为胡姬在绒球上跳舞之说绝无可能。实际上，粟特方面似乎经常向唐朝进献这类舞筵，大都是些联珠纹图案的毛织物。众所周知，联珠纹是从波斯以及索格底亚那传至新疆、北部中国、日本的一种图案，在日本的法隆寺中有名的"四骑狮子狩文锦"中也可以见到。

胡旋舞的最大看点是快速旋转，为了突出这一点，舞者的双手都拿着长长的丝绸带子。无论是敦煌莫高窟的唐代壁画里出现的胡旋女子，还是盐池县出土的 7 世纪末前后粟特人墓葬浮雕里的胡旋男子，都是手持丝绸长带旋转起舞的样子。画面上描绘的飞舞的绸带，仿佛就是白居易所说诗句"回雪飘飘转蓬舞"的再现。

胡旋舞 在小圆毯子上快速旋转起舞。根据敦煌莫高窟215窟（左）和220窟（右）的壁画白描，采自罗丰《胡汉之间》，文物出版社

关于男性也跳这种激烈的胡旋舞这一点，从文献史料中我们已经知道武则天的族人——曾被突厥第二帝国俘虏过的武延秀的事例，此外据说安禄山也擅长跳胡旋舞。不仅如此，盐池县粟特人墓葬中的石门浮雕的出土也是一个佐证。但是，在诗文以及壁画中见到的胡旋舞者几乎都是女性。在敦煌壁画中，这些女性舞者都是光着脚，衣着很少，身穿薄丝绸，戴着首饰和手镯，像现代艺术体操中的带操项目表演一样。尽管在现代，从事艺术体操的女性会以最大限度向人们展示人体之美，然而在当时那个时代，不仅普通女性的肌肤难得一见，甚至在壁画、绘画以及银器的纹饰之中也见不到裸体女性形象（参见石渡美江的研究）。可以想象到，这些敦煌壁画的胡旋女形象会是多么的令人目眩神迷。由于东亚地区并没有展示裸体的文化传统，所以有人认为敦煌壁画只不过是夸张而已。即便如此，就像诗文中所说的那样，如果胡旋女只是身着"罗"这种超薄的透视装翩翩起舞的话，肯定会迷倒一大片男人。

跳跃的胡腾舞

经常与胡旋舞混淆的还有胡腾舞。胡腾舞不是像胡旋舞那样以快速旋转为主，胡腾舞的动作以蹲、踏、跳、腾为主，全身上下左右跳跃，或蹲下或跃起，或向前俯或向后仰，总之也是一种变化激烈的舞蹈。所以也和胡旋舞一样被划分为"健舞"一类。两者在需要很好的体力这一点上是一致的，然而胡旋舞即便男性跳起来也显得比较优雅，与此相比，胡腾舞则更接近杂技表演，是一种富有战斗性色彩的舞蹈。

中唐时代的诗人李端有一首诗叫《胡腾儿》，其中吟咏道：

> 胡腾身是凉州儿，肌肤如玉鼻如锥。
> 桐布轻衫前后卷，葡萄长带一边垂。
> 帐前跪作本音语，拾襟搅袖为君舞。
> …………

读李端的这首诗，胡腾舞跳舞现场的气氛已经跃然纸上，因而这里就不再将其译成白话了。诗里提到的舞者是一个胡人，从诗中描写的"肌肤如玉鼻如锥"的特征来看，应该是一个白种人。如果再考虑到诗里提到的，舞者是来自粟特人的大本营凉州（武威）基本上可以断定这名舞者就是粟特人。倘若进一步结合下面诗中提到的石国（塔什干）的舞者来看，那么胡腾舞者是粟特人当确定无疑。

刘言史（中唐诗人）《王中丞（王武俊）宅夜观舞胡腾》：

> 石国胡儿人见少，蹲舞尊前急如鸟。
> 织成蕃帽虚顶尖，细氎胡衫双袖小。
> 手中抛下蒲萄盏，西顾忽思乡路远。
> 跳身转毂宝带鸣，弄脚缤纷锦靴软。
> 四座无言皆瞪目，横笛琵琶遍头促。
> …………

这首诗的大意是：（粟特地区的）石国的胡儿十分少见，在酒樽前跳起蹲舞来就像敏捷的小鸟一样。胡儿头戴具有异域风格的中空尖顶的丝织帽子，身穿紧身细袖的异国情调的编织衣衫。一边跳舞一边将饮尽的葡萄酒杯抛向空中，回头西望不由思念起故乡，深深叹息归乡路途之遥远。只见胡儿腾空而起飞身旋转，腰间的宝带随之发出悦耳的声响，脚上色泽鲜艳的软皮靴急速地跃动。在场观众个个屏息静气看得目瞪口呆，只有横笛琵琶的乐声环绕全场。

过去一种很流行的看法认为，胡腾舞是女性的舞蹈，而我却以为应当是一种男性的舞蹈。"胡儿""胡腾儿"的"儿"字并不是指男女儿童的"儿"之意，而应该是指男性，即所谓"胡儿"乃是与"胡姬"相对的词语。跳着刚毅奔放、急促多变的胡腾舞的舞者通常戴着粟特的传统的三角帽，帽子上面装饰着珍珠等饰物，身穿被称为"轻衫"或"胡衫"的高级棉织品或丝织品的薄衣衫，腰上系着有葡萄唐草纹饰的腰带，脚上穿着便于活动的软靴子。从各种资料来看，胡腾舞舞者乘兴起舞以后便跳个不停，而且有边跳边将杯中的葡萄酒一饮而尽，然后潇洒地把空酒杯扔向空中这样的场景。

从记载来看，作为动作激烈奔放的"健舞"来说，除了胡旋舞、胡腾舞之外，还有"剑器舞""稜大舞""柘枝舞"等；相反动作舒缓的"软舞"则有"凉州舞""甘州舞""苏合香舞""绿腰

粟特的胡腾舞　石棺台座屏风浮雕上的男性胡腾舞（下段中央）。上半部是观看跳舞的粟特主人（右）与汉人或者突厥人的妻子。滋贺县美秀美术馆（MIHO MUSEUM）藏

舞""屈柘舞"等种类，然而其具体的内容却都不甚清楚。按说胡姬服务于各个酒家且擅长歌舞音律，当是适合于轻松的歌曲以及优雅的"软舞"。但是，在高级酒家以及酒楼里，不可能没有擅长跳胡旋舞的胡旋女，因此胡姬里边也必然会混杂有擅长跳胡旋舞的舞星。

**胡旋舞、胡腾舞的
故乡及其新靠山**

将胡旋舞的舞者胡旋女作为贡品献给唐朝者主要是康国、米国、史国等国，这些都是索格底亚那的城邦国家。白居易《新乐府》诗里将胡旋女的出身地写成"康居"，是因为把沙漠绿洲城邦的康国与游牧民族康居混同乃是当时的通病，所以白居易这里所说无疑是指康国。而且，康国经常被当作索格底亚那的代名词。根据各种史料来看，索格底亚那按照势力范围来说可以分为两个区域，一是以撒马尔罕为中心的城邦联合，另一个是以布哈拉为中心的城邦联合。因此白居易在此不用"康国"而是使用"康居"一词，或许是意指以撒马尔罕为中心的城邦联合。

关于胡姬的"胡"字，石田干之助所使用的慎重说法曾给研究者和一般读者带来一些误解，但就胡旋舞、胡旋女的"胡"而言，石田干之助则明确地断言其当指粟特。因此，这些胡旋女当然也应该归入胡姬一类。在敦煌壁画中，由于跳胡旋舞的女性也是构成佛教壁画的一部分，所以这些女性也都被描绘成了像菩萨一样的中性容貌，很难看出她们在人种方面的特征。不过，与其说这些胡旋女是蒙古人，不如还是将其视为白色人种更为妥当。

跳胡旋舞、胡腾舞的地方，除了皇宫、贵族宅邸、闹市区之外，在地方城市里还有藩镇（节度使、观察使等）的宅邸。所谓节度使，即盛唐以后设置的地方军事长官，观察使则是地方民政长官，由前者兼任后者总揽全权的情况也不少。前述刘言史观看胡腾舞时的盛宴就是在王中丞的宅邸举办的，这里所说的王中丞就是指王武俊。王武俊虽然拥有汉族的姓名，其实是契丹族，最初是因为投靠史思明属下的武将李宝臣（本名张忠志）崭露头角。安史之乱以后，当时几位强势的武将作为所谓"河朔三镇"保住了自己的领地，其中之一就是李宝臣的成德军节度使。建中二年（781）李宝臣死后，由王武俊承袭其职，后来王武俊又被任命为御史大夫。刘言史这首诗作于760—770年间，当时其在王武俊的宅邸——位于成德军节度使的根据地恒州（即后来的镇州，今天的河北省正定县）——观看了胡腾舞之后吟咏的诗歌。

　　源自拓跋系统的唐王朝，其自身的异民族色彩就已经很浓厚，而与其对抗的安史势力在这一方面的倾向就更加突出。其中不仅有像安禄山、史思明那样的粟特裔突厥人（突厥人和粟特人的混血，或者是突厥化的粟特人等），还集结了大量的粟特人、突厥人、契丹人等。因此，作为安史势力保留下来的旧部来说，河朔三镇的武将们成为胡旋舞及胡腾舞的新靠山或曰新后盾，也一点不奇怪。

　　最近根据森部丰的研究，我们知道了在7世纪末的恒州附近，粟特人或粟特人后裔曾以聚落的形式定居。如果是这样的话，那么在王武俊处受到优待的文人刘言史诗中所吟咏的石国舞者之所以"西顾忽思乡路远"，或许就是一位在故乡被伊斯兰势力占领之前来到唐朝的粟特人的感叹，深深地叹息失去故乡之痛。

在 751 年怛逻斯河之战以后的时代，索格底亚那已经完全处于阿拉伯阿拔斯王朝统治之下，伊斯兰化的过程正在逐步展开。据《册府元龟》卷九七二的记载，宝应元年（762）十二月，黑衣大食（阿拔斯王朝）与石国向唐朝贡；另据《旧唐书》卷十一的记载，大历七年（772）时又有索格底亚那的康国、石国与大食以及回鹘一起来唐朝贡。由此可知，阿拉伯方面也为了使粟特诸国继续进行朝贡贸易，使其保持了独立国家的形式。因此，说粟特商人的活动伴随着粟特地区的伊斯兰化而凋零衰落一说，似乎难以成立。因此，正如本书第二章中引用的伊斯兰史料《世界境域志》中所说的那样，即便到了 9 世纪至 10 世纪，作为远距离商业中心的索格底亚那仍然繁荣着。

音乐、舞蹈及其担当者

西域音乐的盛行

在现代社会的娱乐生活之中，音乐和舞蹈堪称最具代表性的活动。然而在古代，音乐和舞蹈却是一种宗教仪礼，进而还用于以国家为首的共同体的仪式。在中国，由于儒学特别重视礼乐，于是音乐便成为理想政治形态的一个必备条件。从春秋战国时代开始到儒教成为国教的汉代为止，中国音乐中的娱乐性虽然并未获得普遍认可，但是在汉代以前，包括乐器种类在内的音乐却一直十分发达。

到了魏晋南北朝时代以后，随着外来音乐流入中国，音乐的娱乐性大为高涨。提起古代音乐，其重镇主要有西亚、印度、中国三个地方。西亚，尤其是伊朗的音乐、印度的佛教音乐以及新的乐器，三者一同经中亚传入中国，其高峰时期是在唐代。与以前的时代相比，唐代的乐器种类更加丰富，据说多达三百余种。可以说，倘若没有外来音乐的传入以及乐器的发展，也就不可能有唐代音乐以及音乐诗歌的繁荣。

下面引用的这首诗，可以证明西域音乐的传入与粟特人也有着密切的关系。

> 李颀（盛唐进士）《听安万善吹觱篥歌》：
> 南山截竹为觱篥，此乐本自龟兹出。
> 流传汉地曲转奇，凉州胡人为我吹。
> 傍邻闻者多叹息，远客思乡皆泪垂。
> …………

这首诗的大意为：用（长安南郊）终南山砍伐来的竹子做成了觱篥，以这种乐器演奏的音乐本来出自西域龟兹，传入中原以后曲调变得更为悠扬。当来自凉州的胡人（安万善）为我们演奏时，旁边听乐曲的人无不感慨叹息，远道（西域）而来的游子们思念故乡，个个低头垂泪。

在甘肃凉州有粟特人的大型聚落，居住着许多姓安的粟特人，他们来自于布哈拉，在凉州形成粟特人聚落（关于这一方面前文已经有过详细的叙述），这首诗的标题提到的安万善是其中一员。从这首诗来看，觱篥起源于龟兹，但实际上包括安国乐、龟兹乐在内的整个西域音乐都广泛使用觱篥这种乐器。根据岸边成雄的研究，龟兹乃是西域音乐的中心，所以这首诗里稍微有些知识上的混乱。

自古以来，河西走廊的凉州一直是丝绸之路的要冲。从南北朝末期开始，凉州成为粟特人的聚集地。到了唐代"百戏竞缫乱"，更成为"剑舞""跳掷""狮子舞""胡腾舞"等十分盛行的地区。

众所周知，岸边成雄先生将毕生精力都奉献给了东亚音乐史研究，在唐代音乐方面的造诣尤其深厚，因而下面引用的他的这段话当具有重要的意义。他认为：唐代的"合奏乐器的种类远比今天日本雅乐的管弦（八种）要丰富。而且，除了'笙'之外，当时还有演奏和声的乐器存在。可以说，演奏和声的大管弦乐是唐代音乐的主体。倘若我们进一步联想，在同一时代（7—9世纪）的欧洲还是单旋律的教会音乐占主流的话，那么我们更可以想象唐代音乐是多么先进了"。（参见岸边成雄《唐代乐器的国际性》）

唐代音乐的种类　　　　　尽管到了唐代，音乐的娱乐性提高，成为
供民间游兴的内容之一，然而就唐代音乐
的最大后盾或者靠山来说，却仍然是王公贵族和高级官僚。在初
唐时期，"太乐署"主管的"十部乐"（十部伎）最权威，经常在
国家、宫廷、贵族宅邸以及大寺院里举办的各种公私宴会上演
奏。唐代的太常寺（相当于现代日本的文部省）里设有主管"雅
乐""俗乐""胡乐""散乐"的"太乐署"，以及管"军乐"的"鼓
吹署"。

　　所谓"雅乐"，就是基于儒教礼乐思想，用于祭祀以及仪礼
的音乐舞蹈。在"十部乐"之中被"燕乐"继承。而所谓"俗乐"
并不是民间的通俗音乐，而是指不包括在"雅乐"之中的汉代以
来的传统音乐艺术，其代表是"十部乐"的"清乐"（清商乐）。

　　与此相对，泛指外来音乐时一般称之为"胡乐"，其主体则是
"龟兹乐""疏勒乐""康国乐""安国乐"等西域音乐。唐代继
承发展了隋代的"七部乐"（七部伎）和"九部乐"（九部伎），唐
太宗时制定"十部乐"（十部伎），其中"胡乐"占其大半。也就
是说，在唐朝具有最高权威的"十部乐"，其内容实际上是东流
至唐朝的古代丝绸之路音乐的集大成。顺便说一下，传入日本的
"雅乐"实际是中国的胡俗乐。

　　唐代的"十部乐"具体如下所示：

　　（1）宴乐伎：太宗朝的 640 年由雅乐、胡乐和俗乐融合而成
的一种音乐。

（2）清乐伎：汉代以来的传统俗乐。

（3）西凉伎：龟兹伎和清乐融合而成的音乐。

（4）龟兹伎：库车音乐，十部伎的中枢。

（5）天竺伎：印度音乐。

（6）疏勒伎：喀什噶尔音乐。

（7）康国伎：撒马尔罕音乐。

（8）安国伎：布哈拉音乐。

（9）高丽伎：高句丽音乐。

（10）高昌伎：吐鲁番音乐。

看一看"十部乐"所使用的乐器就可以知道，其中不仅包括了管乐器、弦乐器、打击乐器等全部种类，而且各类乐器的多样性也令人吃惊。在唐代，人们演奏着当时世界最高水准的音乐，乐器的数量和种类即使与现代的交响乐团相比也毫不逊色。当然，在唐代并没有近代西欧发明的钢琴，但是即便在现代，交响乐团里没有钢琴也很普遍吧。

同样归太乐署管辖的还有"散乐"。"散乐"与正统的音乐"雅乐""俗乐""胡乐"泾渭分明，是给曲艺、幻术、魔术、戏剧等演艺进行的音乐伴奏，也被称为"百戏""杂技"，是属于诸如现代曲艺团或马戏团一类的东西。虽然到宋代以后中国音乐的主流成为戏曲（宋代的杂剧、元代的元曲、明代的昆曲、清代的京剧），然而在唐代仍是以管弦乐和舞蹈为中心。此外，在唐代的"散乐"之中也包括被称作"歌舞伎"的乐舞。

在太常寺管辖下的太乐署和鼓吹署之中，从事国家乐舞的人员，除了官吏和教官之外，其他都是被称作"乐工"或"太常音声人"的隶属于国家的人员。从技能上来说，据说较之军乐工，雅乐工在上，而胡乐工和俗乐工的地位又在雅乐工之上。除此之外，隶属于宫城内教坊的宫女也从事胡乐及俗乐。

但是，雅乐、胡乐、俗乐三足鼎立的情况只是在初唐时期。到了盛唐以后，俗乐吸收了胡乐而形成了新的俗乐，唐玄宗喜爱的"法曲"就是新俗乐。

玄宗时代与白居易的排外主义

玄宗皇帝是一位音乐爱好者，也是音乐最大的后盾或曰支持者。在已有的太常寺太乐署（用现代术语来说，相当于文部省音乐局）以及"内教坊"的基础上，玄宗又新设了两个音乐讲习机构，即"外教坊"和"梨园"。

外教坊设置在宫城东边的两坊之中，大约有三千"乐人"（绝大多数是伎女）在此从事"胡乐"和"俗乐"的教习。玄宗尤其酷爱"法曲"，遂在宫城西北方的梨园一角设立了一座教习机构。刚开始时选了三百名太常寺的乐工，后来又加上从教坊选择的数百名优秀的伎女，将其作为皇帝的梨园弟子加以培养，玄宗自己亲自担任教官，这就是所谓"梨园"的起源。玄宗喜欢的"法曲"又称"道调法曲"，从名称来看好像是来源于道教的曲子，是纯粹中国的东西，但实际上是胡乐与清乐融合的结果，即南北朝以来从西域传来的胡乐与承袭中国自古以来俗乐传统的清乐融合以后形成的音乐。

进入玄宗时代以后，由外教坊、梨园产生出来的新俗乐（即法曲）盛行起来。法曲与新近从西域通过河西传入中原的"胡部新声"一起，形成了后来唐代音乐界的两大潮流。即便到玄宗时代，外来音乐仍然被视为外来的东西看待并流行。正如史料所说："天宝间乐调，皆以边地为名，若凉州、伊州、甘州之类。"（《新唐书·乐志》）在东起凉州（武威），西至敦煌（沙州）的狭长的河西地区，在接受西域流入的新音乐的同时，也融合了自古以来的音乐，从而产生出了新的音乐，其代表就是从北魏到唐初的"西凉乐"，以及从盛唐到唐末的"河西胡部新声"。

天宝十三载（754），在太常寺太乐署编写的乐曲目录（石刻）上刊载的二百多首乐曲中，大约有五十首曲子的名称由胡名变成了汉名。由河西节度使给玄宗献上的"河西胡部新声"中的《婆罗门》被改成了中国风格的《霓裳羽衣》就是其中的显例。这首乐曲作为杨贵妃喜欢的曲子而为人们所知，这也是长期以来胡乐和俗乐进行融合至此得到公认的明确证据。

尽管如此，这种气氛却似乎在包括安史之乱在内的大约半个世纪以后发生了变化。虽然民间仍然一如既往地流行胡风，然而在士大夫阶层之间却明显出现了很强烈的排外主义的中华主义风潮。例如，身为诗人同时也是政治家的白居易，在其诗作中有一组由五十首构成的《新乐府》讽喻诗，其中的一首《法曲》就

乘坐骆驼的粟特人乐师三彩俑　高 66.5 厘米，8 世纪，中国社
会科学院考古研究所藏

有把手的金杯 上面镶嵌着玻璃宝石。高 5.9 厘米，陕西历史博物馆藏

描绘释迦涅槃的《众人奏乐图》 描绘了各色人种及民族演奏音乐的情景。吐鲁番柏孜克里克石窟壁画，东京国立博物馆藏

描绘攻城场面的粟特银盘　9—10 世纪，圣彼得堡艾尔米塔什博物馆藏

强烈主张应该排斥外国音乐。下面引用该诗的后半部分，其云：

> 中宗肃宗复鸿业，唐祚中兴万万叶。
> 法曲法曲合夷歌，夷声邪乱华声和。
> 以乱干和天宝末，明年胡尘犯宫阙。
> 乃知法曲本华风，苟能审音与政通。
> 一从胡曲相参错，不辨兴衰与哀乐。
> 愿求牙旷正华音，不令夷夏相交侵。

  不知读者读了上面引用的诗文有何感受。或者这可以看作古今中外都会出现的一种现象，即在外来文化输入的大流行之后普遍会出现的反弹现象。在我看来，这恰好反映了在中国历史上经常反复出现的中华主义保守思潮。较之开放的唐代，宋代则呈现封闭状态，因而在宋代形成的宋学被视为具有强烈的民族主义倾向的新儒教。而白居易这首诗反映出来的东西却正是激烈的民族主义情绪，与宋学不相伯仲。受到佛教教理的刺激以后发展起来的佛教化的儒学即宋学，但宋学一经形成后又激烈地批判和排挤佛教，上引白居易的这首诗反映的东西正与此类似。

  实际上，前文在谈胡旋舞时介绍白居易的《胡旋女》也和《法曲》一样，属于《新乐府》中的一首，也是在讽刺当时的风潮。前文引用了《胡旋女》的前半段，该诗的后半段如下：

胡旋女，出康居，徒劳东来万里余。

中原自有胡旋者，斗妙争能尔不如。

天宝季年时欲变，臣妾人人学圜转。

中有太真外禄山，二人最道能胡旋。

梨花园中册作妃，金鸡障下养为儿。

禄山胡旋迷君眼，兵过黄河疑未反。

贵妃胡旋惑君心，死弃马嵬念更深。

从兹地轴天维转，五十年来制不禁。

胡旋女，莫空舞，数唱此歌悟明主。

　　至少到初唐和盛唐时期为止，唐朝对自己的异民族出身都有相当的自觉，因而没有公然宣扬华夷之别。正是由于唐帝国将华夷融合视为理所当然之事，所以世界最大的都会长安才云集了来自世界上几乎所有地区的、各色各类的人群，以至于当时只要在欧亚大陆流行的东西在长安就可以看见。

　　但是，以安史之乱为界，进入中唐以后，唐朝急速地向内收缩，陷入了保守的中华主义。前文引用过的《旧唐书》卷四十五《舆服志》的"太常乐尚胡曲，贵人御馔，尽供胡食，士女皆竞衣胡服"的后面，实际上又加上了"故有范阳羯胡之乱"这样一个带有强烈的中华主义色彩的注脚，强调指责说正是由于"胡风"流行，才导致了安史之乱的发生。

乐工、歌伎的来源　　唐代音乐第一线的从业人员虽然是以太常寺的乐工、内外教坊的伎女、皇帝的梨园弟子为中心，不过此外，还有民间妓院的妓女以及显贵之家、富豪之家的妓女们。在长安，不仅是宫廷，还有诸如慈恩寺、青龙寺、荐福寺、永寿尼寺等著名的游乐场，在市内还有民间的花街柳巷等大型游乐场所。在仅次于长安的大都市，诸如洛阳、太原、凉州等地也有着相当规模的游乐场所。此外我想，除了这些大中城市以外，恐怕在那些已经确认存在着粟特人聚落的城市（参照第二章所附粟特网络地图）里，也应该都有着相应的游乐或聚会的场所。那么，上述这些场所中的音乐舞蹈相关人员又是来自何方呢？

在作为国家、宫廷机构的太常寺、教坊、梨园的从业者中，除去地位最高，被当作良民的"太常音声人"之外，其他都是官贱民，也就是说国有隶属民。而在民间从业的人员则几乎都是私贱民（大部分是奴隶）。

太常寺乐工的来源，主要是因为犯罪而从良民身份转变为奴隶身份的人，据说这类人在初唐时期有一万以上，到中唐时期则达到两三万人。而一旦成为官贱民，其身份就变为世袭，即乐工的子弟还是乐工。乐工只有在需要到太常寺服役期间才进京城，其余时期则在故乡的州县生活，贱民之间可以结婚生子。

另外一方面，关于歌伎（歌姬、舞伎、艺伎）有两种，即隶属于宫中、官衙和军营的"公伎"，以及属于上流家庭和私营妓院的"私伎"。

公伎的主要来源是：犯了逆反罪、杀人罪等重罪的官吏以及一般良民的妻子和女儿，或者是因债务被父亲或丈夫卖掉的女性，还包括外国的王公贵族以及国内的臣子、富豪进献的女性；另一方面，担任乐伎的民间的贱民、奴隶等私伎之来源主要是：因债务而被卖掉的女性、自己卖身的女性、被人贩子等拐骗而被卖掉的良家女子、从贫困者以及乞丐处从小抱养的女孩，有时候也有通过合法的赠送等方式得到的女性等。

这些歌伎身穿锦缎毛皮，佩戴闪闪发光的首饰，描着青黛和花钿的妆容，不过无论她们打扮得如何精美，大部分都是奴隶身份。也就是说，在主人看来，她们只不过是自己的财产之一而已，可以被随心所欲地赠送或者买卖。在公伎里面，服务于宫中的宫伎的主人就是唐朝皇帝。私伎的主人则各异，或是王公贵族或是富豪。然而无论哪一种歌伎都没有随意走动及外出的自由，在随时都有可能被送给其他人这一点上完全一致。

但是，由于教坊、梨园的宫伎就在皇帝身边服务，所受待遇与宫女相同，其中容貌端庄秀丽、乐舞技艺超群的也不乏有受到皇帝的宠爱者，所以不能与私妓相提并论。此外，恐怕宫伎的出身平均也比私伎要好一些，其中甚至混杂着一些贵族、高官、大将军级别家庭出身的女性。例如下面所举事例中，其主人公就是突厥裔九姓铁勒之首领阿布思的妻子。

丝绸之路与唐帝国

阿布思与其妻的故事
这里所说的阿布思，乃是在天宝元年，即公元 742 年率领突厥王族的主要女性以及王子们，从突厥第二帝国灭亡前夕前来投奔唐朝的游牧民集团的重要人物。突厥第二帝国被九姓铁勒之一的回纥（回鹘）[1]与突厥别支的拔悉密部、葛逻禄部联合灭掉。这三股势力之前虽都隶属于突厥帝国，后来却一致对突厥王族阿史那氏举起了反旗，而在同属九姓铁勒的别部，却有一个集团直到最后仍然效忠于突厥，这一点也不奇怪。

阿布思在投降唐朝时，拥有突厥的"西叶护"或者"颉利发"这样的高官称号。降唐以后，被唐朝皇帝赐姓名"李献忠"，作为蕃将备受礼遇。其作为支撑唐帝国的蕃将资格很老，然而不知为什么，阿布思却对同为蕃将而且名扬天下的粟特裔突厥人安禄山一直抱有戒心。

当时，安禄山作为范阳的节度使拥有极大的权力，他打出了想和阿布思率领的部队一起征讨骚扰唐朝东北边境的奚、契丹的名目，并对玄宗提出要求阿布思的部队开往今天北京的方向，玄宗准其奏。然而这样一来却引起了阿布思的怀疑，阿布思担心自己如果去安禄山那里会被安禄山设计杀害，于是对唐朝感到失望，遂率领自己的部族逃归蒙古高原。此事发生在天宝十一年（752），乃安史之乱爆发三年前之事。

然而，在当时的蒙古高原上已经有了回鹘帝国（东回鹘）。早先回纥联合拔悉密部和葛逻禄部推翻了突厥，但现在回纥打破了拔悉密、葛逻禄的秩序，掌握了这一地区的全部统治权。当然，无论突厥还是回鹘，游牧民族国家都是许多游牧民集团的集合体，离合集散自由自在，所以阿布思率领的部族集团被蒙古高原接受的可能性是存在的。可是，回纥或许是考虑到了阿布思部之前的种种动向，拒绝接受阿布思。不得已，阿布思便投奔了位于西方阿尔泰地区的葛逻禄部。

在此期间，唐朝方面一直保持着对阿布思的追讨态势，以强硬的态度要求葛逻禄向唐朝引渡阿布思。天宝十二载（753）九月，阿布思和其妻终于被囚禁，从葛逻禄部经北庭押解往长安。天宝十三载（754）三月，阿布思在朱雀大街被公开处死，其妻变成了隶属于唐朝廷的贱民。

阿布思的寡妇在其后的史料中只出现过一次，即安史之乱平定以后肃宗的宫廷之中。根据详细传达了此事的《因话录》记载，她最初被分配到掖庭（后宫），因擅长歌舞音曲，又隶属于乐工。这意味着，她变成了教坊的伎女。在某次宴会上，肃宗让她穿上绿色的衣裳，用今天的话来说就是让她作为演员来表演时，肃宗的女儿和政公主向父亲谏言道：

> 禁中侍女不少，何必须得此人？使阿布思真逆人也，其妻亦同刑人，不合近至尊之座。若果冤横，又岂忍使其妻与群优杂处为笑谑之具哉？妾虽至愚，深以为不可。

听了和政公主的话以后，肃宗怜悯起阿布思的妻子来，遂将其从贱民身份中解放出来。附言之，上述这件事发生的时代，乃是演员被视为卑贱者职业的时代。

第五章

释读奴隶买卖文书

粟特文《女奴买卖契约》

在学术界的亮相

　　1969 年，在吐鲁番盆地的高昌故城西北方，阿斯塔纳古墓群第 135 号墓出土了一件胡语文书。之前已经从吐鲁番盆地的古墓群出土了从 3 世纪到 8 世纪末期的大约四万件汉文文书残片（拼接后至少有两千件文书得到了复原）。然而即便在胡汉共存的吐鲁番盆地，由于阿斯塔纳与哈拉和卓古墓群是汉人的专用墓地，之前几乎没有在这里发现过胡语文书，所以 135 号墓出土的是一件极具价值的珍贵文书。不过不知什么原因，这份文书长期以来并不为学界所知晓。

　　1987 年夏天，作为受三菱财团人文科学研究费资助的中国学术调查的一环，我首次访问了新疆。当时这件文书就沉睡在乌鲁木齐市的新疆维吾尔自治区博物馆的一个角落里。文书的文字虽然是粟特文，但是与之前在公开出版的照片及图版上所见到的那些吐鲁番出土的粟特文书——以粟特语写的摩尼教、佛教、基督教的经典之类——明显感觉不一样。尽管是长宽都非常完整的一张纸，但文书的最后部分却留着很大的空白，隐约还可以看到折痕。我当时就有一种直觉，这件文书或许就是胡语世俗文书一类的珍贵史料。

我的专业领域之一是中亚古代中世纪史，尽管可以阅读古代回鹘文，但是却读不懂粟特文。不过因为古代回鹘文字直接来自粟特文字，所以我倒是可以根据文字来判断这份文书是否是粟特文。我这次学术调查的日程不巧正好与畏友吉田丰（时任日本四天王寺国际佛教大学的专任讲师，其后任神户市外国语大学教授，现在是京都大学教授）的婚礼重合，我因不能参加其婚礼而颇感失礼。吉田丰无论在当时还是在现在，都是亚洲唯一一位可以根据原文来解读粟特语的学者。因此当时我就想，如果能够把这份文书抄写下来给他，那么这应该是件比什么都好的结婚贺礼，同时也是为整个学术界做一件好事。

于是，我在征得博物馆的同意以后，开始制作抄本。由于不能把文书拿出玻璃展柜，我只好隔着玻璃观察，看一眼以后往笔记本上抄写，然后接着看完下文以后再抄写。来回反复多了，不时会串行，不知刚才抄写到什么地方。焦躁之下，有时真恨不得把玻璃柜打碎来抄写，过程很是艰苦。抄写的东西带回日本以后，吉田丰据我的抄本进行了初步判断，认为这份文书至少可以说是一份契约文书，而且吉田丰还决心将此文书彻底进行解读。于是第二年春天，我们两个人一起前往乌鲁木齐。之前通过沟通，我们答应购入当地缺乏的粟特语相关的西文书籍捐赠给中方。

1988 年 5 月 1 日，在新疆维吾尔自治区博物馆，吉田丰第一次直接面对这件粟特语文书。经过认真解读，终于成功地破解了这件文书。5 月 4 日，我们用汉语及英语向博物馆的研究人员报告了解读的结果，当时听众表现出的激动惊讶的神情，给我留下了难以忘怀的深刻印象。这次解读结果报告会结束之后，我们便开始向新疆维吾尔自治区文物局的负责人呼吁，建议开展日本和中国的合作研究，主张尽早将这件文书及其研究成果公开出版。经过数日的游说及协商，双方终于正式签订了合作协议书。应该说在这件事情上，即包括前期准备阶段在内的粟特文文书的研究上，我都尽了很大的努力，并做出了相应的贡献。

上述合作成果的结晶是由吉田丰、森安孝夫、新疆维吾尔自治区博物馆发表的《麹氏高昌国时代粟特文女奴买卖文书》(《麹氏高昌国時代ソグト文女奴隷売買文書》) 一文，出版于 1989 年，其中《女奴买卖契约文书》的图片出自我这个外行之手，是我用自己的相机拍的。其后，这件粟特文文书因其内容的重要性而名扬世界，各国的研究者经常对其加以引用，这件粟特文文书也因此成了一个"大明星"。2002 年，NHK 赞助的日中国交正常化三十周年纪念展览会在东京和大阪举行时，我又再次见到了这件文书的原件。当时的心境就像父母见到了已经长大成人的孩子一样，内心充满了思念及自豪之情。然而令人遗憾的是，在东京国立博物馆和 NHK 共同编写的正式图册《丝绸之路：丝绸与黄金之路》中，却没有任何地方提及吉田丰和森安孝夫的名字。对此我们俩曾私下在酒桌上开玩笑地发牢骚说："他们这些人，什么时候能学会稍微尊重一下抚养孩子长大成人的父母呢?！"

笑谈就此打住，下面是经过吉田丰校阅的这份粟特文书的最新译文。自从 1988 年将其解读并译成日文以后，译文在大的方面虽然没有变更，但这些年还是陆续发现了一些细微的误译之处，所以一直在进行修订。

《女奴买卖契约》的最新译文[1]

【正面】岁次高昌的（年号）延寿、神圣的大颉利发王十六年。猪年，用汉语说是在五月，以粟特语来说则是在叫作"克修穆萨非奇（第十二个月的名称）"这个月的二十七日。

兹在高昌的市场上，在众人面前，"张"姓的"奥塔"之子沙门"岩象"用纯度很高的（萨珊）波斯的"德拉克马（银币）"一百二十（块），撒马尔罕（康国）的"特扎克"之子"瓦库修比尔特"那里，购买了出生于突厥斯坦姓"秋雅克"名叫"奥帕奇"的女奴。

（买主）沙门"岩象"基于下述条件购买女奴"奥帕奇"：（卖主）不得赎回该女奴；（"奥帕奇"的身上）没有任何债务

也没有财产；不存在（来自第三者的）索要及争夺之事；（围绕所有权）没有任何诉讼；可作为子孙后代的永久财产。因此，沙门"岩象"自己及其子孙后代可以对这名女奴随意打骂、任意驱使、捆绑、出售，作为人质，或者作为物品送给其他人，总之可以任意支配。就像对待祖辈传下来的遗产、在自己家里出生的世传（？）女奴，以及用"德拉克马（银币）"买回来的永久财产一样。

今后，（卖主）"瓦库修比尔特"与这名女奴"奥帕奇"没有任何关系，失去所有旧有的（权利），不再对其具有约束力。此女奴买卖契约文书无论对于国王、大臣还是其他所有人都同样有效力及权威。拥有这份契约者无论是谁，都可以收领这名女奴"奥帕奇"，并且可以带往其他地方，一直将其作为女奴使用。以上就是这份女奴买卖文书中所规定的条件。

（作为见证人，以下的人）在场：弭秣贺（米国）的"秋扎克"之子"提秀拉德"、撒马尔罕（康国）的"科瓦塔屋奇"之子"纳姆扎尔"、努奇康斯（努奇肯特＝筱赤建）的"卡尔兹"之子"皮萨卡"、屈霜你迦（何国）的"纳纳伊克奇"之子"尼扎特"。

此女奴买卖契约文书在书记官"帕特尔"的许可之下，根据"瓦库修比尔特"的委托，得到"奥帕奇"的同意，由"帕特尔"的儿子"奥克旺"书写。

高昌书记官"帕特尔"印记。

【反面】

沙门"岩象"的《女奴买卖契约》

玄奘与同时代的高昌国　　关于这份契约文书的制作年代，以公元纪年来说是 639 年，制作地点是在麹氏高昌国的首都高昌，也就是位于今天吐鲁番市东四十公里处的高昌故城。我们之所以做出这种断定，理由如下：

倘若把这份文书开头部分有关年月日的记载，按照一个个的词汇加以罗列的话，如下所示："岁，'奇那奇坎斯'的'岩丘'，神圣的大'颉利发'王十六年。猪年……"从整个行文来看，我们猜想在这一段话中的音译"岩丘"一语应当是年号，而音译"奇那奇坎斯"一语，如果直译的话就是"中国人的都城"之意，这是西方的粟特人和波斯人为了指高昌城而使用的称呼。另外"颉利发"是古代突厥语的称号，是突厥以及回鹘帝国对其领域内草原上其他部族的君长、处于其间接统治之下的突厥斯坦地区以及沙漠绿洲城邦的国王所授予的正式称号。说起高昌的"颉利发"的时期，则只有在 640 年被唐朝合并之前的一个半世纪间，即统治整个吐鲁番盆地的麹氏高昌国时代才有。以首府的名称来称呼一个国家古今中外都有，中亚也不例外，当我们从保留下来的麹氏高昌国的年号中，尝试探索与"岩丘"的发音对应的年号时，找出了"延昌"和"延寿"两个候补。

"延昌"是高昌国第七代王麹乾固的年号，延昌元年相当于公元 561 年，延昌十六年则是公元 576 年。但是这一年的干支是"丙申"，即"猴年"，因此取消其候补资格；另一方面，"延寿"是第九代王麴文泰的年号，延寿元年相当于公元 624 年，所以延寿十六年即公元 639 年，用唐朝的年号来说就是贞观十三年。因为贞观十三年的干支是"己亥"，正好是"猪年"，由此可以断定该粟特文文书的年

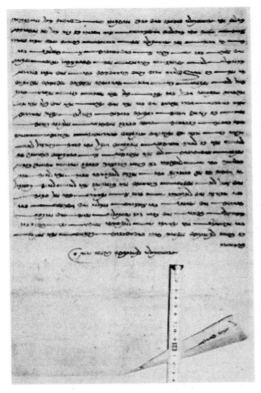

粟特文女奴买卖契约文书 文书说明该地区曾是高度契约化的社会。高昌故城附近出土，笔者摄

代当是延寿十六年。此外，与这份粟特文文书同时出土的汉文文书中也可见延寿五年的纪年，从这一事实出发也可以说延寿十六年的结论堪称定论。

当时，无论是西亚还是欧洲都处在还没有纸张的时代，这份粟特文文书却使用了一整张纸。该纸边长高 46.5 厘米、宽 28.5

厘米，是一张呈现出明快的象牙色、纸纹细密、柔软结实的薄纸。我曾在世界各地实际观察过很多研究机构及图书馆里保存的中亚出土文书，以我的经验来看，这张纸质量应该属于中上等。当时，最高级的纸张几乎都是用于书写佛教、道教、摩尼教等经典，所以中上等质量的纸对于世俗文书来说，已经可以说是最好的纸张了。

说起 639 年，这一年距离玄奘经过此地仅仅过了十年。就在十年以前，玄奘赴印度求法途中，在高昌国作为国宾受到了热情的款待，曾在以高昌王为首的很多听众面前讲经说法，在此地滞留达数月之久。那么，在上面这份粟特文文书里出现的人物之中，想必也有人亲眼见过玄奘吧。

女奴奥帕奇的买卖条件　一般来说，一份买卖契约文书必须满足如下几项条件：卖主和买主的姓名、买卖对象物件及其价格、日期。即便是在一个地缘和血缘关系都很稳固，人员流动也很少，相互之间可以信任的社会里来说，上述条件通常也是最起码的东西。随着人员与物资流动的增多，人们互相之间的信任度也随之减弱。当人类从原始社会进入文明社会，到一个无论何事只要不签订详细的合同就不能让人放心的社会，需要的条件肯定就会越来越多。人们会要求必须有诸如见证人、书记官的姓名、公权的认可（权威人士的保证）、特定的买卖物件、买卖理由、买卖后的条件、毁约时的处罚规定（违约担保规定）、来自第三者的索要争夺担保规定、保人等。

这份粟特文书并非借贷合同，所以本来就不需要保证人，除此之外，上面提到的其他条件在文书中几乎完全具备。因而这份文书实际上雄辩地向我们证明了下述事实，即在公元639年这一时期，中亚的绿洲城邦已经是一个相当发达的契约社会。当然，这也是只有在文字文化十分普及，而且拥有丰富纸张的欧亚大陆东部才可能出现的现象。虽然目前只发现了这一份粟特文契约文书，但已经足以让我们推断，在这份文书的背后一定还存在着许多类似内容的契约文书。

萨珊王朝的银币 正面描绘着萨珊王朝的王，背面是祆教的神职人员。直径 3 厘米，西安市出土

回过头来，我们再看一看除了日期以外的文书内容吧。卖主是撒马尔罕的粟特人瓦库修比尔特，买主则是汉人佛教僧侣，姓张，名字发音"岩象"。最近，吉田丰将此人与在同时代的吐鲁番出土汉文文书中见到的"张延相"视为同一个人。买卖的物件是出生于突厥斯坦的一个名叫奥帕奇的女奴，价格为高纯度的萨珊波斯的"德拉克马"银币一百二十枚。见证人是同样从索格底亚那各城邦来到高昌的四名粟特人，并由具有监管高昌粟特人聚

落这一身份的书记官帕特尔来监督并认可这份契约，契约的书写人则由书记官帕特尔之子奥克旺来担任。毫无疑问，上述这些粟特人都应该是商人。

《女奴买卖契约》的背景

与汉文契约的比较　　　　在汉代以后的中国，凡是正式买卖私奴婢时必须要有买卖契约书（市券、券），只有将其提交给官衙，并纳税之后才能加盖官印生效，解放奴隶时也需要同样的手续。公元 639 年，高昌国虽然还是处在唐朝征服吐鲁番以前的麴氏高昌国时代，然而，由于汉人统治着当地的原住民以及外来的突厥人、粟特人，所以实际上从数百年以前开始，该地就有了用汉文写成的原始买卖契约文书。我们在下面举出一个比这件粟特文书早130年的实例，来进行一些比较。

承平八年岁次己丑九月廿二日，翟绍远从石阿奴买婢壹人，字绍女，年廿五，交与丘慈锦三张半。贾（价）则毕，人即付。

若后有何（呵）盗仞（认）名，仰本主了。不了，部（倍）还本贾（价）。二主先和后券。券成之后，各不得返（反）悔。悔者罚丘慈锦七张，入不悔者。

民有私要，要行二主，各自署名为信。券唯一支，在绍远

丝绸之路与唐帝国

边。倩书道护。

75TKM99:6（a）［《吐鲁番出土文书》第一册，第187页，文物出版社］

上面的契约书译成现代白话大意如下：

承平八年（公元509年），岁次己丑，九月二十二日，翟绍远从石阿奴处买得奴婢一人，名叫绍女，（年龄）二十五岁。（给卖主）支付丘慈锦（龟兹特产的高级锦缎）三张半。支付完毕之后，（卖主）交付了奴婢。

若是今后出现（该奴婢是从第三者处）盗来的这样的诉讼，由卖主负责解决。如果解决不了，则按照原价翻倍（给买主）赔偿。双方（卖主和买主）经协商同意后签订契约（券）。签约之后，不得反悔。反悔者受罚，须向对方支付丘慈锦七张（即原价翻倍）。

民间签私约时，签约双方必须各自署名为信，契约书只此一份，交由翟绍远保管，本契约书由道护受托书写。

上文里出现的卖主石阿奴，从姓名来判断当是一位粟特人。在吐鲁番出土的汉文契约文书当中，比麹氏高昌国更早的文书有泰始九年（273）的木简和升平十一年（367）的纸文书，作为借贷契约文书还有建初十四年（418年，建初是西凉的年号）的材料。麹氏高昌国建立以后，还发现了两件上文提到的翟绍远在同一时期放贷丘慈锦和西向白地锦的借贷契约书。上面提到的这些锦恐怕都具有货币的功能，翟绍远也一定是一位商人。此外，通过其他史料的记载，我们还了解到6世纪时有翟姓的粟特人存在，因而翟绍远也很有可能就是粟特人。

下面再介绍一个唐代的汉文契约文书的复原件，其格式更为完备。

唐荣买胡婢失满儿市券

开元拾玖年二月　日，得兴胡米禄山辞：今将婢失满儿，年拾壹，于西州市出卖与京兆府金城县人唐荣，得练肆拾疋。其婢及练，即日分付了，请给买人市券者。

准状勘责，问口承贱不虚。又责得保人石曹主等伍人款：保不是寒良　诱等色者。

勘责状同，依给买人市券。

练主
（用西州都督府印）　　　　婢主兴胡米禄山

婢失满儿年拾贰

保人高昌县石曹主年卅六

保人同县曹娑堪年卅八

保人同县康薄鼻年五十五

同元　　　　保人寄住康萨登年五十九

保人高昌县罗易没年五十九
史
丞上柱国玄亮
券
史竹无冬

73TAM509:8/12–1a&2b《吐鲁番出土文书》第九册，第26—28页，文物出版社

若将上引契约书翻译成现代白话，如下所示：

开元十九年（731）二月某日，（西州都督）收到了兴胡米禄山提交的"辞"（平民给官衙等提交的文书），其内容如下：（我）今于西州市场上出售年龄十一岁的奴婢失满儿，卖给京兆府金城县人唐荣，作为卖价，收到了"练"（熟绢）四十疋。如今奴婢和"练"都已于当天各自交付完毕，请发给买主"市券"（官衙正式发行的买卖契约认定书），特此申请。

（高昌县衙）基于（西州都督府发来的）"状"对此事进行勘察，（将米禄山本人叫到衙门）进行责问。调查的结果，本人口头承认贱人身份没有虚报。此外，又责问保人石曹主等五人，得到该五人的"款"（调查记录证明）说："保证（该奴婢）不是贫穷的良民或者被诱拐者一类的人。"

勘察和责问的结果，两者（本人的申请和保人的证明）内容相同。因此拟报上级（西州都督府）发给"买人"（买主）"市券"。

练主（买主）

"用西州都督府印"　　婢主（卖主）：兴胡 米禄山

　　　　　　　　　　婢（买卖物件）：失满儿 年龄十二岁

　　　　　　　　　　（注：正文作十一岁）

　　　　　　　　　　保人：高昌县 石曹主 年龄四十六岁

　　　　　　　　　　保人：同县 曹娑堪 年龄四十八岁

　　　　　　　　　　保人：同县 康薄鼻 年龄五十五岁

同元　　　　　　　　保人：寄住 康萨登 年龄五十九岁

　　　　　　　　　　保人：高昌县 罗易没 年龄五十九岁

　　　　　　　　　　史（书记官）

由丞上柱国玄亮（发放）市券

　　　　　　　　　　史（书记官）：竹无冬

　　本件的主人公是兴胡米禄山。根据荒川正晴的定义，所谓"兴胡"虽然是指在中国国内的外来粟特商人，但与已在中国定居并且登记在户籍上的粟特人有所不同。虽然关于兴胡的状况，在他们临时居住的州县长官那里都有掌握，因而兴胡也向当地缴纳税金，但比一般定居的粟特人更容易取得自由旅行的许可。

　　我们知道姓米的人物，几乎无一例外，不是本人就是其祖先来自米国，即索格底亚那的弭秣贺。不仅如此，"禄山"这个名字也与安禄山一样，乃是来自粟特语的音译，意思是"光明"。

　　就是这样一些外来的粟特商人，将粟特女奴失满儿卖给了京兆府金城县的汉人唐荣。上述这件文书，就是在签订买卖契约的时候留在官衙的东西。根据"辞"——即卖主米禄山为了得到上面的认可而提交的文书——可知，审查其申请是否可行的部门乃是管辖吐鲁番的西州都督府（在其派出机构里有市令管辖的西州市场），以及其下级高昌县的衙门。因此，这件文书并不是买卖双方当事者之间做成的契约书原件，但因为文书中作为买卖对象的粟特女奴姓名、年龄、价格，以及卖主、买主、保证人……凡是买卖契约文书所必需的信息都有记载，所以我们据此很容易类推出契约书原件的情况。

前面举出的粟特文契约文书里的见证人，几乎都是从索格底亚那来到麹氏高昌国的粟特人。与此相对，我们可以看到，在这件大约一个世纪之后的汉文契约文书之中，一组保证人的姓名仍然都是粟特人常用名，这一点的确令人吃惊。

**通过粟特文契约
来追寻文化交流的踪迹**

汉代以后，很多汉人移居到了吐鲁番，所以吐鲁番一直有汉文契约文书的传统，粟特文女奴买卖文书自然也受其影响。可是，如果仔细斟酌这份粟特文契约文书的遣词造句以及表现形式，还是可以发现若干在汉文契约文书中绝对不会出现的格式及句型。最具典型的就是"可以对这名女奴随意打骂、任意驱使、捆绑、出售、作为人质，或者作为物品送给其他人，总之可以任意支配"这句话。

实际上，我们在公开发表有关这件文书研究成果的五年前，就已经知道了中亚发现的多种语言契约文书。在西域南道（塔里木盆地南缘）发掘出来的 3–4 世纪的佉卢文字犍陀罗语文书中，我们也发现了与上述句子非常类似的套语句型。犍陀罗语是印度的一种语言，之所以在西域南道一带使用，乃是贵霜王朝的统治延伸到此地的结果。我们所见到的这种套语句型的一致绝不是偶然现象。这件粟特文契约，与在粟特本土索格底亚那发现的 8世纪头二十五年穆格山文书中的四件契约的格式有相通之处，不过上述典型的套语句型却没有发现。因此，关于这件文书到底是与犍陀罗语文书，或者直截了当地说，是与印度文化圈有着直接关联呢，还是通过索格底亚那中转而来的呢？在五六年以前我们对此还完全不清楚。

但是，通过英国学者辛威廉（Nicholas Sims-Williams）对苏联入侵阿富汗后发现的巴克特里亚语文书的解读，我们在公元678 年做成的契约文书中发现了与前述套语句型非常类似的表达方式。巴克特里亚语是贵霜王朝的通用语言之一，与粟特语同样属于伊朗语东支。据吉田丰说，巴克特里亚语在文化上比粟特语优越，曾给予粟特语以很大的影响。如果是这样的话，我们似乎可以确定，上述套语句型尽管承袭了贵霜王朝契约文书格式的传统，然而并不是来自时代不同的犍陀罗语，而是来源于伊朗语，而且是从时代更接近的巴克特里亚语进入粟特语的。

另外，上述粟特文契约书是根据卖主"瓦库修比尔特"的委托而作，做成的契约文书保管在买主"岩象"手中。这种基于卖主的指示起草契约，将办好的契约文书由买主负责保管的实例也可见于佉卢文犍陀罗语文书。当然，仅就买主负责保管文书这一点而言，前面引用的汉文契约文书中的翟绍远也是如此。

如此看来，在民族大熔炉的中亚探寻文化交流的踪迹时，围绕契约和书简等保持一定格式的文书进行研究比较，也不失为一种行之有效的方法。

世界史上的奴隶与唐代的良贱制

作为高价商品的"奴隶" 因时代和地域不同，奴隶的定义千差万别，不好一概而论。大致说来，奴隶与家畜一样是属于主人的财产，不被当作人而被视为物品。因此，主人对奴隶可以任意地买卖、赠送、交换、继承，对其随意进行性行为、捆绑、殴打等，至于主人对其是否拥有生杀予夺的权利，则因时代、地域、状况而有所不同。此外，奴隶自身是否有财产权、是否拥有解放自己的手段、是否可以结婚等也是因时而异。总之，奴隶不仅在前近代，而且在近代，直到计算机发展起来为止的时期都是世界最高级别的精密机械，与作为前近代军事力量之根基的马（或骆驼）并列，堪称两种最有价值的高价商品之一。

奴隶大体上有两个来源，一个是因战争或购买而从异乡带回来的外国奴隶，另一个是由于犯罪或者债务而在国内产生的本国奴隶（大帝国的话，也有不同的民族）。但无论哪一种，奴隶所生的后代还是奴隶，而奴隶通常都是可以再生产的。

从古代到近代，奴隶曾在世界各地广为存在。曾有一种意见主张将奴隶分为生产奴隶和家养奴隶两种类型，但是因为家养奴隶也从事生产，所以这种分类法并不合适。虽然也可以将其分为劳动奴隶和父家长制的奴隶，但在这里，我还是姑且将其分为农牧矿工业奴隶、家养奴隶和军事奴隶三种类型。只是，一个奴隶同时兼具两种以上功能的状况也很常见。

不管是奴隶还是奴隶制，都给人阴暗的印象，似乎与灿烂辉煌的唐帝国联系不到一起。然而我们不能忘记的是，被近代西欧视为自己荣耀祖先的古代罗马，其实是一个由奴隶承担农业生产中心的典型奴隶制社会。而今天以自由和民主自居的美国，在 19 世纪还存在着大量的黑人奴隶。

究竟是有奴隶存在，还是存在着奴隶制或是奴隶制社会，这三者必须严格加以区别。如果把奴隶占人口百分之二十以上的情况定义为奴隶制社会的话，那么世界史上的第一个例子就是由市民推行"民主化"政治的古代希腊，继而有古代罗马、近代美国南部、殖民地时代的加勒比海诸岛以及巴西等，这些地方都相当于奴隶制社会。与上述这些相比，唐帝国虽然存在奴隶制，却并不是奴隶制社会。之所以这样说，是因为在中国一般把奴隶叫作"奴婢"，而关于"奴婢"在唐代的总人口中所占比例问题，根据目前学界对敦煌吐鲁番文书里户籍类资料的分析，以及将其与汉籍史料的比较来看，即便将私奴婢和官奴婢都加起来也到不了唐代总人口的百分之二十。

慈父不爱无力之子，只爱有力之奴（傻儿子不如能干的奴隶）

现代的日本人，只要一提起"奴隶"二字，马上就会想起美国南部以及加勒比海诸岛的黑人奴隶，认为只要是奴隶就是被剥夺了人格，被迫过着非人的、地狱般生活的人。但是实际上，并非所有的奴隶都处在那种悲惨的境遇之中。在男性家奴以及军事奴隶里，既有主人从小抚养大的部下以及作为主人的代理人而居于重要位置的人，甚至有时还会出现像中世纪伊斯兰世界的马穆鲁克那样，代替主君成为掌权者的人。即便在宋代以前的中国，奴隶获得解放并成为高官或居于高位的情况也有不少。

女性家奴在从事家务以及做饭等杂事之余，还会被迫成为主人性行为的对象，的确很悲惨。然而在后宫以及贵族、富豪的宅邸里，凭借歌舞音曲的本事及美貌侍奉主子的奴婢，很多都过着远远比一般自由民和农民要高级得多的生活。她们之中甚至还有人因为生下了主人的孩子而被解放了奴隶身份，极尽荣华富贵。此外，据说在古代希腊，女奴因担任乳母在家庭里位置变得重要起来的事例也有不少。

甚至有一种说法认为，即便在近代美国，奴隶主与黑人奴隶的关系也并非单方面的压迫和榨取，而是一种基于父家长主义的互惠关系。我不清楚这种说法是否包含着想要模糊美国的"自虐史观"的意图，但我知道，至少截止到美国国务卿鲍威尔和赖斯出生之前，从美国的奴隶解放宣言算起，美国的奴隶制度大概延续了一个半世纪的时间。这与中世纪伊斯兰世界的西亚以及印度的"奴隶王朝"——即被称为"马穆鲁克"或"古拉姆"的军事奴隶（奴隶兵）和家内奴隶（家奴）等突然崛起掌握最高权力的情况根本不同。后者的情况是，奴隶被主人买来以后，多数都是从幼年或青年时代开始就接受了军事训练，以及文武两个方面的教育。

在唐代民间流行的训诫类童蒙读物《太公家教》中，在告诫人们不要与其他人的奴婢亲近的同时（"他奴莫与语，他婢莫与言"），又说："慈父不爱无力之子，只爱有力之奴。"这句话清晰地反映了当时的一种风潮，即在作为家长的父亲的角度来看，傻儿子还不如能干的奴隶。

**奴隶的作用与
"历史的真相"**

据《大慈恩寺三藏法师传》记载，初唐时玄奘三藏违反唐朝禁令秘密出国西行求法时，在河西地区最大的城市凉州（武威）曾应邀讲经传授佛法。讲经结束以后，玄奘从丝绸之路商人那儿接受了大量金钱、银钱、奴隶、马匹等布施。当时，河西地区还没有被纳入唐朝的铜钱经济圈，因而所谓"金钱"是指东罗马（拜占庭）的金币，银钱则是指萨珊波斯的银币以及粟特人仿制的银币。据说在听了玄奘的讲经以后，深受感动的大商人们还慷慨地送给了玄奘许多奴隶和马匹，而这两者在当时都是与上述金银币并列的高价物品。

由此往前回溯一百年，531年北魏的一位皇族担任凉州刺史，该刺史原来就以贪腐而臭名昭著，他为了搜刮当地富豪、商胡们的财产而策划了一个阴谋——以表彰为借口将富豪以及商胡们召集在一起，然后突然宣布没收他们的家财、生口（参见《魏书》卷十九）。正如我们在本书第二章已经了解到的那样，丝绸之路网络的重镇凉州，那里的商胡基本都是粟特商人，他们拥有的"生口"很可能就是作为商品的奴隶。

时代再往前溯，据《后汉书·李恂传》记载，李恂作为西域副校尉赴任时，"西域殷富，多珍宝，诸国侍子及督使贾胡数遗恂奴婢、宛马、金银、香罽之属，一无所受"。这段记载是称赞李恂不受贿赂的清廉，反过来，我们也可以由此窥见，奴隶在当时是与金银和名扬天下的大宛汗血马并驾齐驱的高价商品。就像倘若抛开马（或骆驼）这种机动力就无法谈论欧亚大陆的历史一样，如果故意把奴隶所起到的作用从历史之中屏蔽掉的话，也就不能看见真实的历史。

正如在本书第四章里已经谈到的那样，在唐代风俗文化等方面的西域情趣，尤其是体现在承担音乐和舞蹈的人们之中，很多人的身份都是被剥夺了自由的隶属民。关于这些隶属民的情况我们在本章的后面会加以详述。大家都知道在过去的时代，京都祇园的艺伎以及杂技明星们在学艺时，都必须经受住常人难以忍受的严酷训练。说到这里我们就比较容易明白一件事，那就是在训练后继者继承技艺的问题上，恐怕无法轻易否定下面这样一种情况：训练无路可逃的隶属民往往要比训练其他人更加容易一些。在我看来，在唐代宫廷的胡姬之中，固然有从外国进献而来的官方隶属民（即官奴）存在，然而包括贵族、高官、富豪私宅在内的这些在民间从事胡旋舞、胡腾舞等的胡姬和胡儿们，恐怕多数都是从远方贩运来的私奴。

良贱制与禁止
人口买卖的规定

唐代人的身份分为"良"和"贱"两大类，一般称作良贱制。良民都具有独立的户籍，而贱民没有独立的户籍。也就是说，两者正好是两极。而实际上贱民又分为上层和下层，所谓上层贱民，是指诸如被称作太常音声人、乐户、工户、杂户、官户、部曲、客女、乐事、随身一类人；与此相对，下层则是相当于奴隶的奴婢，其中又有官奴婢和私奴婢两种。

在国家所有的官贱民里，上层有"太常音声人、乐户、工户、杂户、官户"，下层是官奴婢；而在属于民间的私贱民中，上层有男性的"部曲"，女性的"客女"，下层则是私奴婢。

所谓"奴婢"就是与家畜同样被当作物品来对待的奴隶，男性叫作"奴",女性称为"婢"。虽说私奴婢的生杀予夺大权掌握在主人手中,但是法令却禁止主人随意杀害奴婢。唐代的律令中规定贱民可以"自赎免贱",升格以后的私奴婢便成了部曲、客女。这些部曲、客女还是"贱"民,并非完全自由的良民。不过,能够被称为"免贱",意味着下层奴婢地位的解放,即在官贱民的情况下,升格成官户、杂户;而在私贱民的情况下,升格成为部曲、客女。这种升格实际上具有非常重大的意义。

与私贱民不同,官贱民的地位可以不断地提升,最终可以作为良民而获得解放。之所以如此,是因为"官贱民"这一身份实际有对这些犯罪者以及战俘进行处罚或关押的强烈色彩。因而官贱民与隶属于主人的私贱民在本质上存在着不同。官贱民要承担国家的公事,而私贱民隶属于私家,对于赋税、兵役等国家事务一概不负担。

官贱民的来源主要有二:一是因叛乱、纵火、伪造货币等犯罪的人及其家属;二是因改朝换代的内乱以及对外战争等产生的俘虏(包括妇女、儿童)。私贱民的来源主要如下:负债破产者及其妻子儿女,自己卖身为奴者,被非法抢掠或拐骗的人,以及通过奴隶的买卖、赠予、交换、继承等方式而获得的人,宫廷下赐的官奴婢,与官奴婢状况相同的因世袭再生产而产生的人,即家奴所生子女。

私奴婢与部曲、客女的不同之处在于,前者是一件东西,主人可以将其自由买卖,而后者因为是人,所以不能交易买卖。不过上述这些都是表面现象，实际上在唐令中就有"转易部曲事人，听量酬衣食之直"的记载，就是说，卖主可以以该奴婢及其成为部曲以后的衣食费为名目拿到金钱，然后将其转让给别人。这种情况下的部曲（客女也应该同样）被特称为"乐事"，这实质上是部曲的买卖。也就是说，奴婢用自己的钱将自己从奴隶身份中解放出来以后，如果还是留在原来的主人那里，就被称作"部曲""客女"，如果转卖给其他人，则称作"乐事"。

关于良民的情况，当时的法律和诏敕都明文禁止买卖良民。池田温曾介绍过敦煌文书中的奴隶解放文书的雏形。据其研究，当时社会的通行看法是，强行使良民变为贱民是一种可入地狱的行为，而把贱民解放为良民一事，用佛教的话来说就是相当于"福山之顶"的善行。所谓"福山"就是福德（功德）之山，即善行、功德圆满的山峰之意。尽管如此，这一禁止买卖良民的法令也仍然是一纸空文。当时的实际状况是，基于私人间的契约而进行的良民的人身买卖曾普遍存在；另一方面，当时也有奴婢自己攒钱解放自己，甚至进而成为大人物的情况。总之我们应该注意到，在当时人们的意识中，唐帝国的奴隶身份并非与生俱来、永远不可改变的，而是属于一个有可能上升变化的范畴。

唐代的奴隶市场

唐代的市场制度与人口买卖

截至唐代，都市里的商业活动并不能在市内随意进行，营业地点受到来自官府的强制约束，各种商店在长安只能集中于东市和西市，在洛阳则是南市和北市。在市场内部，又把同业的店铺排列在一起，这样的同业店铺的"排列"就叫作"行"。在日语的"银行"一词里仍然可见其痕迹——"金银行"就是当时的"行"之一。

根据明治末年由大谷探险队带回日本、现藏于龙谷大学的吐鲁番文书（即通常所说的大谷文书）的记载来看，在盛唐时期天宝元年（742）的西州，有彩帛行、帛练行、谷麦行、米面行、果子行（水果）、菜子行（种子）、锴釜行（五金）、凡器行（容器）等名称；除此之外，还可以发现口马、香料、药品、颜料、刀具、皮革制品等也分别归入其他各行。西州（吐鲁番盆地）的首府为高昌，大谷文书就是设置在西州（其间也曾短期设置在交河郡）市场上正式物价表的残卷，所以其中自然也应该有经营其他商品的行，诸如在长安可见到的金银行、珠玉行、肉行、衣行等。反过来说，在长安、洛阳、太原、扬州、益州（成都）、幽州（北京）等唐朝本土的大都市市场里，我想最低限度也应该包括上述大谷文书所提到的所有的"行"吧。

存在人身买卖的地方未必一定存在奴隶制，但存在奴隶制的地方肯定会有人身买卖。正因为如此，即便在唐帝国，也普遍存在为了满足奴婢需求的人身买卖。当唐朝建国初期的内乱逐渐平息，国内趋于安定，奴婢的来源也随之开始枯竭。而且在良贱制之下，伴随着奴隶解放，奴婢数量减少，必然引起从外国输入奴隶的需求。前文介绍过的吐鲁番出土汉文文书《唐荣买胡婢失满儿市券》就可证其一端。

在敦煌文书中也散见一些有关人身买卖的实例。其中有一件文书如实地反映了唐代敦煌的奴隶市场上蕃汉的奴隶交易的情况，关于这一点，我想在后文简单介绍一下。此外还有一件文书，说的是8世纪中叶在敦煌的奴隶市场上，一个名字叫作王修智的汉人行商（原文作行客），卖掉一个十三岁的粟特男奴，其中一位保证人是住在敦煌的百姓安神庆，这位安神庆也可以看作是一名粟特人。在唐帝国的中心区域几乎没有保留下任何古代文书，正式的史书里也极少记载人身买卖这样一些日常小事。但是，史料的缺乏与事实的不存在完全是两码事。实际上，当时无论在长安还是在洛阳，都有大规模的奴隶市场。

机械文明时代以前的奴隶，是比现代机器人更加优秀而高级的精密机械。而且其价格只相当于一至两匹马，有时甚至比马还要便宜。当时的马就相当于现代的高级汽车，对于拥有马匹的上流社会来说，不论时代与地域如何，奴隶一直都是极具魅力的商品。不管是作为贴身警卫还是私人武装的强壮奴隶（军事奴

　　　　　　　　　　　　丝绸之路与唐帝国

隶），还是作为劳动力来耕作庄园的奴隶（农业生产奴隶），或者是可为主人留下子孙的婢妾、擅长歌舞音曲的艺人，以及承担做饭等家务的奴隶（家奴）等都是有吸引力的商品。而对于从事奴隶买卖中介业务的商人们来说，奴隶也可谓是最高级的商品。另外，在经营"女肆"（妓院）的买卖人看来，女奴隶乃是盈利最大的商品。当时的唐帝国因拥有世界最多的人口而雄踞于东亚，因此在唐帝国，尤其是位于其中心地区的长安、洛阳的奴隶市场，其繁荣程度恐怕远超我们的想象。

奴隶与马的价格　　根据日野开三郎、池田温等人的研究，以唐代两座都城长安和洛阳为首，各个州县治下的市场里，都有交易奴婢、马匹、骆驼等家畜的"口马行"，这一点在二十多年前就已经得到了证明。这里说的"口"即"生口"，就是奴隶之意，所谓"口马行"的意思就是"经营奴隶和马等家畜的店铺群"。从这一名称我们可以了解到，当时奴婢与马等家畜一样被视为东西。实际状况也是这样，奴婢和家畜同样是被关在笼子里，手脚都被捆绑着与家畜放在一起出售。

　　著名画家张大千在临摹敦煌壁画方面也很活跃，四川省图书馆曾经从他那里得到了一些敦煌文书，在这之中也有一些零星的有关口马行的资料，这些资料似乎也是 8 世纪的官方物价表的一部分，如果将其复原的话，大致可以推定的内容如下：奴婢首先要分为中国国内出产（家生）和外国出产（蕃）两大类，然后又进一步具体分为丁奴（二十一至五十九岁丁男奴隶）、中奴（十六至二十岁的中男奴隶）、丁婢（二十一至五十九岁的女奴隶）、中婢（十六至二十岁的女奴隶），进而再分别按照上、次、下三段来设定价格。

与均田制、租庸调制相关联，本来有一种将男女按年龄分为丁、中的"丁中制度"。根据丁中制度，也有小（四至十五岁）、黄（一至三岁）、老（六十岁以上）的区分，所以在理论上来看，也应该有小奴、小婢及黄奴、黄婢。从其他史料可以确认，存在着很多与该年龄段相当的奴婢。

总之，这件珍贵的史料证明敦煌确实存在奴隶市场。通过该物价表文书残片，我们了解到了奴隶与马的种类及其价格，现列举如下：

	上	次	下
（1）"家生"中婢一口	？	？	？
（2）"蕃"丁奴一口	四万？文	？	？
（3）"蕃"中奴一口	三万五千文	三万文	？
（4）"蕃"丁婢一口	三万文	二万五千文	二万一千文
（5）"蕃"中婢一口	二万七千文	二万五千文	？
（6）"家生"高级去势马一匹	七万文	六万五千文	？
（7）"家生"去势马一匹	二万三千文	二万一千文	？

然而，就上面列举的奴隶和马的价格而言，倘若从整个唐代前半期来看，不能不说其价格有些太高。鉴于这种情况，池田温指出：

　　　　关于唐代的物价水准，隋末唐初的混乱时期较高，然后在（太宗）贞观之治以后的安定期下跌，武后时期稍微上涨，（玄宗的）开元、天宝的盛世又下跌，安史之乱以后暴涨，从贞元末年到元和、长庆年间再度跌落趋于安定。然而唐后期的安定时期的绢价水平继续上升，将近盛唐时期的两倍，到黄巢之乱以后的唐末又再次高涨了起来。

　　池田温同时还推测这份物价表当属于安史之乱或其后某个时期。

　　那么，在唐朝前半段的安定时期，即太宗的贞观之治及其后的高宗时代，再到玄宗的开元之治时期，奴隶和马的价格究竟是多少呢？在这里容我省略一些具体论证过程，如果援引滨口重国、日野开三郎、池田温等人的研究成果的话，具体如下所示。顺便解释一下，"文"和"钱"同样都是铜钱的单位，1000 文＝1000 钱＝1 贯。

　　　　太宗、高宗、玄宗时代的安定时期
　　　　普通奴隶　　　　一万到二万文（铜钱十到二十贯）

高级奴隶	最高数十万文（铜钱数百贯）
普通马	四千到九千文（铜钱四到九贯）
名马	三万到十万文（铜钱三十到一百贯）

也就是说，普通奴隶价格相当于普通马一至两匹的价格，比名马则要便宜很多。池田温曾对当时日本和唐朝的物价的相关史料进行过比较研究（池田温《口马行考》，第47—51页），根据他的研究，1匹普通绢的价格与谷物之代表粟麦一石（10斗＝100升，唐代的一升大约相当于近代日本的三分之一升，因此一石相当于60公斤）的价格几乎相同，都是铜钱400文。因此，普通奴隶的价格若换算成普通绢，相当于25—50匹，换算成粟麦则是25—50石。另外，粟麦25—50石大致与拥有二十亩（100—200公亩＝10000—12000平方米）左右的田地小农家庭一年的谷物收获量相差不大。这个数字可以成为推测奴隶价格和马价格大致的一个参照。

虽说是这样，然而朝廷为了管理两京及各州县的正式市场而设定的公定物价表，实际上只是一个标准性的东西。据此虽然可以推定实际的最低价格，但关于其价格上限，这个恐怕不能成为参考标准。正如滨口重国指出的那样"外国的珍奇、少见的奴婢、年轻漂亮或能歌善舞的奴婢等价格都很高，高达数十万钱者也并不少见，当时的显贵以拥有高价的奴婢而互相夸耀斗富"。另据日野开三郎说，在唐代的传奇里面也可以看见很多有关权贵、富豪斥巨资购买名马，或不惜代价在美姬身上投以重金的记载。

毋庸赘言，倾注巨资得到的美姬是女奴隶。在当时的用语中有所谓"细婢""良马"之说，漂亮的女奴和骏马乃是商品中单价最贵的东西。拥有骏马的人都是王侯、贵族、官僚、富豪等上流阶层的人物。那些被称作突厥马、波斯马等名称的外来马，用今天的话来说就好比是高级跑车。而当时一般老百姓，无论是代步还是运送东西，用的都是驴，对于他们来说，连国内出产的马也是可望不可即的东西。

胡姬、胡儿的出身与奴隶贸易

新发现的奴隶名单　　　　关于丝绸之路的人身买卖契约文书，我们知道比较早的时代有 3—4 世纪西域南道的佉卢文犍陀罗语文书，在阿富汗发现的 4—8 世纪的巴克特里亚语文书，唐代的于阗文书、吐蕃文书，以及 10 世纪以降的古代回鹘文书。可是这些文书中的实例都很少，而且几乎都是一些因饥荒而穷困潦倒，或是苦于偿还债务而急需用钱等原因，被迫将自己的妻子儿女或者奴婢卖掉的事例，并且这些好像都是发生在邻里之间进行的人身买卖。唐代的胡姬、胡儿的买卖却并非如此。一般认为，唐代的买卖是通过丝绸之路展开的远距离交易。在这一点上，唐代的胡姬、胡儿的买卖与中世纪伊斯兰世界的马穆鲁克，以及近代美国的黑人奴隶的情况类似。

关于粟特人在唐朝国内带着奴婢旅行一事，迄今为止已经多次被吐鲁番出土的汉文文书所证实。然而，乌鲁木齐的汉族研究者吴震却首次指出了下述问题，即在武后时代的吐鲁番，很有可能存在着专门买卖私奴婢尤其是粟特奴隶（当时叫作"胡奴婢"）的家庭。做出这种大胆推测的根据是1964年在阿斯塔纳第35号墓出土的《武周先漏新附部曲客女奴婢名籍》。该文书的名称是出土以后由中国研究者命名的，并非已经相当破损的原文书中的句子。该文书以列举私贱民部曲、客女以及私奴婢姓名的名单为主体，虽然附有简短的说明，但是现状很不完整，要洞穿并把握该文书的性质并非易事，不过吴震却成功地做到了这一点。

根据吴震的分析，这个"奴婢名籍"记载了私贱民合计七十九名（包括乐事一名、部曲三名、客女六名、奴二十三名、婢四十五名、身份不明一名），应该是分别属于两家的户籍。但是根据文书的破损状况来看的话，私贱民原来至少应该在百名以上。而且，因为这些都是上次户口普查时漏掉的人，所以这次是新规申请，希望将其登记到户籍中。

第一家户籍中漏掉的人包括乐事一名、部曲三名、客女四名、奴二十三名、婢三十名，合计六十一名；第二家户籍中漏掉的包括客女二名、婢十五名、身份不明一名，合计十八名。众所周知，为了作为征税的根据，唐朝实行严格的户口管理，倘若发现不法漏税现象，户主自不待言，近邻地方的组织负责人以及州县的长官都要受到处罚。在这种情况下，像该名单这样出现大量脱漏现象绝非寻常之事，背后肯定隐藏着一些只有当事人才清楚的事情。

这个名单从表面上看，包括不能进行人身买卖的半自由民——乐事、部曲、客女，然而占多数的则是所有者可以自由买卖的私奴婢，其人数达到六十八人（奴二十三人、婢四十五人）。其中，可以知道年龄者的情况是：未满十岁的九人（奴三人、婢六人）、十岁以上二十岁以下者十八人（奴六人、婢十二人）、二十岁左右的十人（奴二人、婢八人）、三十多岁的七人（奴五人、婢二人）。在"婢"里还有三个人的年龄不明，不清楚是两岁还是二十多岁。其中，"奴"最年轻者五岁，最年长者三十六岁；"婢"最年轻者一岁，最年长者三十一岁。不过，在这两个家庭之中居然会有这么多奴婢存在，显得很不自然。尤其是因为这是上次人口调查时没有申告，这次才突然出现。这一点，其实更加强化了这种不自然的感觉。

而且，在这些奴婢中，从一岁到十三岁的少年儿童占了近二成，显然不是为了作为劳动力使用才购买的。倘若进一步审视一下这些奴婢的姓名，就会发现少说也有五成的人名并非汉语姓名，而是胡名的音译。

由于奴婢没有姓，所以即便说是胡名，也无法马上断定就是粟特语、粟特人。但是因为在有姓的九名部曲、客女中，四名是粟特姓（石姓二人、何姓与曹姓各一人），因而说整个人数的一半左右是粟特人也不为过。在吴震看来，汉语名字当是随意加上去的东西，所以是否所有人都是粟特人尚需进一步研究。其中即便包括汉人、吐火罗人（焉耆人、龟兹人），以及突厥人的奴隶也不足为奇。关于拥有上述这些贱民的两个家庭的户主，究竟是汉人还是粟特人或西域人？很遗憾的是，由于他们的姓名都没有留存下来，所以现在并不清楚，但我以为恐怕将其视为粟特人更为妥当。

粟特商人的奴隶贸易　　基于上述情况，吴震推测说，这些贱民（尤其是奴隶）当是前一次人口普查以后（户口普查每三年一次），重新积攒起来的特殊商品，即贩卖用的奴隶。为了增加作为商品的附加价值，于是便在这里（吐鲁番）让他们学习汉语以及汉人的礼节等方面的内容，并让他们接受歌舞音曲等方面的技能训练。在六名客女当中，有几个人是高龄者，其中两人六十多岁，一人四十九岁。关于这一现象，比较合理妥当的解释是将她们视为负责教育奴婢的人。

　　这么多人自然不可能在户主家里与户主住在一起，正如在该文书中出现的"寄庄处"这一词语所表现的，一定是在户主家之外还有别的像集体宿舍一样的住处，即奴婢集训场所。顺便说一句，据时代稍后一些的 10 世纪阿拉伯地理学者伊本·豪卡尔（Ibn Hauqal）所说，波斯萨曼王朝治下的撒马尔罕是整个河中地区奴隶最集中的地方，其中又以在撒马尔罕接受教育的奴隶水平最高。由此可以推测，粟特商人可能有一个传统，即对买进来的奴隶先进行教育训练，然后再高价卖出去。

如果上述吴震的看法都正确的话，就可以重新解释另外一个问题，即在吐鲁番出土文书中，那些有关申请"过所"及"公验"等国内旅行证的文书中所见到的"胡奴"，也就是那些作为随从与粟特商人一起旅行的"胡奴"，很可能就不仅仅是为了给主人的业务帮忙或是侍候主人的生活起居，实际上是作为商品的奴隶。

例如，648年庭州（北庭）发了一份关于一位名叫米巡职的三十岁粟特商人的"公验"（参见《吐鲁番出土文书》第七册，第8—9页）。据该公验来看，与他同行的还有两个人，一个是名叫哥多弥施的十五岁的男奴，另一名是名叫娑匐的十二岁的女奴。"哥多弥施"和"娑匐"都是突厥语，这一记载应该说是反映了粟特商人拥有突厥奴隶的情况。据《唐会要》卷六十八《奴婢之条》记载，公元701年曾发出了一条《西北缘边州县不得畜突厥奴婢》的禁令，公验提到的突厥奴隶应该正是这里说的突厥奴婢。正如本章一开始提到的，出生于突厥斯坦的奥帕奇是粟特奴隶那样。实际上当时将粟特奴隶和粟特裔突厥奴隶混为一谈的可能性很大。可以设想，当时的全貌可能呈现如下结构，即在丝绸制品这样一种高额货币之下，女奴先是从索格底亚那被卖到突厥、铁勒、回鹘等突厥人的土地，即突厥斯坦，后来该女奴在突厥斯坦生下了孩子，而这个孩子又被当作商品继续转卖了下去。

在唐代的良贱制之下存在着许多私奴婢，以这样一种常识为背景，围绕这件长期以来大家已经熟知的、记载有胡奴婢的吐鲁番文书，吴震重新进行了深入的探讨，揭示了该名单的性质。他指出，该名单乃是吐鲁番专门从事奴隶（过半数为粟特奴隶）购入、培训、贩卖、交易的人家为了申告在上一次户口普查以后新得到的奴隶人数、年龄和姓名而提交的东西。吴震的这篇论文出版以后，送到我手里已是 2000 年之事，但该论文初次发表则是在 1994 年。看到我们在 1989 年发表的《粟特文女奴买卖契约文书》产生了这样大的影响，我感到非常高兴。

根据吴震之说，那么粟特商人不仅从事绢马交易，也进行绢奴交易，他们经营的奴隶产地是索格底亚那本土与突厥斯坦的草原地带。在原则上我举双手赞成吴震的学说。在我看来，整个有唐一代，通过丝绸之路展开的大规模奴隶贸易的状况完全如吴震所说的那样，尤其是在受到民间高度赞赏的胡姬以及私伎之中，应该包含着很多因这种奴隶贸易而流入唐朝的人。

丝绸之路与唐帝国

第六章

突厥的复兴

突厥第二帝国的建立

复兴前夜的叛乱　　自从 630 年被唐朝灭亡以后, 东突厥的遗民不仅居住在唐帝国内部, 并且作为唐朝的臣民, 还参与了诸如远征高句丽以及远征西域等许多军事行动。对这些突厥遗民 (降户) 来说, 最大的一个划时代的行动发生在 679 年 (调露元年)。

首先, 漠南定襄都督府的首领阿史德温傅和阿史德奉职拥戴前东突厥王族的阿史那泥孰匐, 为复兴突厥发动叛乱。所谓定襄都督府, 乃是将过着游牧生活的突厥降户以聚落的形式聚集在一起的一个自治组织, 一直是隶属于唐朝的都护府, 从 649 年起隶属于燕然都护府, 663 年改为隶属云中都护府, 664 年又改属单于都护府。这次以阿史德氏为中心的叛乱得到了由突厥降户组成的二十四州的呼应，战况一度扩大至漠南一带，参战人数达数十万。同时，奚、契丹也被煽动起事，一时间对唐朝造成了很大的威胁。唐朝旋即任命从远征西域前线凯旋的名将裴行俭为定襄道行军大总管，并投入了唐朝建国以来从未有过的三十万兵力，终于在次年镇压了这场叛乱。

另一方面，在 679 年，位于鄂尔多斯灵州至夏州南境，也就是在造反的突厥降户南边，有另外一个突厥降户族群（"降突厥"）。唐朝将这个族群安置于鲁州、丽州、含州、塞州、依州、契州的所谓"六胡州"，并用唐人担任各州的刺史。这个"六胡州"主要由"降突厥"构成，然而根据与古突厥语书写的突厥碑文相比较来看，很明显，"六州胡"在语义上只能解释为粟特人族群，而且汉文的出土史料也可以旁证这一点。例如，在敦煌出土的景云二年（711 年）的《张君义告身》这一公文书中，集中出现了诸如鲁州的康某某、含州的安神庆、依州的曹饭陀、契州的康丑胡的记载。

这些六胡州的人物全都拥有可称之为粟特人代名词的粟特姓氏，这绝非偶然现象。进入六胡州的很多人，应该都是来自东突厥最后时期（颉利可汗时代）推动突厥政权的粟特人或者粟特裔突厥人（诸如突厥人与粟特人的混血，或是突厥化的粟特人等）的子孙。这些人在 630 年随着突厥的降众内徙，先是由史善应、康苏密统率，其后又跟从阿史那思摩迁徙至内蒙古，后来又再次回到鄂尔多斯。羁縻州原则上是由本族人担任长官，然而这里却任命唐人为刺史。之所以如此，恐怕是因为唐朝在定襄都督府以阿史德氏为中心发动的突厥降户大叛乱中，已产生了强烈的危机感，出于对曾在突厥统治下的粟特人或粟特裔突厥集团进行控制的需要而采取的措施。于是从这一年开始，造反的突厥降户和六州胡两者的命运开始出现巨大的不同。

也就是说，前者在680年至681年间，也就是第一次叛乱失败以后不久，侥幸活下来的阿史德温傅将颉利可汗的近亲阿史那伏念迎至夏州，再次发动了叛乱。尽管这次叛乱也以失败告终，却强化了突厥降户谋求独立的决心及意志。终于，到682年，阿史那氏一门的骨咄禄（"具有天之威灵"之意）得到阿史德元珍的援助，第三次向唐朝举起了叛旗，最后成功地复兴了突厥帝国（突厥第二帝国的建立），并且在次年（683）攻陷了单于都护府。值得注意的是，这次独立运动的舞台不仅是内蒙古和鄂尔多斯，也包括被认为是唐帝国本土的山西省、河北省北部。

对此，位于鄂尔多斯南部至陕西省北部一带的六州胡的状况是：一部分似乎与复兴后的突厥合流以后北迁，而大部分仍然留在了中国本土。不过，六州胡在唐朝受到的待遇似乎不太好。到玄宗时期的721年和722年，先后出现了被称为"康待宾之乱"和"康愿子之乱"的连续叛乱。首谋康待宾自称叶护，康愿子自称可汗，手下云集了安慕容、何黑奴、石神奴、康铁头等粟特姓名的武将，具有相当的战斗力。这次粟特裔突厥集团的叛乱却没有迹象表明是得到突厥帮助的。两次叛乱都归于失败，粟特裔突厥集团终于还是未能独立。但是，这些叛乱却成为安史之乱的先驱，而且后来还成为与安史之乱合流的一大势力，因此我们必须重新认识这些叛乱在唐史中的重要性。

游牧民族最早的"历史史料"

刚建国时，突厥第二帝国的根据地是在漠南的阴山山脉，最初主要是在南边与唐朝、在东边与契丹进行作战。然而，随着时间的流逝，突厥第二帝国逐渐将目标转移到了位于漠北，以蒙古高原为根据地的铁勒诸部，开始转而派军征伐铁勒，扩大自己的势力，并最终将自己的根据地转移到漠北的鄂尔浑河至乌德鞬山。这是 686 年末至 687 年前半年之事，当时的形势对突厥北迁十分有利。在此之前，漠北发生的大旱灾已经导致整个九姓铁勒处在危机之中，不仅 685 年唐朝的安北都护府从漠北撤退到了河西地区，686 年来自铁勒的大量难民也越过戈壁滩进入了河西。适逢此时，突厥遂北上迁至漠北，恢复了对漠北的控制以后，阿史那骨咄禄成为第一代可汗，号称颉跌利施可汗，意即"可以聚集国民的可汗"。

为突厥复兴与漠北回归出力最大的，乃是仅次于王族阿史那氏的名门阿史德氏的领袖阿史德元珍，即暾欲谷。暾欲谷其人一生不同凡响，可谓惊天动地。他不仅历经三朝，分别作为第一

代颉跌利施可汗、第二代阿
波干可汗和第三代毗
伽可汗的宰相，鞍前马后、鞠躬尽
瘁地操持政务，活跃于政治
外交舞台，还给我们留下了
一个可供复原突厥历史的重
要记录——他自己撰写的《暾
欲谷碑》。《暾欲谷碑》与《毗
伽可汗碑》、毗伽可汗弟弟的
《阙特勤碑》合起来称为鄂
尔浑碑文或古突厥碑文，成
为由游牧民族自己撰写并流
传下来的、世界上最早的完
整史料。

暾欲谷碑文　位于乌兰巴托东南约五十公里处的
暾欲谷遗址，笔者摄

　　根据《暾欲谷碑》记载，颉跌利施可汗与暾欲谷起事时仅仅
有七百人，其中三分之二骑马，三分之一徒步。暾欲谷对自己的
功绩自豪地说，颉跌利施可汗击杀了大量的"南边的'桃花石'
（唐朝）、东边的契丹、北边的'奥古兹'（铁勒），而他的参谋和
军队司令官就是我"。这段记载与《通典》卷一九八中记载阿史
德元珍投奔阿史那骨咄禄手下时"骨咄禄得之，甚喜，立为阿波
大达干，令专统兵马事"的记事完全一致。

　　在漠北建立根据地以后，颉跌利施可汗任命弟弟默啜为

"设"，任命另一个弟弟咄悉匐为"叶护"，将这两人分封于领土的东西两边，与自己直辖的中部合起来构成一个分统体制。"设"与"叶护"都是仅次于可汗的称号，这种由中央与东西两翼构成的分统体制，从早期的匈奴一直延续到后来的蒙古帝国，乃是中央欧亚东部的游牧国家，甚至可以说是整个中央欧亚国家的一个传统特征。暾欲谷被任命为"阿波达干"，这个职务相当于军机大臣或国防部长，但不清楚其权限只限于可汗直辖的中央部分，还是也包括东西的两翼。

经过上述过程，唐朝对突厥和铁勒的这种纵贯戈壁沙漠南北的羁縻统治体制遂宣告瓦解。对突厥来说，自630年以来长达五十年间，突厥不仅屈服于"桃花石"（唐）这一异民族，忍受其统治，还要承担诸如远征高句丽及西突厥等各种各样的军事任务。这是一段令突厥人难以忘却的屈辱时代，将永远成为其引以为戒的记忆。下面从《阙特勤碑》东面第七行至第八行引用一段史料，这一段文字历来被解释为突厥先人们夸耀自己在唐朝的丰功伟绩的记载，其实绝不是这种意思，反而是突厥人的一段痛苦记忆，关于自己不能有自己的可汗，不得不奉唐朝皇帝为天可汗的痛苦的回忆。

（本来长大以后）应该成为"匐"（突厥的统治贵族）的男子们，成为了"桃花石"（唐朝）臣民的奴隶；应该成为"匐"夫人的女子们则成了女奴隶。突厥的"匐"们都放弃了突厥的

丝绸之路与唐帝国

名字（称号），在唐朝的"甸"们带着唐朝风格的姓名臣服于"桃花石"可汗（唐朝皇帝）。他们在五十年期间（向唐朝皇帝）奉献了自己的力量。曾出征到前方（东方），到日出之地的高句丽可汗（之国）远征；也曾到后方（西方）去，远征至铁门（索格底亚那与吐火罗的交界处）。

阙特勤碑 位于鄂尔浑河畔的阙特勤庙。一面是汉文，另一面是突厥文。汉文由玄宗御制。笔者摄

阿波干可汗与武后的对立

颉跌利施可汗在成功从唐朝中独立出来，并完成了突厥的复兴大业之后，于691年病逝。随后其弟默啜废黜了颉跌利施可汗的儿子默棘连（亦称默矩，后来的毗伽可汗）即位，即阿波干可汗。这一时期中国正值武周革命时期，其后，阿波干可汗针对武后时期的中国，或发动挑战性的入侵，或是和亲，两种手段反复交错展开。武则天时代即武周王朝，因为将其继续称作唐朝显然不合适，所以在这里我以"中国"一词来称呼到705年武后去世为止的时间段。

首先是在 693 年，作为出任可汗后的第一把火，也是为了向突厥内部显示自己的手腕，阿波干可汗亲自率领部众侵入鄂尔多斯西端的灵州，对汉人居民进行了杀戮和掠夺。在以武力敲打中国之后，接着一转，开始谋求和亲。对于中国方面来说，尽管很清楚这不过是游牧民族方面玩弄的常套手法，但是把继续战争需要多少钱与和亲需要多少贡品等一起放在天平上权衡的结果，只能是应突厥的要求和亲。于是 696 年，在契丹反叛之际，突厥作为中国的盟友参加了讨伐，武后遂将默啜册立为立功报国可汗。虽说是册立，其实只是这时的一种怀柔策略，并非像唐朝与东亚诸国之间的那种册封关系。唐朝与从北方到西方的突厥、回鹘、吐蕃的关系实际是"敌国"的关系，因为这些国家都是与唐朝匹敌的国家，远远谈不上册封二字。

　　到了 696 年，阿波干可汗又向中国要求归还鄂尔多斯至山西北部一带分散居住的突厥降户、割让单于都护府的土地，还要求提供可以在该土地上从事农耕的种子和农具。接到突厥的这些要求以后，武后尽管愤怒，但最终还是接受了臣子们的劝说，软化态度，放低身价，在翌年给突厥送去了丰州、胜州、灵州、夏州、朔州、代州等六州（与六胡州不同）的降户数千帐、种子四万石以上，农具三千件。突厥第二帝国于是变得比过去的第一帝国更加强大起来。

　　此外，对于阿波干可汗提出的联姻要求，698 年，武后决定让武家出身的淮阳王武延秀娶阿波干可汗之女为王妃。于是，

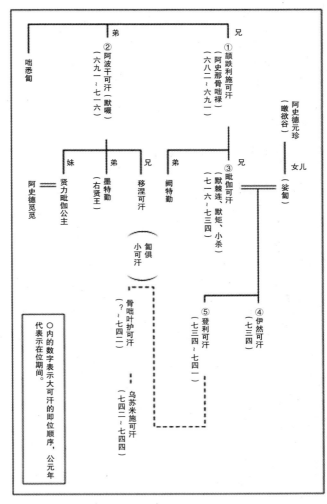

突厥第二帝国的王族世系图

武后将武延秀与黄金、绢帛一起送到了突厥。在因篡唐而成为周朝女皇的武后来说，此举乃是示好的举措。然而阿波干可汗却大为震怒，认为"我是要与唐朝皇族李氏联姻，而并非要与武后一族的武氏通婚"。阿波干可汗的真实想法恐怕在于，因为已经听说唐朝皇室正统的皇子现在只有两个人，倘若让其中一人娶自己的女儿，那么如果运气好的话，将来该皇子继承帝位以后，自己就可以操控唐朝了。

显然他的美梦没有实现，于是恼羞成怒的阿波干可汗便派遣大军侵入华北各地（今陕西省、山西省、河北省一带）。武后的对策则是派出三十万大军迎敌，而且下诏悬赏，许诺封斩杀默啜者为王，并将默啜的名字改称"斩啜"以发泄怒气。据林俊雄的研究，在已经完全变成突厥领地的内蒙古，突厥为了在阴山的可耕地从事农耕，从中国掠夺了大量汉人男女前来，据说总人数大约在八万至九万人。取得了战争胜利的阿波干可汗为了强化统治体制，699 年分别任命弟弟咄悉匐为东方的"设"，侄子默棘连为西方的"设"，使其各自率领两万骑兵。不仅如此，他还在两人之上委任自己的长子匐俱（小可汗，移涅可汗）担任拓西可汗，并给其配备四万骑兵。

之后到 706 年为止，突厥对中国北方边境的入侵与和亲一直在反复交错地展开。到了阿波干可汗治世的后半期，突厥忙于应对北方及西方，唐朝便有了反击的机会。从突厥复兴到阿波干可汗时代的中期前后，内蒙古与其说是在唐朝治下，不如说更多的是在突厥的统治之下。尽管如此，乘着突厥热衷于北方和西方的战事，无法分兵漠南之际，708年唐朝采用朔方道大总管张仁愿的对策，在河套的北侧设置了东、中、西三个受降城（以接受并安置投降者为名目的前线军事基地），局势一举出现了逆转。正像突厥方面有暾欲谷一样，唐朝方面也有既是中央高级官僚同时精通军事的名将张仁愿。

对于已经压制住蒙古高原铁勒诸部的突厥来说，北方西伯利亚方向的敌对势力是结骨与黠戛斯，而更为强大的对手则是位于西方的前突厥系统的突骑施，以及同一突厥系统的拔悉密和葛逻禄。709年及710年，突厥远征结骨与黠戛斯，708年及710年远征突骑施，713年到715年之间，突厥又对唐朝统治下的天山北麓东部的要塞北庭发动了三次攻击，714年和715年突厥又远征葛逻禄……这一时期突厥对外战争几乎没有间断过。这可谓是以游牧民为中心的军事国家的一个宿命，不过也正是因为如此，突厥国家才得以发展壮大起来。

毗伽可汗的登场　　　　　　　　阿波干可汗晚年十分专横，因而引起了其统治之下的各路势力的不满。于是在716年，当阿波干可汗在土拉河畔攻击九姓铁勒诸部之一的拔也古部时，疏忽大意之下，遭到了拔也古部残余势力的袭击而丧命。

于是，以阿波干可汗的长子小可汗（又称移涅可汗、拓西可汗）为首的一派，与第一代可汗颉跌利施可汗之子默棘连、阙特

阙特勤像的头部 阙特勤遗址发现的石像的头部，头戴凤冠。高41厘米，笔者摄

勤兄弟之间展开了王位继承之争。争夺的结果是后者取胜，哥哥默棘连成为毗伽可汗，弟弟阙特勤作为左贤王执掌军事大权，老臣暾欲谷再次出任宰相。

毗伽可汗接受了暾欲谷的忠告，极力回避与唐朝之间的战事，而将主力集中于压制北方的铁勒诸部，东方的奚、契丹，西方的葛逻禄，以及拔悉密等势力。只是，尽管毗伽可汗当时也制服了位于以前西突厥领域的突骑施，但不久突骑施就又在苏禄的领导下得以复兴。所以后来突厥便没有将其当作敌人，而是采取了与之共存的策略。这样一来，在毗伽可汗的时代，中央欧亚东部，也就是说丝绸之路东部，遂形成了唐朝和突厥族（突厥和突骑施）南北分治的势态。

回过头来看，唐朝取代突厥第一帝国或东西突厥，成功地控制了丝绸之路的绿洲道和草原道两个方面，乃是唐朝能够成为世界帝国的重要原因。而突厥复兴之后，突厥与唐朝围绕草原道的统治权展开了激烈的争夺，最后突厥族终于将其夺回手中，这一争夺战至此告一段落。

关于毗伽可汗治世的情况，以及有关支撑突厥政权的暾欲谷的功绩，护雅夫曾面向一般读者写过一本精彩的著作，这里我不再赘述，有关情况请参阅护雅夫的著作。但是有一点我想指出，那就是毗伽可汗时代彻底改变了之前突厥与唐朝对决的态势，基本上转换成对唐朝绥靖的政策。换句话来说，毗伽可汗采取了重视与唐朝进行绢马交易的政策。关于这一转换的原因，可以想见，在其背后必然有粟特商人的介入。

突厥第二帝国的粟特人 在反映有关粟特人在突厥第二帝国时期活跃的史料以及遗物中，我们实际上并没有发现什么有价值的东西。这一点若与其前后的时代——突厥第一帝国及回鹘帝国（东回鹘）——与粟特人的密切关系，尤其将和突厥第二帝国同时代的唐朝也有大量粟特人的事实进行比较的话，不能不令人感到非常意外。就当时来说，粟特人不可能不涉及突厥第二帝国盛行的绢马交易。因为我们已经弄清楚一个事实，即无论在回鹘帝国时代还是在突厥第一帝国时代，粟特人都支撑了当时盛行的绢马交易。因此，我在这里想请诸位转而注意一下汉文典籍资料——有关在唐玄宗时代发动大叛乱的武将（节度使）安禄山的生平史料。

关于安禄山的出生地历来有两种说法，其一是说在现在北京东方的营州柳城（辽宁省朝阳市）一带，其二是说在蒙古高原。可是，这两种说法在关于其生母是突厥名门阿史德氏的女性这一点上却都没有异议。尽管不能证实，不过从我们的角度来对现存

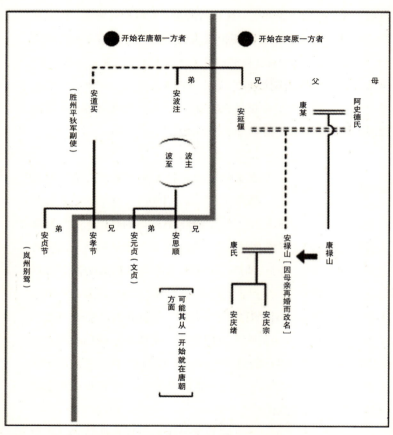

安氏一族世系图 安氏基于粟特传统的安全自保策略，将自己的族人分别安排在唐朝与突厥双方

史料加以解读的话，我以为将突厥第二帝国时代的蒙古高原看作安禄山的出生地更为妥当。安禄山是一个混血儿，母亲是阿史德氏的萨满（巫女），父亲拥有显示撒马尔罕的"康"姓，是一位活跃于突厥的粟特裔武将。可是，因为安禄山的父亲很早去世，所以他母亲又和另一位有地位的粟特人——从布哈拉来到突厥的安延偃再婚。因此他随养父的姓，名叫安禄山。

716年，突厥第二帝国阿波干可汗因遭遇内乱死去以后，其手下的许多突厥人、粟特人、粟特裔突厥人等似乎都逃亡到了唐朝。安禄山和养父安延偃，及同族的安孝节、安思顺、安元贞（或安文贞）兄弟都在其列。这里值得注意的是，安延偃之弟安波注（或安波主、安波至）是安思顺、安元贞兄弟的父亲。安波注与安孝节之父安道买两人，其实都是服务于唐朝的"蕃将"（也有一说认为安思顺从一开始就在唐朝）。根据前面谈到的粟特人传统的安全自保的做法，他们在这里仍然是将自己的族人分别安排在敌对势力的双方。具体来说就是，安道买之次子，即安孝节的弟弟安贞节，时任岚州别驾，安禄山等是依靠安贞节才得以在唐朝安身。

根据以上所述，我们似乎可以做出一个推测，即与以前的时代同样，在突厥第二帝国时期其内部也存在着若干个叫作"胡部"的粟特人族群或者殖民聚落，粟特人或粟特裔突厥人武将活跃于其中。这种推测可以从唐朝方面的史料《康阿义屈达干神道碑》的记载得到旁证。

这里提到的康阿义屈达干，乃是在突厥第二帝国灭亡时，跟随带着王族女性以及王子等内附于唐朝的阿布思一起行动的人物。其后他虽被安禄山揽入手下，但后来又冒死投奔了唐朝。根据神道碑来看，康阿义屈达干是柳城人，但其祖先是前突厥的贵族，其父在阿波干可汗时期是负责统率在突厥的粟特人集团的颉利发，同时也是阿波干可汗身边的得力武将。尽管如此，在阿波干可汗死后，毗伽可汗上台排斥整肃阿波干的旧势力时，康阿义屈达干不仅平安无事，其后也一直留在突厥。通过这个人物我们也可以了解到一个事实，即粟特人存在于整个突厥第二帝国时期。

在突厥方面的史料中，《阙特勤碑》和《毗伽可汗碑》记载说，701 年以及 702 年，默棘连率领突厥军队进军鄂尔多斯，曾统治鄂尔多斯南部的六州胡。由此推测，当时一定有相当多的粟特人以及粟特裔突厥人从唐朝迁徙到了突厥。

其次，《毗伽可汗碑》还记载说，703 年突厥以"拔悉密没有向突厥派出骆驼商队"这一借口，悍然发动了对拔悉密的征伐。拔悉密是东部天山北麓的北庭附近的游牧民族，自然不会拥有与突厥不同的特产，所以由拔悉密去突厥的骆驼商队所运输的贡品或者商品，可以说几乎都是从西方运来的东西，而担任运输的除了粟特商人以外，很难想象还会有其他什么人。在此之前，由于拔悉密地处草原之路的天山北路之要冲，所以一直控制着从西方络绎不绝来到北庭的骆驼商队，并且将这些骆驼商队分别发往唐朝与突厥两地。但是在这一时期一定是因某种原因，使得拔悉密阻止了骆驼商队前往突厥。总之，通过突厥征讨拔悉密这件事，我们可以知道由粟特人主导的骆驼商队在此之前应该一直与突厥有着贸易关系，因而突厥境内的粟特人数量也越来越多。

在北庭聚财的男人 关于当时的北庭（位于今乌鲁木齐市以东一百数十公里处）得贸易之利，系当时丝绸之路贸易最佳地区，这方面的情况我们可以通过裴伷先的传记来加以考察。裴伷先是武周时代宰相裴炎的侄子，受伯父的恩荫成为一名官僚，然而当伯父因谋反之罪被诛杀后，他也因之先被流放到岭南，其后又流放到北庭。据记载，他到北庭后开始经商，五年之后已是腰缠万贯，富甲一方。

《新唐书》卷一一七以及《资治通鉴》卷二一〇中有关裴伷先的记事都很简略，不足的部分我们只好通过《太平广记》等传奇中所能见到的记事来加以补充。由于包括一些小说传奇的记事，我们对其中一些史实的可信度多少有些保留。根据这些记载来看，当时在北庭周围有一支投降了唐朝的突厥系统游牧集团，该集团拥有一万帐左右的游牧民。该游牧集团的首领可汗很喜欢裴伷先，便将女儿嫁给了他，并且送他大量的黄金、骏马、牛羊等。裴伷先因此富裕起来，并以自己的财力豢养了数百到数千食客，并且利用这些食客，从北庭通过河西地区到长安、洛阳，构筑了一个情报网来刺探中央的情况。当裴伷先事先探听到武后已经决心诛杀一般流放犯人的消息以后，便召集食客们商谈对策，商议的结果是决定投奔与岳父不同的一个并未依附唐朝的突厥系统的游牧集团。于是，裴伷先将自己的财产用八十匹马和骆驼驮运，带上妻子家人、奴隶及可作为战斗力的三百名左右食客一起出逃。然而他的出逃还是被北庭都护发现，裴伷先被抓了回来。

这里提到的突厥系统的游牧集团，在上述史料中或用"胡"来表示，或用"突厥"来表示。这说明该游牧民集团不仅仅包括突厥人，也包括粟特人及粟特裔突厥人在内。因为在我看来，粟特商人兼武人不仅存在于蒙古、河西以及鄂尔多斯地区，也散见于天山北麓。拔悉密的统治氏族与突厥同样是阿史那氏，所以裴伷先准备逃亡之地或许就是拔悉密。

根据《阙特勤碑》和《毗伽可汗碑》的记载，710 年突厥大军在征讨取代前西突厥统治天山北麓一带、成为突厥现在最大对手的突骑施之际，曾经进一步向前推进，远征过遥远的索格底亚那。鉴于从汉籍史料和伊斯兰方面的史料两个方面，我们了解到，在这一时期倭马亚王朝的穆斯林军队北上，虎视眈眈地直逼索格底亚那之事，因此我推测，突厥远征索格底亚那的背景很可能是这样一种情况：面对穆斯林军队的北上，感受到危机的粟特诸国结成了反穆斯林联盟，并同时向突厥请求援军，突厥应邀出动了远征军。这次突厥与粟特的直接接触，一定极大

丝绸之路与唐帝国

地强化了之前两者之间已有的连带关系。而且，来自粟特本土的粟特商人和粟特军人跟随凯旋的突厥远征军来到突厥，给突厥的"胡部"注入新血液，这种可能性也非常之大。

悲剧的公主

一位公主的墓志铭　　这里我想举出一方很有意思的墓志，即723 年夏天去世，享年二十五岁的突厥可汗女儿（公主）的墓志铭，其正式题名是《唐故三十姓可汗贵女贤力毗伽公主云中郡夫人阿那氏之墓志并序》，撰写者不知何人，在题名的后面还写着墓主丈夫的头衔及姓名（驸马都尉、故特进兼左卫大将军、云中郡开国公、踏没施达干阿史德觅觅）。

这方墓志的主人公贤力毗伽公主阿那氏，乃是墓志铭中以"圣天骨咄禄默啜大可汗"之名出现的人物，即突厥阿波干可汗的女儿。因为出身突厥王族阿史那氏，所以略称写作阿那氏。主人公是阿波干可汗之女，在流亡到唐朝以后死于长安。让我们先对这一点有个基本印象，再来具体看这篇墓志铭就更容易理解其内容了。

唐故三十姓可汗贵女贤力毗伽公主云中郡夫人阿那氏之墓志并序[1]

漠北大国有三十姓可汗，爱女建冉贤力毗伽公主，比汉公主焉。自入汉，封云中郡夫人。父天上得果报天男突厥圣天骨咄禄默啜大可汗，天授奇姿，灵降英德。君临右地，九姓畏其神明；霸居左衽，十二部忻承美化。

贵主斯诞，天垂织女之星；雄渠作配，日在牵牛之野。顷属家国丧乱，蕃落分崩，委命南奔，归诚北阙。家婿犯法，身入官闱。圣渥曲流，齿妃嫔之倖女。

住天恩载被，礼秦晋于家兄。家兄即三十姓天上得毗伽煞可汗也。因承睿泽，特许归亲兄右贤王墨特勤私第，兼锡绢帛衣服，以充糜用。荆枝再合，望花萼之相辉；棠棣未华，遽风霜之凋坠。春秋廿有五，以大唐开元十一年岁次癸亥六月十一日，薨于右贤王京师怀德坊之第。以其年十月癸巳朔十日壬寅，葬于长安县龙首原，礼也。

天汉月销，无复妆楼之影；星河婺散，空余锦帐之魂。男怀恩、兄右贤王，手足斯断，雁行之痛于深；膝下长违，乌哺之情永绝。虽送终之礼，已启松茔；而推改之俗，虑为芜没。抚贞石以作固，凿斯文以为凭，庶海变可知，田移物或。

其词曰：倏辞画阁，永卧荒坟。人生至此，天道宁论。日催薤露，风急松门。千秋万古，寂寞孤魂。

在突厥和唐朝的夹缝中

默啜（阿波干可汗）之女贤力毗伽公主与其兄长墨特勤之所以在唐朝生活，不用说是因为在其父死后，他们兄妹不得已流亡到唐朝。默啜在位二十余年间，先后在东方使奚、契丹附属，在西方则把同一突厥系统的拔悉密、葛逻禄、突骑施纳入其控制之下，在西北方使黠戛斯附属进来，从而完成了紧追突厥第一帝国势力的复兴大业。在这一期间，默啜的爱女，即公主，在蒙古高原的突厥本土与阿史德氏的男子阿史德觅觅结婚，过着幸福的日子。阿史德氏乃是频繁与王族通婚的名门望族（通常称其为"姻族"）。

可是716年默啜突然死亡，其直系与第一代颉跌利施可汗之子毗伽"设"以及阙特勤兄弟围绕后继问题展开了激烈的争夺，结果后者取胜，因此默啜一家便流亡到唐朝。关于贤力毗伽公主之兄墨特勤，汉籍里记载了其作为蕃将而活跃于唐朝，但是其他人的情况都不清楚。根据本墓志来看，贤力毗伽公主的丈夫在投奔唐朝以后，似乎犯了什么重罪，为此公主也作为犯罪者的妻子而受到株连，以奴隶身份被送入了后宫。不过，其后事态又出人意料地发生了大转折。

正如我们谈到过的那样，对于唐帝国来说，最大的对手是北方的突厥。太宗和高宗时期，总算消灭了突厥第一帝国（东突厥）和西突厥，然而在武后时代复兴起来的突厥，无论是第一代可汗还是第二代可汗默啜都是唐朝不共戴天的仇敌。因此，玄宗皇帝一开始也一直处心积虑地策划如何消灭突厥，并于716年（开元四年）发布了讨伐默啜的诏书，但是此事却因为默啜的死亡而失去了攻击目标。于是，唐朝又在718年重新制订了一个作战计划，以三十万大军从西、南、东三个方面围攻毗伽可汗，于720年实施。

在这次的作战计划中，唐军方面还包括715—716年混乱时期从突厥来投奔唐朝，被安置在山西北部的九姓铁勒中的五部，即回纥、拔野古、同罗、霫、仆骨。五部首领被分别任命为讨击大使，各率领八百到三千骑兵参战。不仅如此，默啜之子墨特勤也作为唐朝的将军参战，目标是讨伐兄长（小可汗、移涅可汗）的仇人毗伽可汗。根据汉籍史料的记载可知，与墓志中提到的右贤王墨特勤同时期，左贤王毗伽特勤（"毗伽"一词在突厥语中是"聪明"的意思，因而频繁出现，很容易混淆。这里说的毗伽特勤与毗伽可汗并非同一个人）也参加了讨伐军。由此推测，我们甚至可以认为在唐朝内部存在一个由默啜一派组成的突厥流亡政权，他们得到了唐朝的支持，计划着卷土重来反攻突厥。

然而，唐朝这一作战计划却因为西方拔悉密军的先动以及东方的奚、契丹军的迟缓等原因而失败。突厥反过来攻击了由唐朝所统治的西域据点北庭，并取得胜利。进而，突厥又回师河西，在甘州、凉州的北方击退了唐军。然而，毗伽可汗却没有继续发动攻势，而是突然改变了之前的做法，采取了与唐朝绥靖的策略。具体而言就是，毗伽可汗提出请求，希望自己成为玄宗之子，并

丝绸之路与唐帝国

要求唐朝下嫁公主。由刚刚在战场上取胜的人向败者提出请求，这当然是一种外交辞令，实质上近乎于强制。

毗伽可汗庙遗址　最近从这里发现了大量的金银器，引起了人们的注目。位于阙特勤庙的南方约一公里处，笔者摄

对于想与玄宗结成父子关系这样一种要求，唐朝方面没有理由拒绝，只好接受。可是唐朝对于下嫁公主一事似乎很为难。在这种情况下，玄宗提出了一个让人完全没想到的政治联姻方案，即让在后宫的默啜的女儿贤力毗伽公主以唐朝公主的身份，再婚嫁突厥的毗伽可汗。

贤力毗伽公主与毗伽可汗是堂兄妹，虽然在游牧社会中这样一种婚姻并不是不可以，但不管怎么说，毗伽可汗却是杀死公主长兄的仇人。年轻漂亮的公主在下嫁之前，先从后宫出来暂时住在自己亲哥哥的宅邸之中，可以想见，她住在这里一定为出嫁准备了豪华的嫁妆。然而墓志铭却在什么理由也没有提及的情况下，突然就说她去世了。

贤力毗伽公主的兄长墨特勤作为蕃将，在唐朝享受着优厚的待遇，住着漂亮的豪宅，因此公主在兄长家里遇到突发事故的可能性很小。此外，如果是因病而死的，那么墓志里也应该明确写上病死之类的话，然而墓志铭却丝毫未提及这一方面。这些情况再加之考虑到公主去世时只有二十五岁这一点，贤力毗伽公主之死的确很不自然。所以最早将这方墓志介绍给学术界的羽田亨与伯希和两位都推测说，公主突然死亡的原因可能是自尽，即公主对于马上要嫁给毗伽可汗这位虽说是同族却也是全家仇人一事，出于悲愤而自杀身亡。尽管缺乏确凿的史料证据，但是从各种旁证史料来看，这种解释其实一点也不牵强。如此看来，贤力毗伽公主真是一位悲剧的公主。

第七章

回鹘的登场与安史之乱

回鹘帝国与摩尼教

古代回鹘[1]与粟特人 　　与唐帝国处于平起平坐的突厥第二帝国，其全盛期较短，并在毗伽可汗死后迅速走向衰落，取而代之的则是崛起的回鹘帝国（东回鹘可汗国）。在 7 世纪时，整个铁勒曾一度接受了唐帝国的羁縻统治，其中也有古代回鹘族的身影。然而，回鹘真正作为中央欧亚东部历史舞台的主角之一闪亮登场，则是 8 世纪中叶以后之事。首先在 742 年，拔悉密、葛逻禄、回鹘三方组成联军，打败了之前君临中央欧亚东部的霸主——突厥第二帝国的骨咄叶护可汗，并拥戴拔悉密的君长阿史那氏为新的可汗。虽然拔悉密的君长成为新可汗，但当时实际上仍然是拔悉密、葛逻禄、回鹘的三驾马车体制。对此，突厥的遗民重新推举了乌苏米施可汗。然而三方联军在 743 年到 744 年间又击败了乌苏米施可汗，并将其首级送到了长安。

744 年，回鹘与葛逻禄联手击败之前居于自己上风的拔悉密，回鹘的君长骨力裴罗作为初代可汗即位，即回鹘帝国的第一代可汗，阙毗伽可汗。到了 745 年，葛逻禄与回鹘不和，葛逻禄的主要部分从蒙古高原西部的阿尔泰地区撤向天山西部北麓的七河地区。

这样一来，从 8 世纪 40 年代到 9 世纪 40 年代的大约一百年间，取代突厥第二帝国的回鹘帝国称霸漠北。根据第二代可汗葛勒可汗磨延啜的纪功碑，即《希内乌苏碑》的记载来看，在葛勒可汗治世的 757 年，他在色楞格河畔为粟特人和汉人建造了"巴依巴里克"城。所谓"巴依巴里克"是回鹘语"富裕的都城"之意，因而在汉籍史料中将其称为"富贵城"。这座"富贵城"并不是为游牧民族回鹘人而建，而是为了让外来的粟特人和汉人居住而建设的城市。由此我们很容易推测，回鹘帝国与之前的柔然、高车，以及突厥第一、第二帝国一样，似乎从一开始就知道利用粟特人在经济、外交方面的才能，这一点在史料中已得到充分的证明。但是在这里必须要注意的是，应该把回鹘帝国在蒙古草原建设都市一事，与以游牧文化为荣的回鹘人自身所谓"定居化"或"文明化"明确加以区别。

关于古代回鹘帝国所起到的历史作用，一般最为人们所熟知的有两点：其一，在划分唐代前期（初唐、盛唐）和后期（中唐、晚唐）分水岭的安史之乱爆发之际，回鹘出兵镇压安禄山，

丝绸之路与唐帝国

对延长唐朝的寿命立
下很大的功劳；其二，
将摩尼教作为回鹘的
国教。

希内乌苏碑　横躺在地上的石碑上刻着用突厥文字书写的回鹘语，右端的图案是可汗氏族的徽章。笔者摄

　　755 年爆发的安
史之乱导致唐朝陷入
了关乎生死存亡的危
机之中，当时回鹘以强大的骑兵部队参战，从而挽救了唐朝。此
后，回鹘则一直对唐朝保持着优势地位，并向唐朝提出各种各
样的要求。与此同时，与回鹘有着密切关系的粟特商人也乘机
狐假虎威，在唐朝为所欲为，开始垄断以绢马交易为首的内陆
丝绸之路贸易的利益。换句话说，即便进入了唐朝与回鹘两强
并存的时代，本书前面所谈到的粟特商人的那些传统仍然继续
存在。

　　只是此时与之前最大的不同点在于，粟特人与回鹘紧密结合
的背景中有了摩尼教。无论是历史学、文献学还是考古学的研究
都显示出，从公元前后到伊斯兰化之前，粟特人的宗教一直是以
拜火教（祆教）为主流。因此，认为进入东回鹘的粟特人中十之
八九是摩尼教徒，这一看法就显得很牵强。不过所有的史料证
据却又都表明，在回鹘传播并普及摩尼教的中介人正是粟特人。
这个问题与另一个问题——即作为以屠宰家畜为常业的游牧民族
回鹘来说，为何要改宗比佛教还要严厉地禁止杀生的摩尼教呢？

上述这两个问题至今还是学术研究中的谜。

摩尼教的世界史意义　所谓摩尼教，乃是在公元 3 世纪前半期，在堪称"宗教大熔炉"的西亚，由出生并成长于巴比伦的伊朗人摩尼所创立的宗教。摩尼教的核心是希腊化时代的一种混融宗教"诺斯替派"（灵知派），带有独特的二元论色彩，并在此基础上融入从琐罗亚斯德教（拜火教）、犹太—基督教等宗教的各种思想而创立的一种二元论（光明与黑暗、精神与物质、善与恶）的折中主义宗教。

摩尼在开始布教以后不久就踏上了前往东方传道之旅，据说他在曾是佛教文化圈的印度西北地区取得了一定的成功。当时称霸西亚的国家是取代了帕提亚（安息）帝国的波斯萨珊王朝。摩尼从印度回到伊朗后，说服了萨珊波斯的皇帝沙普尔一世，成功地使其皈依摩尼教，结果使得摩尼教得以在辽阔的萨珊波斯帝国境内自由地传播。

摩尼教在这一时期内迎来了自己的春天，然而在沙普尔一世去世以后，摩尼教却旋即受到了波斯传统宗教琐罗亚斯德教势力的反击，摩尼被处以死刑，摩尼教的信徒也都因受到残酷的迫害而不得不四处逃亡。但是，作为一个从一开始就摆脱了血统和民族的桎梏，致力于为整个欧亚非大陆诸民族所接受的"世界宗教"来说，早在摩尼在世期间，摩尼教就已经陆续地向东西两个方向派出了传教团。因而，摩尼教得以在相当长的时期存续于西自大西洋东至太平洋的各个地区。而且，无论是在基督教占优势的西方，还是在佛教占优势的东方，摩尼教都能与这两大宗教共处共存。在相互之间不时产生摩擦及冲突的同时，又在不同的时间和空间之下相互影响、相互作用，这一现象在世界历史上的意义绝不可低估。

例如在地中海地区，正像在教父圣奥古斯丁的活动中可以见到的那样，通过与摩尼教进行激烈的教义论争，基督教确立了自己的教义；另一方面在中亚，摩尼教通过与佛教接触，不仅自身被佛教化，而且一般认为摩尼教也对北传佛教的演变发展产生了很大的影响。此外，摩尼教还在东西文化的交流上——诸如天文、历算、思想、叙事文学、文字、绘画、音乐、书籍装帧等领域做出了很大的贡献。

匈奴和贵霜王朝兴起以后，直至被伊斯兰化以前，对中亚的历史、语言、文化产生最深刻影响的宗教乃是起源于印度的佛教。而另一方面，3世纪萨珊波斯统治下创立的摩尼教也扮演了相当重要的角色。尤其是在8世纪中叶以后强盛起来的回鹘帝国，竟然把摩尼教当作国教来加以尊崇，从而成为世界史上唯一一个将摩尼教尊为国教的国家。所以，中亚史、摩尼教史与回鹘史三者密不可分。去掉回鹘史就无法谈论中亚史，同样，不谈论摩尼教也无法讨论回鹘史，抛开摩尼教的中亚史也不能成立。

摩尼教与回鹘的邂逅

在摩尼教传入回鹘的过程中，起作用最大的人是回鹘第三代可汗牟羽可汗。谈及摩尼教传入回鹘的契机时，一般都会举出一件事，即在 762 年至 763 年间，安史之乱的时候，牟羽可汗率军进入中国本土，在洛阳遇上了摩尼教僧侣并把他们带回了回鹘。

可倘若根据用古回鹘语写成的长文《牟羽可汗摩尼教改宗始末记》（柏林／勃兰登堡科学院［前普鲁士科学院］藏 U72&U73）来看，牟羽可汗改宗摩尼教绝非顺畅无阻，而是受到了保守的反摩尼教势力的强烈抵抗。不仅如此，据此还可以推测，摩尼教是因为与粟特商人（Sart）建立了密切的联系才得以传入回鹘。从这件文书中我们还可以窥见一点，即牟羽可汗改宗摩尼教很可能是在 763 年以前。此事若与另一件事情——761 年至 762 年，被称作"Mahrnāmag"的摩尼教赞美诗集，在焉耆的摩尼教寺院里被欢天喜地地写成——此一记载结合起来考虑的话，这种可能性无疑更大。因为对于中亚的摩尼教信徒来说，恐怕没有比回鹘可汗改宗更值得高兴的了。反之，我们也可以认为，在牟羽可汗改宗的背景之中，恐怕也有着利用粟特网络这一经济以及政治的理由。

牟羽可汗在完成镇压安史之乱这一大业之后，为了进一步巩固权力基础，也为了获得丝绸之路贸易利益，于是以通过商人、摩尼教僧侣来收集国际情报这一政治意图为由，进一步优待摩尼教徒和粟特人，并将他们安插在了一些重要的位置。但是尽管如此，摩尼教在牟羽可汗时代却并没有马上成为回鹘的国教。由于牟羽可汗偏爱并倾向摩尼教的做法有些操之过急，最终引起了回鹘国内保守阶层的顽强抵抗。779年，顿莫贺达干集结反摩尼教势力发动政变，牟羽可汗被杀。

其后顿莫贺达干即位，成为回鹘第四代可汗。在之后的一个时期，摩尼教不得不在回鹘帝国境内偃旗息鼓。这一变动带来的影响很大，以粟特人为首，整个中亚摩尼教徒的狂热都随之冷却。不过由于回鹘要想继续控制丝绸之路，就必须得到粟特商人的帮助，所以最晚到 8 世纪 90 年代，摩尼教在回鹘帝国又复活了。

整个东部天山都归于

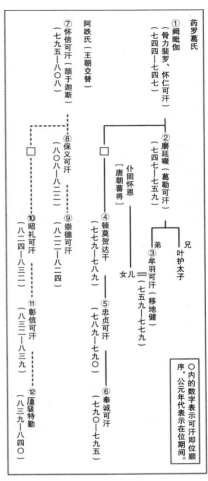

回鹘帝国（东回鹘可汗国）王族世系图　阙毗伽（怀仁可汗）推翻突厥第二帝国称霸于漠北。王朝世系从第七代有变化，阿跌氏系统的颉于迦斯（怀信可汗）即位，取代之前一直执政的药罗葛氏系统的可汗

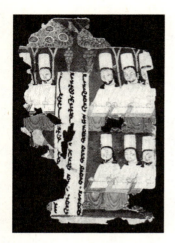

摩尼教经典（残卷） 出土于高昌故城的摩尼教寺院遗址。描画了身着白衣、头戴白帽的摩尼教僧侣和"生命之树"，并写有回鹘文字的经文

回鹘帝国统治之下，大致是8世纪末回鹘在北庭（别失八里）争夺战中取得胜利以后之事。在这场北庭争夺战中最活跃的人物，乃是回鹘的宰相兼将军，阿跌氏的颉于迦斯。后来当颉于迦斯成为回鹘第七代可汗怀信可汗以后，遂将摩尼教变成了货真价实的国教。因此，粟特摩尼教徒也较前大为增加，受到了比牟羽可汗时代更好的待遇。总之，在北庭之战以后，包括吐鲁番盆地在内的整个东部天山都被纳入了东回鹘的势力之下。不难想象，回鹘对长期以来粟特人较多的吐鲁番盆地以及焉耆地区等沙漠绿洲城邦的控制，无疑加速了回鹘帝国境内摩尼教的发展。

根据柏林国立图书馆藏的吐鲁番回鹘文书U1的记载，在803年羊年，回鹘的卜古可汗（怀信可汗）曾亲自到高昌，会见摩尼教会东方大司教区领袖慕阇，商请摩尼教派遣三名默奚悉德（意为法堂主。摩尼教团分为五等，此为第三等）赴蒙古高原之事。另据《哈喇巴喇哈逊碑》（九姓回鹘可汗碑）的记载来看，可知当时蒙古高原的摩尼教领袖是教团第二等的拂多诞（意译为侍法者），所以怀信可汗这次再请默奚悉德前来回鹘，显然是为了更进一步强化摩尼教团的力量。

安史之乱与粟特、回鹘

安禄山与粟特网络　　我们把话题再拉回到安史之乱时期。当时，蒙古高原的回鹘帝国代表着中央欧亚的游牧骑马民族的势力，那么在回鹘的眼中，安史之乱又是什么样的状况呢？安史最终失败，所以被视为叛乱，但实际上，当初安史是准备建立一个新的帝国。

由于"北方"的回鹘最终站到了唐朝一边，从而决定了安史之乱失败的大趋势。但是，这种看法只不过是从结果出发来观察问题的一种结果论的视点，从整个过程来看，回鹘并非始终如一地站在唐朝方面。实际上，回鹘是一边把"南边"正在争夺霸权的唐朝和安史势力放在天平上进行衡量，一边决定自己的方针政策的。在这里，我们首先以安史与回鹘的关系作为重点，来观察一下汉籍史料中安史之乱的进程。

第六章我们已经谈到过安禄山的成长经历，然而关于他十几岁时从突厥逃出来，在时任山西岚州别驾的安贞节处落脚以后的情况，我们却不太清楚。很可能他是生活在依附唐朝的粟特人族群之内。为了维持生计，他凭借着自己通晓六种语言的能力，达到了能够经常利用粟特人商业网络这样一个位置。同时，他还利用这样一种地位长期活跃于长距离贸易行业中，并最终成为一名国际商业市场的中介人"诸蕃互市牙郎"。与此同时，作为一名沙漠商队里必须经常长途跋涉的粟特商人来说，他自然也很熟悉军事方面的情况，因而不知何时他也成了一名武人。

无论作为国际商人还是武人，安禄山年轻时代活动的舞台之一都是营州（柳城）。733年就在这个地方，他结识了决定自己命运转折的一个重要人物——幽州（后来的范阳）节度使张守珪，并与他毕生的盟友史思明一起，被张守珪提拔为捉生将（相当于稽查队长）。由于安禄山在张守珪讨伐契丹、奚之时十分活跃，进而成为张守珪的养子，并且被提拔为衙前讨击使。从此，安禄山作为一名武将而为世人所知晓。其后他经历了种种迂回曲折，最终升至节度使，每次进京之际，都深受玄宗和杨贵妃的恩宠。

安史之乱爆发　　755年（天宝十四载）十一月，以幽州（亦称范阳、燕京，现在的北京）为大本营的范阳节度使安禄山与盟友史思明一起，在相当于参谋的次子安庆绪、汉人官僚严庄和高尚、蕃将阿史那承庆（前突厥王族）和孙孝哲（契丹人）等人拥戴之下起兵。在当时的幽州，有很多由粟特人以及粟特裔汉人或汉人经营的叫作"行"的商人行会，还建有许多同时经营旅店、仓库、金融业务为一体的"邸店"。

丝绸之路与唐帝国

在此之前安禄山已经调动了大批资金——以丝绸之路为中心由粟特人或者粟特裔突厥人、粟特裔汉人搭建的商业网络而带来的庞大资金——充分整备并训练好了由突厥人、粟特人、粟特裔突厥人、奚人、契丹人、室韦人、汉人等组成的骑兵及步兵。

起兵的名目是清君侧，即清除玄宗身边的奸臣杨国忠。安禄山以心腹卫队八千余骑为中心，率领蕃汉大军十万至十五万人从河北南下，长驱直入，一鼓作气很快就攻陷了洛阳。在安禄山的这个卫队之中，很可能包括相当数量的粟特军人。

次年，即 756 年（天宝十五载）正月一日，安禄山在洛阳即位，自称大燕圣武皇帝。面对越来越强大的安史势力，同年六月，玄宗命令蕃将哥舒翰率领大军东出潼关迎击，但哥舒翰旋即败北并落入敌手。陷入恐慌的长安政权根据杨国忠的意见，决定奉玄宗前往蜀地"蒙尘"（君主因战乱等逃离首都）。六月十三日清晨，唐玄宗、皇太子夫妻、杨贵妃及其一族、杨国忠一家以及公主们秘密地逃出了宫殿。其后不久，便发生了有名的马嵬驿悲剧，杨贵妃命绝于此。

玄宗一行继续前往蜀地"蒙尘"，而另一方面，皇太子为了卷土重来则转向灵武方向。灵武是西北边境的要冲，也是过去朔方节度使郭子仪的根据地。七月，皇太子接受群臣的恳求，奉蜀地的玄宗为太上皇，自己在灵武即位，是为肃宗。

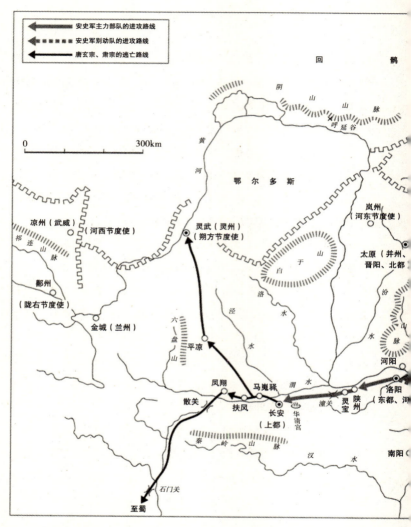

安史之乱示意图 安禄山以心腹卫队八千余骑为中心，以十万至十五万兵力直指洛阳、长安

图例：
- 安史军主力部队的进攻路线
- 安史军别动队的进攻路线
- 唐玄宗、肃宗的逃亡路线

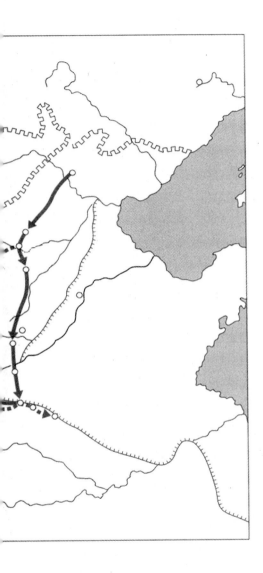

唐朝向回鹘求援

同年九月，肃宗为了向回鹘求援而向蒙古高原派出了使节。当时充当唐朝使者的人是皇族成员敦煌郡王李承寀、突厥裔武将仆固怀恩以及粟特裔蕃将石定番。十月，在蒙古高原鄂尔浑河畔的回鹘都城窝鲁朵八里，回鹘第二代可汗磨延啜（葛勒可汗）会见了唐朝使者。磨延啜十分高兴，遂将可敦（可汗的正妻）之妹认作自己的女儿，把她嫁给了唐使李承寀。进而，磨延啜又派遣回鹘的首领作为回礼的使者前往唐朝，肃宗亲自到彭原迎接，并册封李承寀之妻回鹘王女为毗伽公主。

同年十一月至十二月间，安史方面的阿史那从礼率领突厥、同罗、仆骨军队共计五千骑兵自长安向北方进军，与河曲的九姓胡、六州胡等势力数万人会合，打算袭击肃宗的行宫（临时首都）灵武。面对这一局势，郭子仪在阴山到黄河流域的出口呼延谷，迎接了由回鹘可汗磨延啜亲率的南下部队，两者合力击败了阿史那从礼，平定了河曲（黄河大转弯内侧的鄂尔多斯，似乎也包括其外侧的周边）。在这次联合作战中，磨延啜明显处于郭子仪的上风，十分活跃。

757年（至德二年）正月，安禄山在洛阳被其子安庆绪以及手下的几名心腹所暗杀。于是，安禄山的盟友，同时也是在建立洛阳政权时立了大功的史思明迅速决定采取分离独立的方针返回范阳（北京）。二月，肃宗南进至凤翔。同年九月，已经回国的回鹘可汗磨延啜又让太子叶护挑头，由将军帝德等率领三千至四千

骑兵前往唐朝。肃宗大喜，盛宴款待之下，又让元帅广平王李俶
（后来的代宗）与叶护结拜为兄弟。

这样一来，包括蕃汉在内约十五万唐军遂以广平王李俶为总
帅，从凤翔出发东进。在扶风迎接回鹘援军的郭子仪，也大摆
宴席三天以犒劳回鹘军。其后更是按照每天二百只羊、二十头牛、
四十石米的标准供应回鹘援军。不久，联军开始总攻长安。唐朝
蕃将仆固怀恩与回鹘部队携手作战，安庆绪溃逃，其守军损失
约六万人，唐军收复长安。

同年十月，在唐朝郭子仪军和回鹘军的联合打击下，叛军陆
续丢掉了潼关、陕州，安庆绪也逃出洛阳前往河北的邺。至此
唐朝终于连洛阳也收复了回来。同年十二月，叶护凯旋长安，肃
宗旋即盛情慰劳叶护，授予其司空之位，封为忠义王，赐以锦绣
彩及金银器皿等物，并且答应以后每年由朔方军向回鹘提供两万
匹绢。

来自回鹘的求婚　　758年（乾元元年）五月，回鹘使者一行
来到长安，要求唐朝下嫁公主。肃宗不得
已，决定将幼小的亲生女儿封为宁国公主嫁给回鹘可汗，同时册
立磨延啜为英武威远毗伽可汗。七月，宁国公主和册立使一行出
发前往回鹘的大本营。据记载，肃宗将公主送至长安郊外，挥泪
惜别；另一方面，磨延啜举行盛大的仪式欢迎宁国公主到来。其
后，可能也包含给唐朝回礼的意思在内，磨延啜又派遣王子骨啜

特勤和宰相帝德等人率领三千骑兵赴唐。于是，肃宗命令仆固怀恩来指挥和这支回鹘援军的共同作战。

759 年（乾元二年）三月，史思明杀死安庆绪，四月即位，自称大燕皇帝。同年四月，回鹘可汗磨延啜突然去世，回鹘虽然有意让宁国公主殉葬，但是宁国公主不从，并于同年八月回到了唐朝。另一方面，磨延啜的长子叶护太子已因获罪而被杀，所以磨延啜的幼子移地健便作为回鹘第三代可汗即位，即在回鹘历史上著名的牟羽可汗。实际上，磨延啜还在世时，曾为了儿子移地健而向唐朝请婚，当时肃宗让仆固怀恩的女儿嫁给了移地健。正因为这一原因，仆固怀恩的女儿现在自然升格成为了可敦，这件事左右了其后唐朝和回鹘的关系，以及仆固怀恩的命运。

安史之乱的终结　760 年（上元元年）闰三月，史思明进入洛阳建立政权，再度出现东西两京对峙的局面。可是在这以后，史思明抛开长子史朝义，开始溺爱庶出之子史朝清，并打算将其作为自己的继承人。因此，史朝义的部下先下手为强，抓捕并监禁了史思明。之后，由史朝义主持洛阳政局。

761 年（上元二年）二月，史思明被杀，史朝义即位。

762 年（宝应元年）四月，经过大约两年的蛰居生活之后，玄宗去世。仅仅数十日之后，肃宗也离开了人世，代宗即位。

同年八月，史朝义请求回鹘派遣援军。据《旧唐书·回纥传》

记载，史朝义引诱回纥（回鹘）说："云唐家天子频有大丧，国乱无主，请发兵来收府库。"（《新唐书·回鹘传》记载略同）牟羽可汗听后遂"倾国"之力，率领号称十万之众的大军南侵唐朝。但是，刚好在同一个时期，代宗为了打败史朝义，也派遣了使者刘清潭前往回鹘请求派兵支援。然而刘清潭还没有进入戈壁沙漠，回鹘军队已经从戈壁沙漠南下，越过了内蒙古的阴山山脉，所以刘清潭在去回鹘途中碰上了回鹘军队。

刘清潭面对回鹘可汗慷慨陈词，谈到了代宗与回鹘的叶护携手从安庆绪处夺回两京的故事，又提到了唐朝每年赠给回鹘数万匹绢，力图促使回鹘可汗回心转意，但牟羽可汗不为所动，继续南下前往山西太原。于是，刘清潭马上向长安派遣了密使，向代宗报告了回鹘军队的动向。得知消息之后，长安朝野为之震动，都担心长安遭回鹘军抢掠。所幸当时与牟羽可汗一起南下的可敦（牟羽可汗的妻子）提出想见父母，所以其父仆固怀恩赶赴太原。据说仆固怀恩对女婿牟羽可汗进行了种种说服工作，其结果是回鹘再次倒向唐朝，沿汾水南下山西盆地，行军至黄河从南流转向东流的陕州附近，在黄河北岸扎营。

代宗遂以雍王李适（后来的德宗）为兵马元帅，命令仆固怀恩等人到储备粮食的太原仓所在地陕州与回鹘军会合。十月，回鹘军与仆固怀恩充当先锋作战夺回洛阳，史朝义败走范阳。其后，雍王回到了安全的西部，牟羽可汗则继续在洛阳附近的河阳（河南省孟县，黄河北岸）驻扎数月之久。在这期间，仆固怀恩之子仆固场率领的唐军与回鹘军一起追击史朝义。

763 年（宝应二年）正月，被追得走投无路的史朝义在范阳自杀，其首级被传送至长安，安史之乱终于平息。同年二月，牟羽可汗没有去唐朝皇帝所在的长安，而是直接回到了蒙古高原。

回鹘的摩尼教与粟特人

从《哈喇巴喇哈逊碑》（九姓回鹘可汗碑）来看 以上，我们从唐朝和回鹘的关系这一角度观察了安史之乱发生的全过程，这些情况在回鹘方面，诸如《哈喇巴喇哈逊碑》[1]等史料中也可以窥其端倪。所谓《哈喇巴喇哈逊碑》，乃是保留在位于蒙古高原鄂尔浑河畔的回鹘都城窝鲁朵八里（其遗址叫哈喇巴喇哈逊），在回鹘帝国第八代保义可汗（808—821 年在位）时代建立的巨大的纪功碑。该纪功碑也可以说是回鹘的正式历史文献，碑上刻有回鹘语、粟特语、汉文三种文字。

回鹘语是回鹘自己的语言，而汉文不仅是唐帝国，也是整个东亚汉字文化圈的共同书面语言，粟特语则是包括整个北部中国在内的丝绸之路东部的国际语言，这一点正好证明了回鹘帝国中粟特人的重要性。在我看来，这座纪功碑不仅仅是回鹘，也应该是整个丝绸之路东部摩尼教的纪念碑。可能是出于人为的破坏，铭刻着回鹘语的碑面文字几乎已经被毁坏殆尽，所幸粟特语的碑面和汉文碑面比较完整地留存了下来。

在这里，我想分别从粟特语碑面和汉文碑面文字中，引述一下前半部分的内容——从牟羽可汗即位到安史之乱时期远征中国本土，以及与此有直接关系的摩尼教传入等部分。20世纪90年代，在日本文部省科学研究费资助下，由我担任负责人的研究小组曾在蒙古高原实地调

哈喇巴喇哈逊遗址　位于鄂尔浑河西岸。上图是遭到破坏的《哈喇巴喇哈逊碑》最上面的部分，下图是被城墙围起来的宫城遗址，城墙高7—8米。《哈喇巴喇哈逊碑》发现于城外。两张照片均由笔者摄

查，有关《哈喇巴喇哈逊碑》的解读研究主要基于上述调查所取得的成果。粟特语碑面的内容是根据吉田丰的最新研究，汉文碑面的内容则是基于我正在进行的复原研究。"[　]"内的文字表示对小的残缺部分的推测复原，无法推测复原的地方则用空白表示。比较大的残缺部分用"……"（汉文缺字用"□"）来表

示。"（ ）"内的文字则是为了便于理解而增补的内容。

◆粟特语碑面第8—12行

【第8行】（第三代牟羽）可汗之所以即位，正是因为他是一个奇特的男子，在所有的方面他都很特别。他成为最高统治者时，四周充满了惊愕和畏惧。因为（他的）天运和幸运［ ］与智慧、才能和［男子气概］……

【第9行】于是言语（求援文书）来了。（其写着）下面的内容："请从苦难中解救我们！请援助我们！"作为神的王（＝可汗）听到这个言语时，遂亲自与强大的军队一起推进到了天子的居所（指中国）。其军队……

【第10行】他们再次进行了战斗。因为所有的外教信者（异教徒）们都如此［ ］了神圣的马尔·摩尼的宗教，所以［ ］被驱逐了。作为神的王与强大的军队一起在乌德鞬山（蒙古高原的中央）这一地区，他们打击了、取得了［ ］。……在数字上四［个摩尼教僧侣？］……

【第11行】我们效力于［ ］。于是保持着颠倒的法（邪教）。侍奉着恶魔。现在，作为神的王（可汗）的……（以）这个手，接受（了）（取代？）燃烧所有的火的宗教、神圣的马尔·摩尼的宗教。从那以后，作为神的王接受了［ ］和宗教。……你们不能接受。……

【第12行】当时，作为神的王同意（／满足）了。（而且）

丝绸之路与唐帝国

发布了诏书。(说):"你们接受吧!因而(?)(我们)侍奉于恶魔、跟随并信仰着。应该轻蔑的手……我们在叫作古拉塔克的土地上把偶像全部烧却(烧掉了)。"作为伟大的神的[王和]王子们(?)……神圣的马尔·摩尼的宗教……往下边(?)作为神的马尔·纳乌·卢旺慕阇[　　]了的时候……

◆汉文碑面第6—8行 [3]

【第6行】啰没密施颉德密施毗伽可汗嗣位(第二代磨延啜)。英智□□,□□经营。子□君登里啰汨没密施颉咄登密施合俱录□□[毗伽可汗嗣位](第三代牟羽可汗)。□□□□,奇特异常,宇内诸邦钦伏。自□□□□□帝(唐玄宗)蒙尘,史思明[之子朝义]□□□□□□□□

【第7行】使,币重言甘,乞师并力,欲灭唐社。可汗忿彼孤恩,窃弄神器。亲统骁雄,与王师犄角,合势齐驱,克复京洛。皇帝(唐代宗)□□□□□□□□□为兄弟之邦,永为□□□□。可汗(牟羽可汗)乃顿军东都,因观风□□□□□□□□□□□□□[法]

【第8行】师将睿息等四僧入国,阐扬二祀,洞彻三际(与过去、现在、未来对应的前际、中际、后际。即摩尼教的基本教义)。况法师妙达明门,精通七部,才高海岳,辩若悬河,故能开正教(摩尼教)于回鹘。(以下略)

看了上面引用的两种文字的碑文以后，我们便可以知道，粟特语碑文和汉文碑文完全不对应。尤其是关于由谁派遣使者携带文书向回鹘求援一事，在粟特语碑文中说的是唐朝皇帝，而汉文碑文中则是史朝义。尽管由于汉文碑文的破损，碑文上只能认出"史思明"的名字，但根据汉籍史料了解到的事件过程来看，在史思明之后的破损处补上史朝义的名字应该没有问题。进而，我们若再基于汉籍史料中已经弄清楚的史实，还可以知道介入安史之乱的回鹘可汗是第二代的磨延啜（葛勒可汗）和第三代的牟羽可汗。

　　前者是在 756 年受到肃宗的邀请之后，立即出动了军队赶到肃宗的"行在"灵州（灵武），保证了附近的鄂尔多斯的安定。不仅如此，磨延啜还在次年即 757 年，向唐朝派遣了相当于回鹘皇太子的长子叶护统率援军，在夺回长安、洛阳时做出了很大的贡献。

　　对此，牟羽可汗在 762 年秋天虽然受到史朝义的诱惑，为侵略唐朝而亲自率领大军南下，但是最终还是接受了继承肃宗大位的代宗之劝说倒向唐朝，作为盟友与唐军一起行动，挺进洛阳，促使了安史之乱的终结。

　　另外一方面，虽然汉籍文献史料中完全没有提及，但根据《哈喇巴喇哈逊碑》的汉文碑文第 7—8 行的记载来看，牟羽可汗在洛阳一带滞留期间结识了摩尼教僧侣，并在 763 年将他们带回了回鹘，由此开启了回鹘摩尼教的历史。

**从新发现的回鹘
文书残片来看**

通过上面介绍的情况，反映出在《哈喇巴喇哈逊碑》这种偶尔残存下来的极为少见的回鹘方面的史料中，却意外地保存着一些在信息量极大的汉籍史料中也没有记载的史实。同样的状况还见于其他事例。最近我在吐鲁番文书中就发现了一些回鹘自己所写的，关于安史之乱以及摩尼教的回鹘语零星史料，即为现藏于柏林国立图书馆的编号 Mainz345 号残片。兹译述如下：

Mainz345 正面

（前缺）

　（1）……中国［的天子? 是京兆?］

　（2）从城市往外［逃出? 西方的? 远?］

　（3）去了土地（蒙尘）。于是中国［的天

　（4）从儿子的地方也多次［来救援之军?］

　（5）一边请求着，他的求援文书送到我处……

　（6）来求援了。"现在［敌人攻来? 可是］我处"

　（7）"汝等，知道吧。我们不会失去我们的国家。"（天子的话）……

　（8）……时，我……

　（9）……军……

　（10）……留下了……

（后缺）

Mainz345 背面

（前缺）

（1）……乌德鞬山［的超凡力量］……

（2）……的期间（另一方面），又

（3）在［吉辰］吉日，对（国家和宗教）双方

（4）从［具有完全的支配权的?］神圣的牟羽王处，有上座（?）

（5）……以［将］军为首三十人的大

（6）附属于［司令官?］的士兵们神圣的马尔·纳乌·

（7）［卢旺慕］阇之处，来了使者。

（8）……神圣的慕阇那时候……

（9）……了。另外……

（后缺）

如果将上面的内容概括一下，正面是记述回鹘介入安史之乱之事，背面则记载了把摩尼教引入回鹘的牟羽可汗与摩尼教教团的关联。倘若进行一些大胆的推测的话，似乎反映了下述内容：

正面 1—3 行说的是 756 年玄宗皇帝（以及其后的肃宗皇帝）逃离长安"蒙尘"；第 3—7 行讲唐朝皇帝向回鹘致书求援；第 8—10 行则谈到了回鹘军出兵唐朝，但这部分文字缺损很严重。接着背面的第 1—2 行记述了牟羽可汗从突厥圣山乌德鞬山获得了超凡的力量（威灵、守护神）而成为权威，其正统可汗的

合法性也得到保证；从第3行以下，则谈到了牟羽可汗接受（或者是打算接受）摩尼教，并与摩尼教教团最高级别的高僧慕阇马尔·纳乌·卢旺进行交涉的情况。

这里提到的慕阇，不用说，就是指在《哈喇巴喇哈逊碑》的粟特语碑面文字中见到同一个人物，和《牟羽可汗摩尼教改宗始末记》所见到的慕阇恐怕也是同一人物。"慕阇"乃是涵盖回鹘在内的整个摩尼教东方教区唯一的最高领袖。一般认为，当时他的驻锡地（大司教座）第一是高昌，第二是焉耆。

很容易看出，文书正面第5行的"他的求援文书"相当于《哈喇巴喇哈逊碑》的粟特语第9行"于是言语（求援文书）来了。（写着）下面的内容：'请从苦难中解救我们！请援助我们！'作为神的王听到了这个言语时，遂亲自与强大的军队一起推进到了天子的居所"中所提到的中国天子的"言语"。

文书正面第2—3行的记事与《哈喇巴喇哈逊碑》的汉文碑面第6行所见到的"蒙尘"对应。虽然玄宗皇帝的"蒙尘"作为史实来说乃是磨延啜时代发生的，而且磨延啜自己的纪功碑《希内乌苏碑》也正确地记载了此事。然而此文书和《哈喇巴喇哈逊碑》中却都将此事归于牟羽可汗时代。此外，在《哈喇巴喇哈逊碑》的粟特语碑面中记载说，求援文书只来了一次，而且是牟羽可汗时代之事，而在这件文书中却说"多次"来求援。毋庸赘言，这里说"多次"，是因为将肃宗向磨延啜求援、代宗向牟羽可汗求援合在一起来叙述了。肃宗向磨延啜求援很可能有过多次，但代宗向牟羽可汗的求援，从时间上来看恐怕只有一次机会，而且是在牟羽可汗已经从蒙古高原南下以后，即牟羽可汗只可能是在唐朝本土境内接受了代宗的求援。因此，这个断简里提到的"多次"接受求援的可汗显然不是只有牟羽可汗一个人。

牟羽可汗出兵南下，本来就是应乱军领袖史朝义的邀请，而不是应唐朝方面的邀请。所以，这件文书的正面所记载之事，在理论上只能是磨延啜的事迹。

**磨延啜的功绩
为何遭到抹杀？**

客观地来看，磨延啜和牟羽可汗两个人都对唐朝有过大恩，要判断谁的功劳更大的确比较困难。然而倘若考虑到牟羽可汗的可敦只是唐朝臣子仆固怀恩的女儿，而磨延啜的可敦宁国公主则是肃宗皇帝的亲生女儿这一点的话，甚至可以认为，就回鹘来说理当对磨延啜评价更高。

但是，在《哈喇巴喇哈逊碑》中谈到介入安史之乱的有功之人时，却清一色地都是在赞扬表彰牟羽可汗，完全抹杀了磨延啜的功绩。根据我和吉田丰的复原方案来看，在《哈喇巴喇哈逊碑》汉文碑面中，谈及磨延啜的内容包括十九个字的即位记事以及接下来叙述其事迹的八字记载，总共只有二十七个字，而关于牟羽可汗的事迹却花费了四百多字的篇幅。两者的待遇可谓天壤之别。

在回鹘历史上，如果磨延啜真是没有值得表彰的功绩的话，自然另当别论。然而我们通过前文的叙述，已经了解到了其在与唐朝的外交关系方面取得的成果。除此之外，在漠北地区，磨延啜不仅在对外方面先后取得了对西北方叶尼塞河上游的结骨及黠戛斯、西方阿尔泰地区的葛逻禄的赫赫战功，极大地扩充了回鹘的版图；而且磨延啜在对内方面，在蒙古草原的重要据点先后建立了《希内乌苏碑》《塔里亚特碑》《铁兹碑》三大碑，并推动了在鄂尔浑河畔建造都城窝鲁朵八里，进而还为了粟特人和汉人，沿西北的色楞格河支流处建造了巴依巴里克城（富贵城）。简言之，在回鹘历史上，磨延啜乃是一位绝不比其子牟羽可汗逊色的伟大人物。既然如此，那么为何两者在《哈喇巴喇哈逊碑》中的记载分量会有那么大的差距呢？在我看来，主要当有下述原因。

创建回鹘帝国的药罗葛氏这一王族的血统到第六代就中断了，阿跌氏的骨咄禄将军（即宰相颉于迦斯）通过不流血的革命——受到国人拥戴——这种形式即位，成为第七代怀信可汗。也就是说，从795年开始，王统由药罗葛氏转移到了阿跌氏。《哈喇巴喇哈逊碑》是继承怀信可汗的第八代保义可汗所作，是为了弘扬先祖和自己功绩的纪功碑，所以从一开始，保义可汗就对药罗葛氏的前六代可汗的事迹十分冷淡。

前面提到，第四代可汗顿莫贺达干依靠发动政变，杀害了牟羽可汗以及可汗身边的大量粟特人而即位。在成为第四代可汗以后，他对摩尼教实行了迫害政策。而且这种对摩尼教的迫害在第五代至第六代可汗时期也一直持续。直至阿跌氏的怀信可汗时代，摩尼教才终于再次恢复，并进一步真正成为回鹘的国教。在这种情况下，《哈喇巴喇哈逊碑》实际上单就为了最大限度地颂扬现任可汗的功绩，也需要将该碑建成一座不仅是追溯建国以前历史的历史性的纪念碑，同时也要叙述摩尼教的历史，以期待日后不断发展壮大。正出于这一原因，对于在回鹘的摩尼教发展史上贡献最大的牟羽可汗，尽管与保义可汗的血统相异，《哈喇巴喇哈逊碑》还是例外地对其进行了详细的记述。

通过《希内乌苏碑》中关于建设富贵城的相关记载可以知道，磨延啜与粟特人的关系虽然也很深，但是由于他与粟特人传来的摩尼教没有关系，所以在《哈喇巴喇哈逊碑》中没有受到称赞。这种做法反映了第七代怀信可汗以降，历史上唯一以摩尼教为国教的国家——阿跌朝回鹘帝国以及直接继承其衣钵的西回鹘汗国（9世纪后半期至13世纪初）初期——对于此事的正式态度。如果这一推测成立的话，那么把征讨安史之乱以及引进摩尼教的功劳全都归结为牟羽可汗的方针，也应该说是受国家以及王朝全面保护的回鹘摩尼教团的立场。因而，其后在叙述回鹘时代以后的摩尼教历史时，回鹘正式文献的记载全部统一了口径。

实际上大凡正式流传下来的历史文献，不管古今中外，一般都要力图掩饰对自己不利的事实。回鹘的《哈喇巴喇哈逊碑》也不例外。尽管牟羽可汗的南征实际是响应史朝义的邀请，目的是为了与史朝义一起创建新的"征服王朝"而出兵，但是该碑文中却记载说，牟羽可汗从一开始就将史朝义的邀请看作对唐朝忘恩负义的行为，给人以牟羽可汗自始至终完全站在唐朝一边的印象。另一方面，在中国方面的史料中，与此类似的省略或者基于中华中心主义而曲笔写史的现象也不胜枚举。

在此略举一例，根据《哈喇巴喇哈逊碑》粟特语碑面以及Mainz345的记载，我们知道唐朝向回鹘求援乃是紧急关头的无奈之举，然而汉籍史料中的说法却截然不同。《旧唐书·肃宗本纪》至德元年（756年）八月条中，在记载肃宗九月派遣敦煌王和仆固怀恩等前去回鹘求援前，先说回鹘及吐蕃首先来到唐朝"请和亲，愿助国讨贼"。《新唐书·回鹘传》尽管没有写具体的月日，却也说是先有回鹘来请愿，然后唐朝才派遣了敦煌王和仆固怀恩。这种记载可笑之极，请求和亲的只能是唐朝方面，而绝对不会是回鹘或者吐蕃。

改变对安史之乱的看法

中国史的分水岭　　　　　8世纪中叶爆发的安史之乱在中国历史上具有非常重大的意义，对此迄今为止已有众多的研究成果。以安史之乱为界，唐帝国不仅失去了西域，而且在本土也陷入藩镇（节度使、观察使等）割据的状态。与帝国的前期（初唐、盛唐）相比，尽管唐朝的实际统治领土大为缩小，却在急速发展的淮南至江南的农业经济的支撑下，又继续保持了足以与前期匹敌的近一个半世纪的生命力。倘若从国家的常备军这一角度来观察问题的话，在唐代前期，常备军是靠面向所有民众的租庸调制这种徭役来维持。而安史之乱后则不同，国家乃是基于重视课税的两税法以及食盐专卖、商业税等间接税得到的税收来雇佣常备军。

根据中国史研究者们的杰出研究成果，我们知道在安史之乱以后，唐朝已经从一个自己筹措调配军事力量的武力国家，转变成了一个用金钱来购买和平的财政国家。事实也的确如此，换言之，安史之乱后唐帝国变成了另外一个国家。为避免误解，我以为安史之乱以后似乎不应该继续使用"大唐帝国"这一称呼。

把视角从中国转向欧亚大陆

在我看来，安史之乱不单单是唐代历史的分水岭，甚至也可以看作是整个中国历史，进一步说，是整个欧亚大陆历史的分水岭。可是，历来的研究在涉及安史之乱的起因时，一般提出的原因大致如下：诸如由于宰相李林甫讨厌科举出身的政敌，所以积极启用安禄山这样的异族武将担任边境节度使等（煽动胡汉对立的李林甫恶人说）；因为玄宗宠爱远方的安禄山，导致安禄山与玄宗身边的皇太子以及宰相杨国忠（杨贵妃一族）之间权力相争；被怀疑具有反意的安禄山，在被逼无奈的情况下迫不得已的选择；长安所在的关中地区与杂胡化的河北地区的对立等等。上述这些看法全都是来自中国史视点的评价，而且几乎都是负面评价。

最近数年来，我通过与之前完全不同的角度，对粟特人、突厥人、粟特裔突厥人为主角的8世纪康待宾和康愿子之乱、安史之乱、仆固怀恩之乱、8世纪至9世纪河朔三镇的动向，以及进入10世纪以后五代的沙陀诸王朝与辽帝国（契丹）的成立等一连串的动向进行重新考察，注意到承担上述事件以及动向的主角都是中央欧亚的势力，因而与通行学说截然相反，我一直在提倡或呼吁应该给予安史之乱以正面的评价。这里所说的中央欧亚诸势力，主要指的是中央欧亚的蒙古人种阿尔泰裔（主要是突厥裔，也包括奚、契丹等蒙古裔）的骑马游牧民族和白色人种的伊朗裔粟特人，以及由其混血形成的游牧的、军事的、商业性的族群。

进一步我还主张，即便对站在唐朝一方"粉碎了"安史之乱的突厥裔的回纥（回鹘），也应该可以做出另外的评价。换句话来说，我提出了一种看法，认为作为中央欧亚型国家的典型（即所谓"征服王朝"），辽帝国的雏形有三个方面，即在我曾经提倡过的渤海的基础上加上安史之乱势力，再加上回鹘帝国。而且，其趋势乃是整个欧亚大陆的一种必然的历史潮流（长期波动）。具体而言，如后文所示。

过早的"征服王朝" 与生产力、购买力并列，推动历史发展的最大的契机和动力是军事力量。公元前一千纪初期，在中央欧亚干燥的大草原地带，擅长骑马的游牧民族登上了历史舞台。自从拥有了地面上最强大的骑兵以后，他们的动向便自然成为推动世界的原动力。

正如在第一章的时代划分部分谈到的那样（参见75页），我在划分世界史的时代时，也设定了"④游牧骑马民族的登场""⑤中央欧亚型国家优势时代"。尤其是作为欧亚大陆历史的一大转折期来说，我们应该特别注意的是标志上述第五个时期开始的10世纪前后的时代。进入这一时期以后，欧亚大陆自东而西出现了辽（契丹）帝国、沙陀诸王朝（五代中的后唐、后晋、后汉、后周四王朝）、西夏王国、甘州回鹘王国、西回鹘王国、喀喇汗国（黑汗王朝）、伽色尼王国、塞尔柱帝国、可萨汗国等同样类型的中央欧亚型国家。

也就是说，从"游牧骑马民族的登场"的公元前10世纪前后开始，经过漫长的岁月，游牧民势力对富饶的农耕定居地带的掠夺、征服，或者对农耕定居地带居民的调和、融合、同化的过程中，反复交错上演着成功与失败。到10世纪前后，他们终于找到了用少数人来对拥有众多农耕民和都市民人口的地区实施稳定统治的方法，或曰秘诀。这些方法包括军事统治制度、税制、人才选拔制度、商业以及信息网络、文字的导入、文书行政、都市建设等方面。而支撑上述这些的最大的基础，则是游牧民族的军事力量和基于丝绸之路的财富积累。

但是，倘若仅仅凭借上述两点的话，其统治只会是一时的短暂现象，无法维持更加稳定强固的"征服王朝"统治。为了实现稳固的统治，所需要的是构筑起一个将若干个要素复杂地组合融汇在一起的"系统"。而在该"系统"的根基之中，应当包括文字文化（文字的普及与使用文字的文书行政），自不待言。

人口稀少的"北方"游牧民势力在立足于自己根据地草原的同时，也开始统治位于"南方"的都市以及农耕地带。这样一种中央欧亚型国家的大举出现绝不是偶然现象。之所以如此，乃是因为经过漫长的历史发展，"北方"势力已不只是单单凭武力，而是处于能够构筑一种通过文书行政来直接或间接地统治"南方"的阶段。因此，考虑到整个欧亚大陆上几乎在同一个时期都出现了同样的现象，其中应该可以发现历史的必然性。此外，我们绝对不能忘记一点，那就是在安史之乱中，安史方面的势力自不待言，即便是镇压了安史之乱的唐朝军队，其中坚力量也是来自中央欧亚的骑兵。

倘若站在这样一个立场上来观察问题的话，那就不能仅仅从中国史的角度给安史之乱贴上"乱"字标签，并只给予其负面的评价。反之，我们可以从欧亚大陆历史的角度出发，正面评价安史之乱。从这一视角来看，安史之乱就成了与 10 世纪前后整个欧亚大陆的历史动向联动的事件。换句话说，安史之乱是整个10 世纪欧亚大陆变动的先兆。中国学者荣新江也指出，在发动

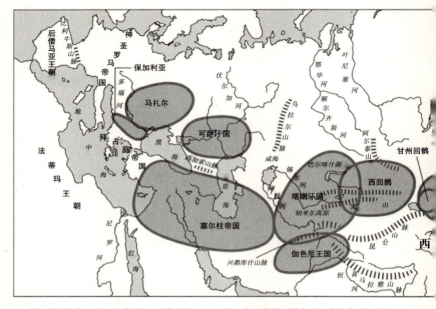

10世纪前后的中央欧亚型（征服王朝）国家　这只是一个示意图，图中的国家并非同时存在。
宋朝于960年成立，包含五代后周的领域。由于整个10世纪存续于河中地区——东部伊朗
的萨曼王朝是伊朗系统的王朝，所以本图中没有标出

并维持安史之乱的背景之中，存在着游牧民的军事力量和因丝绸之路贸易而带来的经济力量两方面的因素。也就是说，安史势力成为征服王朝的基本条件似乎已经充分具备，然而最终安史势力却因未能争取回鹘成为自己的盟友，结果在军事上失败。如果安史之乱成功的话，那么可能会成为安史王朝。然而遗憾的是，在 8 世纪时条件尚未成熟。因此，安史之乱可谓是一个"过早的征服王朝"。

第八章

粟特网络的变质

唐朝、安史势力、回鹘的粟特人

唐帝国之内的兴胡　　　根据荒川正晴的研究，在中国从北朝到隋再到唐初的粟特人，太宗、高宗时代西域发展期以降的粟特人，他们的地位和待遇有很大变化。具体体现在"萨宝"（萨保）这一官职称号的内容变化，以及进入唐代以后唐朝以"百姓"（在籍贯所在地登录户籍）、"行客"（在籍贯所在地以外的居住地州县登录户籍）等形式在全国推行户籍管理政策时，对粟特人特别设置的除"百姓"及"行客"之外的"兴胡"这一分类。

　　在此之前，粟特人不管在中国内地人口如何众多，如何形成了众多的殖民聚落（包括城市内的聚居地），他们始终是"外国人"。然而当唐帝国进入西域后，首先征服了麹氏高昌国并将其作为直辖地，接着又设置安西都护府，把整个西域东部纳入羁縻统治体制之中，继而羁縻统治的网络又越过帕米尔高原扩大至西突厥斯坦。公元658年，唐朝设置康居都督府，于是索格底亚那诸国在名义上成为了唐帝国统治下的地区。

同样设置了羁縻都督府的地区还有很多，然而因为索格底亚那是粟特商人的故乡，所以只有这片区域比较特别。也就是说，对于之前粟特商人在整个丝绸之路东部构筑起来的商业信息网络，唐朝并没有加以摧毁，而是积极地吸收进来。为此，唐朝对于从已经成为羁縻州的索格底亚那新来的粟特商人，不再是按照外国人，而是作为"兴胡"来特殊对待。而且，对于以前就进入中国内地的粟特人也采取了新的政策，将其作为内地人（唐人，非汉人），使其分属于"百姓"或"行客"，同时让其保持从事商业活动的余地，让粟特人与"兴胡"对接，促使粟特人继续从事构筑丝绸之路网络的活动。在柔然、突厥、回鹘等游牧国家的大发展过程中，历来都是以吸收商人为前提而展开的，在这一点上唐帝国也是同样。这是一个很大的发现。

分别属于"百姓""行客"或者"兴胡"之一的粟特商人在唐帝国国内移动时，必须随身携带通行许可证——中央乃至州一级发放的"过所"，或者是州县一级发放的"公验"。与以前比较，粟特人的自由度似乎有些减少，然而反过来看也有有利之处——如果携带"过所"或"公验"的话，那么在旅途上就会享受到各种来自官方的服务。

如此一来，对被允许活跃于唐帝国内部的一部分粟特人来说，就不仅像在之前所见到的那样在唐朝只拥有某种程度的军事力量。而且当这部分粟特人一旦与突厥第一帝国灭亡后南下的粟特裔突厥人建立起联系，尤其是当他们与同罗、突厥等突厥系统的游牧民，以及奚、契丹等蒙古系统的游牧民势力联合起来时，就会形成一股强大的军事力量。在这种情况下，他们驱动其传统的经济信息网络的力量来追求自己的独立也并非不可思议之事。实际上，我们也完全可以从这一角度来重新审视安史之乱。

牟羽可汗的政策与粟特人 从东回鹘的角度来看，介入安史之乱绝不是单纯的援助和救援。通过本书前面的各个章节，我们已经讨论了中央欧亚史的大潮流和粟特人的动向。根据前文的叙述，我们可以这样认为，磨延啜可汗和牟羽可汗两位可汗基于情报——由治下的粟特人以及粟特裔突厥人所构筑的遍布欧亚大陆东半部的情报网络所搜集到的情报，并且在与身边的粟特政商以及粟特裔武将进行协商的基础上，抱着明确的目标，这两位回鹘可汗积极地参与安史之乱的可能性无疑很大。

玄宗从长安出发到蜀地"蒙尘"是756年六月之事。七月，肃宗于灵武即位。同年九月，肃宗向回鹘的磨延啜可汗处派去了请求支援的使节团。求援使团到达漠北鄂尔浑河畔的回鹘大帐，见到磨延啜可汗恐怕是十月之事。而且很快，在下个月到下下个月之间，回鹘部队就与唐朝的郭子仪部队会师，击败了安史势力的阿史那从礼的部队，给当时的鄂尔多斯带来了平安。

那种认为"回鹘臣属于唐朝，所以支援唐朝乃理所当然的义务"是中华中心主义的看法，对此美国学者 L.W. 莫吉斯以及哈萨克斯坦学者 A.K. 卡马洛夫等人已进行过反驳。他们认为：正因为站在安史势力一边的前突厥贵族阿史那从礼纠集了突厥第二帝国灭亡时逃亡到唐朝的突厥人以及粟特裔突厥集团，所以回鹘才采取了支援唐朝的对抗措施。倘若仅就磨延啜时代而言，可以说，当时的确存在着这样一种可能，即回鹘要阻止前突厥势力的复活。但是，正如前文已经反复讨论过的那样，进入牟羽可汗的时代以后，回鹘则明显是为了与史朝义势力联手推翻唐王朝才侵入中国内地。因此，倘若从整个时代来看，前述观点显然就陷入一种简单的结果论了。

不能忘记的是，在安史之乱平息的 763 年八月，唐朝的仆固怀恩发动的叛乱刚一爆发，牟羽可汗就与中央欧亚迅速崛起的吐蕃王国联手，打算帮助自己的岳父仆固怀恩。仆固怀恩是突厥武将，出身于仆骨（仆固）部，该部与回鹘同属九姓铁勒。据说，仆固怀恩的叛乱势力包括回鹘、吐蕃、吐谷浑、党项、奴剌等在内，人数达二十多万。可是，在仆固怀恩病死以后，回鹘遂与吐蕃决裂，再度倒向唐朝。

其后，牟羽可汗并没有放弃侵略中国的想法。778 年，牟羽可汗让堂兄顿莫贺达干入侵太原地区，不仅获得了数万头羊及马匹，还在次年策划正式征服中国。779 年五月，唐代宗去世，唐德宗刚刚即位，牟羽可汗接受了身边的粟特人的意见，计划以举国之力南下入侵唐朝。

如果这一计划实现的话，唐朝很可能会就此灭亡。然而，牟羽可汗的这一宏图却因顿莫贺达干等人的政变而受挫，牟羽可汗与身边的粟特人共计约两千人在政变中被杀。也就是说，牟羽可汗的一系列"革新"政策，即允许摩尼教正式在回鹘传播、自己也改信摩尼教、十分优待与摩尼教徒表里一体的粟特人等政策，并没有得到回鹘国人的压倒性支持。

如此看来，安史之乱时率军亲征中国内地的牟羽可汗，当时之所以改信摩尼教并准备将摩尼教变为国教，我以为不仅仅是前面谈到的基于经济、政治的理由要利用粟特网络的问题，在军事方面，牟羽可汗恐怕也有吸收重要的粟特人或者粟特裔突厥人加入自己一方的意图。虽然粟特人原来几乎都是琐罗亚斯德教教徒，但在来到中国的粟特人中间也可以看到很多人成了佛教徒，此外明显也有一些景教徒。那么，当时的粟特人中究竟有多少摩尼教徒? 究竟是何种原因导致摩尼教取得了回鹘的国教地位? 这些问题至今依然是一个谜。

敦煌出土伯希和 1283 号藏文文书

天才的伯希和
也感到棘手

这里介绍的是收藏在巴黎国立图书馆的伯希和 1283 号藏文文书（P.t.1283）的一部分内容。法国享誉世界的汉学家伯希和（Paul Pelliot，1878—1945）于 1906 年二十八岁时前往中亚从事学术考察，1908 年将在敦煌莫高窟藏经洞得到的珍贵文书及绘画带回了巴黎。由于伯希和到达敦煌莫高窟的时期稍晚，比英国东方学家、探险家斯坦因（Marc Aurel Stein）迟了一年，所以许多精品都被带回了伦敦，收藏在英国图书馆中。不过伯希和带回的文书都是凭借他的学识精心选择的，所以法藏文书的内容质量上更好一些，这件文书就是其中之一。

　　然而这件文书连享有天才之名的伯希和也感到非常棘手。尽管伯希和进行了前期发表，也发出了准备出版的预告，但最终却始终没有完成。在伯希和去世以后，巴考将遗稿进行补订后出版。其后，英国、法国、匈牙利等国的杰出学者继续加以研究，最后由我在 1977 年首次发表了该文书的完整译文，并对此进行了综合性的考察。即便是这样，其中仍然残留了一些不明之处。下面的内容是在之前研究的基础上，得到今枝由郎、武内绍人、石川严三氏的帮助而推出的最新成果。

伯希和在敦煌 在莫高窟藏经洞拣选文书的伯希和，时年三十岁

五名霍尔人的报告 8世纪末至9世纪初，吐蕃王国的统治从西藏高原扩大至河西走廊、陇右一带。当时一位吐蕃人基于偶然从敦煌一带的古文书库里发现的《霍尔王派遣的五名霍尔人的报告》而编写了一个文件，这就是前面提到的伯希和1283号藏文文书。关于"霍尔人"是什么人，我们在后面还会涉及。就这件藏文文书的内容而言，不仅是将五名霍尔人的报告按顺序排列起来，而且加上了其他一些资料以及传闻。由于该文书是用藏文写成的，所以被视为专门为吐蕃人编写的一种《北方志》。当时，随着吐蕃领土急速向北方扩大，吐蕃人对北方形势的关心也日益高涨起来，该文书当是为了配合这一局势而编写并流传开来的。

尽管不清楚这件藏文文书所依据的原本，即五名霍尔人的报告是用什么语言写成的，但是其年代肯定比这件藏文文书要早一些，关于这一点后面会进行考证。总之，将其视为8世纪中叶前后的东西比较稳妥。这五名霍尔人究竟是商人还是间谍也都不清楚，由于他们的报告汇集了对当时的中央欧亚各地进行考察的结果，所以据此可以了解到当时在丝绸之路东部的国家以及民族集团等的分布形势。

　　以下译文中的罗马数字 I—V 分别表示这五个人，阿拉伯数字则是为了段落划分方便起见而加。

伯希和 1283 号藏文文书的最新译文¹

【标题】关于北方究竟有多少个王的系统记述　霍尔王曾经下诏，要弄清楚北方到底有多少个王。他派遣五名霍尔人前去侦察以后所写的报告保留在文书库中，本文书即据此抄写整理而成。

【I –1】（霍尔）国的名字汉语叫 Ji-'ur，突厥语叫 Ba-ker balïq（铜的城邦）。

【I –2】在其对面有广义的突厥系统的突厥（原文作'Bug-chor）十二部。一是射摩可汗王族（即阿史那部）、一是贺鲁部、一是阿史德部、一是舍利吐利部、一是奴剌部、一是卑失部、一是绰部、一是苏农部、一是 Jol-to 部、一是 Yan-ti 部、一是悒怛部、一是 Gar-rga-pur 部。这些（突厥十二部）都没有王。在这些部族之间有军队六千人。

【I –3】在其东方，有一个部族吐蕃人称作 He（奚），汉人称作 He-tse（奚子），突厥人称作 Tatabï，其酋长是 Cong bong ya。该 Tatabï 的祖先的头颅骨被作为酒器，以金银装饰（镶嵌着金箔和银箔）。

【I –4】由此再往东方看去，有一个突厥人称作 Mug-lig，汉人称作"高丽"的地方。在属于山东地区的大臣张忠志（Chang

　　　　　　　　　　　　　　丝绸之路与唐帝国

Chung-chi）辖下的高丽地区，其居民下颚连着胸脯，食人肉，把年老的父母以及老人们互相交换杀害。

【Ⅰ–5】由此再往东方看去，有一个叫"百济"的南蛮，赤身裸体。

【Ⅰ–6】由此再往南方看去，人们像鱼一样住在水中。

【Ⅰ–7】由此再往南方看去，有着黑肤白眼，像水虺一样卷发的南蛮，他们像鱼似的善于游泳。

【Ⅰ–8】再看 Tatabï 的北方，有 Da–sre 族，帐篷的支架用鱼（或者海兽）的肋骨制成，帐篷上面盖的东西，上层用鱼皮制作，底层用白桦树皮来制作。

【Ⅱ–1】从突厥（'Bug–čhor）往西边看，有吐蕃人叫作"九姓突厥"（即九姓铁勒）的九个部族，其大族长产生于回鹘都督之中，由受到中国认可（并非自上而下的册封，实际上仅仅是追认）的可汗担任，然而其家世应是 Yag–le–ker（药罗葛）。（牙帐的）门口立着九面旗帜，仅回鹘就有六千军队。

【Ⅱ–2】再看其北方，有叫作契丹的国家，其王就是契丹的可汗，食物、宗教与吐谷浑（原文作'A–zha）相同，家畜几乎都是牛、羊、马，语言也几乎与吐谷浑一样。其与回鹘有时交战，有时和亲。

【Ⅱ–3】由此往东方看，是 Tatabï（奚族）。

【Ⅱ–4】由此再往北方，有 Ga–ra–byi–gir 族，其国位于山谷之中，家畜全都是猪。

【Ⅱ–5】有 Do–le–man 族。其国出产上乘的黍类以及油菜（或许是人参？）。

【Ⅱ-6】有五个部族，住在用白桦树皮建造的帐篷中。

【Ⅱ-7】从这里到北方一望无际的湖边，人们的居所及身体特征都和吐谷浑同样。有各种各样的家畜。人们身穿毛皮。冬天，大平原上地面冻裂，人们无法往来。这一带有着很幸福的部族。

【Ⅲ-1】从那儿（回鹘）往东北方向看去，有Khe-rged族，其帐篷都用白桦树皮盖成。（Khe-rged族）向回鹘进贡青鼠的毛皮。

【Ⅲ-2】由此往北有"Ye-dre"七部族，但没有王。他们经常与回鹘作战。帐篷用白桦树皮盖成。他们从白桦树的雌木上榨取乳汁酿酒。其国家位于山谷，很强大。

【Ⅲ-3】往其西边看，有很小的Gud族，住家也是山里的草庵，用鹿（驯鹿）驮东西。其服装冬夏都一样，穿着都是野生草食动物的毛皮，并在上面涂以黑炭焦油。其食物是野生草食动物的肉和百合根，同时还吃野鼠储存起来的像粪一样成堆的食物，以及啄木鸟等藏在朽木里的食物。（Gud族）还向回鹘进贡野生食肉动物的毛皮。

【Ⅲ-4】从这里再往西北看去，有Ku-čhu-'ur族，其国很强大，不听回鹘的调遣，并经常与回鹘交战。

【Ⅲ-5】其后边有Hir-tis族的两个很小的部族，与回鹘有时交战，有时和亲。

【Ⅲ–6】从这里往北方有 Gir-tis 族。水晶眼、红头发。家畜的门类齐全。还饲养着很大的马匹。

【Ⅲ–7】由此再往北方，被沙漠化的大山脉地带隔开，（过去突厥的）射摩可汗曾率领军队到此，但是未能翻越过去。

【Ⅲ–8】在其对面的北方地区，有身高体大的巨人，其身高达三寻，弓箭……和食物与其他国王同样。到处树敌、争吵，没有惩戒杀生（戒杀生？）的法律。人死后也没有葬礼，不立坟墓。从刚会说话的孩子开始，地位高的人对神表示敬意。家畜有牛、羊等所有的种类。Hir-kis 派遣使者时说："这样像孩子一样的（幼小的人）恐怕狗会来偷盗。"……命其（进入）其中，绑在背东西的架子上。（巨人）询问使者说："我们部族放牧牛羊的人有叫 Ga-ra-gang-lig（黑车子）的人，如果知道的话，问一下（他）在什么地方。"不曾听说过巨人（部族）的远方有人居住。

【Ⅳ–1】其（回鹘）北方有拔悉密（Ba-smel）五个部族。他们与回鹘以及葛逻禄（Gar-log）合谋，打败突厥王即可汗的政权，拔悉密的酋长成了可汗。其后，回鹘又与葛逻禄联手杀死拔悉密可汗，拔悉密部族因而分裂，变成了隶属他人的部族。由于拔悉密一部 Ges-dum 族和拔悉密另一部 Ba-yar-bgo 族、其族长 Yed-myis 俟斤，以及 Hi-dog-kas 族、其族长 Hi-kil-rkor 俟斤比较强大，所以葛逻禄部未能将其纳入（自己的）统治之下。

【Ⅳ-2】由此再往北方的 Go-kog 族与世无争。

【Ⅳ-3】在其西方还有十个部族。其中有的部族很强悍，有的部族
拥有很大的山谷，有的部族有着很辽阔的牧场。

【Ⅳ-4】在这些地区的北方则是连绵不绝的沙漠以及大山。

【Ⅳ-5】在这一地区的对面是天王二部族，突厥王射摩可汗的政权
稳固时期，曾经向这一方向进军，但是军队未能通过这一地
区。结果有两个人迷路，犹豫彷徨之际，发现了母骆驼的
足迹，跟随其足迹走下去，在一群母骆驼附近碰见一个妇
人，以突厥语交谈之后，两人遂偷偷地跟着该妇人后面往
前行。一群狗在狩猎野生草食动物之后返回骆驼群时，用
鼻子嗅到了（两个人的存在）。（于是该妇人遂让这两个人）
向该狗跪拜。于是这些狗遂让十头母骆驼驮上必需品以及
穿越无人沙漠所需要的水，让两个人再次出发，（两人）遂
回到了突厥。

最初这些狗从天而降，一条红狗和一条黑狗降至山梁
上面，与一条母狼结合并开始一起生活，但是没有生育后
代。于是这两条狗遂从附近的突厥人的家里抢来一个姑
娘，与该女子一起生活的结果，所生男儿都是犬类，所生
女儿则皆为人形，是真正的女人。红狗一族名称叫作 Ge-
zir gu-shu（突厥语"小红狗"之意），黑狗一族名称叫作
Ga-ra gu-shu（突厥语"小黑狗"之意），这些犬（即男子）
与女子（人）都用突厥语对话，家畜、财产、粮食都由女

　　　　　　　　　　　　　　　丝绸之路与唐帝国

人来调配使用。在这一地区的对面更远处，没有听说过有
人居住。

【Ⅴ-1】在其（回鹘）以西，有葛逻禄三个部族（三姓葛逻禄），拥
有军队八千人。（葛逻禄）与 Du-rgyus（突骑施）以及 Ta-
zhig（大食）交过战。

【Ⅴ-2】再往东去，有 Og-rag 三个部族，往大回鹘的方向来看，为
了迎请摩尼教法师来，Og-rag 曾经与回鹘交过战。

【Ⅴ-3】在其（Og-rag）东北方向，有从突厥的 Gu-log-gol-chor 出
来的 I-byil-kor 族，拥有军队一千人。

【Ⅴ-4】在其西北方向，有 Be-ča-nag 族，拥有军队五千人。曾与
回鹘交过战。

【Ⅴ-5】在其西方有突厥的驳马族，是一个幸福的大部族。突厥的
驳马（快马）来自这里。

【Ⅴ-6】在位于其北方的沙漠山脉地带的对面，有一群被称为"长着
牛蹄者"的人群，其脚如公牛的蹄子，浑身长着厚密的茸
毛，喜食人肉。

【Ⅴ-7】由此再往前方，突厥的士兵们在徘徊，一个士兵的腿断
了，无法行走，其伙伴遂在断腿的士兵旁边杀死了一匹
马，并且堆积了大量的木材，将打火石交给了受伤者。将
该断腿士兵丢弃以后不久，一只老虎悄悄地来到了断腿士
兵的身边。在老虎的后边，有一只体格大小如猫一般，身
上的毛硬如铁棍一样尖利，喉部以及腹部两侧有大拇指

一样大的白色斑点的（刺猬）。断腿士兵向其白色的侧腹射了一支箭将其杀死，其身体遂像猪一样弯曲起来，毛像铁棍一样坚硬锋利。从鼻尖到尾梢都像利剑一样锐利无比。用突厥语说是 kog-nyo-yog……在那里见到了与老虎打架的状况。（以下部分因为原文残缺严重，无法判读，故省略）

"五名霍尔人"是在什么时候，报告了什么？

上面引用的藏文文书是根据"五名霍尔人的报告"编写的，那么"五名霍尔人的报告"究竟是什么时候的东西呢？首先，在第四个人的报告（【Ⅳ-1】）中，有如下记述："其（回鹘）北方有拔悉密（Ba-smel）五个部族。他们与回鹘以及葛逻禄（Gar-log）合谋，打败突厥王即可汗的政权，拔悉密的酋长成了可汗。"毫无疑问，这段记述是反映了在第七章开头介绍过的那件发生于 8 世纪 40 年代前半期的事件。

对此，第二个人的报告（【Ⅱ-1】）中则谈到了九姓铁勒的大可汗由回鹘各部选出，并要受到中国的追认，然而其家世应是 Yag-le-ker（药罗葛）这样的内容。这一记述说明，此事显然是在回鹘先后打败拔悉密和葛逻禄建立回鹘帝国之后的事情，至少也应该是回鹘第一代可汗阙毗伽可汗（744 年即位）和第二代可汗磨延啜可汗（747 年即位），也就是说，药罗葛氏出身的可汗在位反复两次以上之后的事情。

其次，在第五个人的报告（【Ⅴ–1】）中提及的葛逻禄与突骑施以及大食的战事，一般被推定为发生在 8 世纪四五十年代；另一方面，有关摩尼教是否正式传播到回鹘的相关记事有【Ⅴ–2】，其时期一般认为是在牟羽可汗治世初期的 8 世纪 60 年代。另外，在第二个人的报告（【Ⅱ–2】）中，说契丹"与回鹘有时交战，有时和亲"。这种局面并不是磨延啜时代，而仍然是牟羽可汗时代的事情。综合考虑以上各种情况，作为藏文文书蓝本的"五名霍尔人的报告"之年代只能是 8 世纪中叶，其下限在 8 世纪 60 年代。

"张忠志"的发现　在这次新译文中，我将 1977 年发表的旧译文里没有弄清楚的地方，即"shan-tong 的大臣 Chang Chung-chi"这句话，翻译成了"山东地区的大臣张忠志"（【Ⅰ–4】），这是在学术上的一个很大的进步。张忠志是曾任唐朝成德军节度使的重要人物，他撑起了当时反抗唐朝中央的半独立军阀"河朔三镇"之一角。然而，由于他在汉文史料中几乎都是以唐朝朝廷赐予的"李宝臣"之名出现，所以迄今为止谁也没有注意到这一点。该藏文文书将张忠志称作"大臣"，显然是因为唐朝中央朝廷在名义上给了他大臣的地位。而实际上，张忠志是作为成德军节度使而掌握实权，统治着山东。当时的"山东"乃是指太行山以东，不仅限于现在的山东省，也包含河北省。

张忠志并非纯粹的汉人，他原来是奚人，由于后来成了范阳武将张锁高的义子，所以改成了张姓。我过去在旧稿执笔期间，对有一些问题很不理解，诸如第一位霍尔使者为什么对"奚"很熟悉，在"奚"的东边为何是渤海国，在朝鲜半岛为何不提新罗，等等。现在涣然冰释，上述疑问都得到了解决。原来张忠志是奚族，安史之乱以后张忠志在河北地区拥有极大的权力，其领域很可能是隔着内海（亦称渤海）与在安史之乱时占领辽东的渤海国直接相连在一起。因为隔着渤海国，所以自然也就得不到新罗方面的情报，而来自于早已灭亡的百济等的情报，也只能是传闻而已。

张忠志自幼擅长骑射，被安禄山看上步入仕途。他跟随安禄山进京以后，因得到玄宗皇帝的赏识而留在了朝廷。安禄山发动叛乱以后，张忠志逃回了范阳，喜出望外的安禄山给其赐以安姓，并收为义子（安忠志）。其后，他作为安史势力的大将军活跃一时，并成为叛乱军的节度使。

成德军节度使李宝臣 762 年（宝应元年）十一月，张忠志（安忠志）带着治下的恒、赵、深、定、易五州归顺了唐朝。于是，唐朝将他任命为成德军节度使，重新让其统治上述五州，同时又给他检校礼部尚书这样一个名义上的官衔，并且进一步恩赐其唐朝皇室的李姓，名曰李宝臣，次年又加封为清河郡王。所谓节度使，就是被委任以地方军政大权的人物，经常与执掌民政的观察使一起掌管各地的全权。不知道从何时开始，张忠志又兼任了恒、定等州的观察使。

在762年设置的成德军节度使辖区中，没过多久又加上了冀州，大历年间又加上了沧州。当时张忠志，即李宝臣，统率兵卒五万人，军马五千匹，正如《新唐书·李宝臣传》所说"雄冠山东"的那样，张忠志成了山东最大的实权人物，而且通过不向唐朝中央缴纳在自己的领地内收的租税、自作主张地整编军队以及任命官吏等行为，成为不听朝廷命令的半独立的代表"河朔三镇"中的一员。

当时这种由节度使支配的半独立地区还有若干个。即便在这样一种割据的状态下，唐帝国的后半期仍然保持着良好的经济状态，在完成于隋代的大运河运输物流的支撑之下，继续维系着世界最高水平的大国姿态。因而对于这样一些以节度使、观察使为代表的藩镇势力，只要不表现出露骨的谋反行为，唐中央朝廷也是睁一只眼闭一只眼，采取默认态度，没有让事态进一步激化。

当然，就其背景来说，则是由于有取代突厥并迅速强大起来的回鹘帝国这样的游牧国家。我们不能忘记，当时不仅有分散在漠南—鄂尔多斯一带的契丹、奚、鞑靼、前突厥残部、六州胡、沙陀、吐谷浑、党项等中小规模的骑马游牧民，还有拥有强大骑兵部队的藩镇势力。在唐朝的西边，更有不断膨胀起来的吐蕃王国也在觊觎着唐朝。因而可以说，没有回鹘也就没有唐朝后半期的安宁。唐朝的回报则是绢马交易，由此也可以看出唐朝从前半期的武力国家向后半期的财政国家转换的影子。

李宝臣在其后也一直保持着强势的状态，甚至好像还曾觊觎过皇帝之位，但实际上他始终没有公开反叛过唐朝。781年（建中二年）他在成德军节度使即实质上的"山东王"的位子上，结束了自己轰轰烈烈的一生。

覆盖丝绸之路东部的网络　　基于上述新的知识以及认识，我们可以将《五名霍尔人的报告》的时间确定为8世纪中叶，并将其下限推至安史之乱平定以后的8世纪60年代后半期（或者是七十年代？）。在这一前提之下，依据这篇藏文文书新译文所复原的五名霍尔使者的足迹，我们若是用地图来加以显示的话，就得出了附图《霍尔使者的足迹》。由于当时对地理信息的把握经常有偏差，东南西北的方向相差九十度之事常常出现，所以在与其他史料进行比较的基础上，我对此适当地进行了一些修正。从整个地图上来看，一目了然，除了唐朝本土以外，霍尔人的足迹几乎覆盖了当时整个丝绸之路东部，让人切实地感受到霍尔王国以及霍尔人的情报网络之庞大。

被先前固有的常识所束缚的研究中国历史的学者们，当面对突厥竟然还残存于唐朝本土之内这一记载（【Ⅰ-2】）时，一定会感到很吃惊吧? 然而这却是事实。若是把在这里见到的突厥十二部与第三章谈到的构成突厥遗民羁縻州的前东突厥十二部加以比较的话, 就可以发现, 其中的舍利吐利部、阿史那部、绰部、贺鲁部、悒怛部、苏农部、阿史德部、卑失部这八个部族完全一致。当然, 两者之间已经经过了一百年的时光, 并非前东突厥十二部一直留在中国内地, 然后变成了这件藏文文书里的突厥十二部。后者的主体应当是 716 年默啜突然死亡以后, 在突厥的内乱过程中逃亡到唐朝的那些失败者。在后者这股政治势力之内具体应该包括下述两个方面: 其一是受右贤王墨特勤和左贤王阙特勤节制, 可称之为前默啜派的突厥流亡政权的人物; 其二则是在 8 世纪 40 年代突厥第二帝国灭亡时新近投降唐朝的人物。

"霍尔"就是粟特

在解读这件藏文文书时, 最关键的一点就是第一个霍尔人的报告【Ⅰ-1】所提到的 "国的名字汉语叫 Ji-'ur, 突厥语叫 Ba-ker balïq (铜的城邦)" 里涉及的五名霍尔使者的出发地问题。在以前发表的旧译文中, 我对于因时代不同意思也有很大变化的藏语 "霍尔" 一词做出了如下的定义: "位于吐蕃之北, 汉民族以外的有影响力的异民族, 与扩大或缩小的藏族领域有直接接触的部族。" 然而关于霍尔王国、霍尔人的情况, 只是停留在应当位于河西—吐鲁番—北庭的某处, 未能提出更多的见解。但是, 在系统地写作本书的过

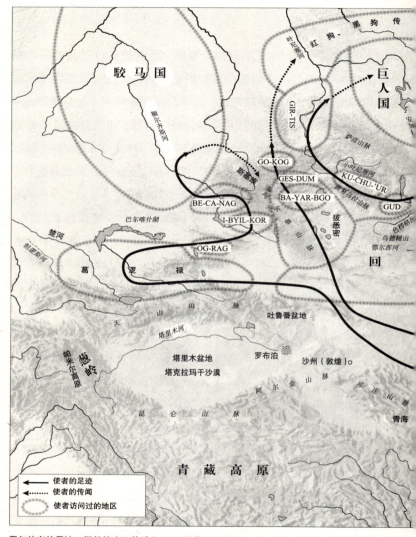

霍尔使者的足迹　据敦煌出土伯希和 1283 号藏文文书（P.t.1283）《五名霍尔人的报告》复原

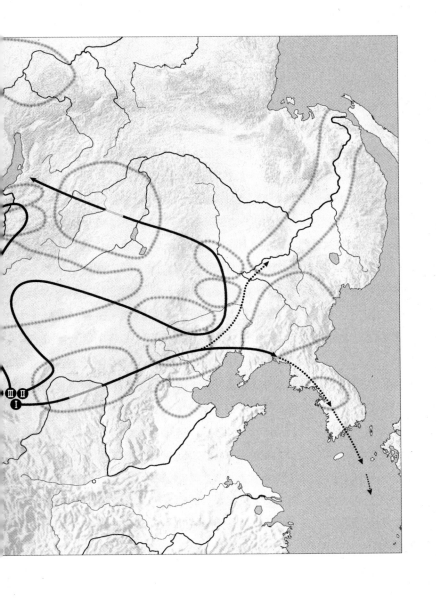

程中，我逐渐建立了一种看法，即当时能够拥有如此庞大的情报网络的只有粟特人，因而确信所谓霍尔人就是粟特人，霍尔王国应该就是位于河西—吐鲁番—北庭某处的粟特人殖民聚落。

而且，第二个霍尔人报告者说，蒙古裔的契丹族及其他与吐谷浑很类似（【Ⅱ–2】）。由此可以窥见，霍尔人显然对于鲜卑出身的蒙古裔吐谷浑人十分了解，因此，较之吐鲁番—北庭，说霍尔人在河西地区恐怕更为合适。如此一来，作为霍尔王国的候补地来说，甘州（张掖）、同城（额济纳）、肃州（酒泉）、沙州（敦煌）都有可能性。不过从当时的情况来看，第一候补恐怕应该是凉州（武威）。我做出这一推测的理由如下：

安史之乱爆发一年多以后，至德二载（757年）正月，唐朝政府军于各地陷于苦战之中。凉州的九姓商胡（用语明显是指粟特商人）安门物与河西兵马使盖庭伦联合起来，聚集六万之众，杀害河西节度使周佖，发动了叛乱。当时，凉州的大城之中有七座小城，而胡（粟特）方面占据了其中五座。在这种情况下，支度判官崔称鼓动剩下两座小城的士兵进行反击，经过十七天镇压了叛乱。此事是见于《旧唐书》卷十以及《资治通鉴》卷二一九的大事件。其中叛乱的主谋之一安门物显然是一个粟特商人，从叛乱军的中心是"胡"这一点来看，很难设想此事与安史之乱没有关系。此外，就安门物所率领的部众而言，除了第二章已经提到的"凉州的粟特军团"以外没有其他人，恐怕本来就是打算和安史之乱汇合的吧。

丝绸之路与唐帝国

虽然这次凉州的叛乱被平定了，但是通过此事可知，即便到了唐代的中期，凉州的粟特商人们仍然保持着强大的军事力量。所说的霍尔国，其原语用突厥语来说是 Ba-ker balïq，意即"铜的城邦"，balïq 的意思就是"城镇、都城、城市"，因此其指代七座小城中一座小城的可能性并不低。唐代凉州的人口大约十一万人，倘若简单地计算一下，一座小城大约一两万人。因此，我们可以设想一下，其中一座小城是只有粟特人的城市，其领导人则是像骑士般的商人贵族，也可以被称作"国王"。这位国王为了对远距离商业贸易有利，需要随时把握变化的政治形势，所以决定派遣五名使者从凉州出发，沿着向各处延伸的干线道路前往各地。这样一来，其路线势必与中央欧亚东部的丝绸之路网络重合起来。另外，顺便说一句，凉州从唐朝落入吐蕃之手的时间，乃是安史之乱结束以后不久的 764 年。

倘若根据本章开头介绍的荒川正晴的观点来看，进入唐代以后，不仅之前聚落的粟特人，而且包括外来的粟特人也都被唐朝政府以户籍制度掌控了起来，因此或许整个粟特商人群体都不能再像以前那样自由地迁徙流动。但是，如果仅仅是在唐朝国内活动的粟特人的话，有"行客"的身份就可以了，为何唐朝还要另外设立一个"兴胡"的分类呢？唐朝方面之所以这样做，一定是因为有着需要这样做的背景。

据《唐会要》卷八十六"关市"条记载说，743 年在唐帝国的西部"兴贩往来不绝，虽托以求利，终交通外蕃，因循颇久，殊非稳便"，因而唐玄宗发布诏敕，命令以后安西四镇节度使和沿途郡县必须对此加以禁止。这段史料说的是，由于活跃于西域的商人们与外国频繁交往，势必存在着泄露国防机密的危险，所以唐朝要加以禁止。然而这段史料也说明在此之前，唐朝为了利用西域商人，一直允许他们从事商业活动。另一方面，这段记事也反映出了西域商人与外国的交往乃是长期以来的习惯。

而且，通过上述伯希和藏文文书 1283 号复原的网络来看，也雄辩地说明这种状况其后也并没有变化。尽管唐政府在表面上坚持不承认商人们与外国的贸易，在实际上则是采取了默认的态度。我们甚至还可以认为，唐王朝实际上从一开始就一直巧妙地利用着粟特人构筑起来的国际商业情报网络。这实际也就是粟特网络为何一边发生着一些本质性的变化，一边却存续下来。倘若我的这种看法能够为大家所接受的话，就会得出一个有意思的结论，即历来人们一直认为只有柔然、突厥、回鹘等游牧国家利用了粟特人，而实际上作为拓跋（"桃花石"）国家的唐帝国也是同样的做法。

丝绸之路贸易的实际状态

西域的金银钱

7 世纪初期，在唐朝的统治波及西域之前，金银和丝织品曾是丝绸之路东部的主要国际通货。根据《大慈恩寺三藏法师传》卷一的记载来看，当时玄奘去印度学习佛法，途经河西走廊的最大城市凉州，向包括西域商人在内的听众说法时，曾收到听众布施的许多金钱和银钱。

　　而且，在玄奘穿越戈壁滩偷渡出国以后，高昌国王麹文泰在为东部天山所环抱的吐鲁番盆地热情迎接了他，并且给玄奘通过中亚前往印度的往返旅费"黄金一百两、银钱三万、绫及绢等五百匹"。此外，在《大唐西域记》卷一中，玄奘还谈到了阿耆尼（焉耆）国、屈支（龟兹）国、迦毕试国的通货是金钱、银钱，而且睹货逻国（古称巴克特里亚）也使用金钱和银钱。

　　上述这些记载都无可辩驳地说明，当时中亚的国际通货是金银钱和丝织品。尽管如此，另一方面，在《大慈恩寺三藏法师传》卷二中，关于位于高昌国和阿耆尼国之间的银山记载说："山甚高广，皆是银矿，西国银钱所出也。"将这一记载与目前新疆维吾尔自治区到北部中国的金银钱的出土状况结合起来考虑，可以推测在当时的中亚，无论是作为国际通货，还是作为当地通用货币来说，都应该是以银钱为主。根据本书讨论过的粟特文女奴买卖契约文书以及汉文契约文书，我们已经确认了银钱在 7 世纪的吐鲁番作为高额货币流通的事实，所以上述推测似无可置疑。此外，与银钱同时，豪华的金银器也大量地从西方流入了中国。

作为高额货币的丝织品　　　尽管如此，当河西到帕米尔高原的中亚东部被唐朝征服以后，这一地区都被纳入了中国经济圈之中，这样一来，必然的趋势是丝织品（帛练缯彩绫罗锦等，"帛练"为其总称性的代名词）取代银钱，成为高额货币的代表。尤其是进入8世纪以后，银钱完全被唐朝的铜钱所取而代之。铜钱的个体价值虽然低，但与高额且品质多种多样、不具备统一计数功能的丝织品相比则有优势，因而成为了价值计算的单位。据荒川正晴的研究，作为军费从中国本土送至当时正处于唐朝控制下的西域的布帛数量，在进入8世纪以后有了飞跃式的增长。与此相适应，以粟特商人为首的商业活动也越来越活跃。

　　到了这个时代，与以前一样，西方的金银器经由粟特人之手被运至东方，这一方面的情况通过考古学的资料已经可以得到充分的推测。在帕米尔高原以东，人们好像已经不再使用银钱或银块来作为主要的等价物。不仅在7世纪末的吐鲁番文书中已经没有使用银钱的踪影，而且从汉文文书中也可以看到一个事实，即早在670年前后，在天山地区活动的粟特商人已经不用银子，而是将绢作为高额货币来使用。

　　另外，在反映8世纪头二十五年形势的《慧超往五天竺国传》一书中，谈到了在兴都库什山脉以南的西天竺国（西印度）使用银钱，在"建驮罗国"和谢飓国（Zabulistan）的金银布施，同时还在谈及帕米尔高原山中的胡蜜国（Wakhan）和识匿国

（Shighnan）的条目中分别记载道：

> 此胡蜜王，兵马少弱，不能自护，见属大寔（倭马亚王朝，
> 大食）所管，每年输税绢三千匹。

> 彼（识匿国）王常遣三二百人于大播蜜川（大帕米尔高原），
> 劫彼兴胡及于使命。纵劫得绢，积在库中，听从坏烂，亦不解
> 作衣着也。

另外，根据同书中记述的，粟特商人已经从中国来到印度西
北部的犍陀罗国附近，换句话说，在这一时期，<u>丝绸之路东部的
广大范围内都可以见到粟特商人的身影，他们携带着大量用作实
物货币的丝绸，而不是金银币。</u>

充当铜钱的丝织品　　在公元后头一千年的中国本土，金银并未
广泛流通，主要使用的货币是以西汉以
来的五铢钱为代表的铜钱，同时还有丝织品、谷物等实物货币。
虽然在得到掌权者的首肯、计数功能优越这一点上，铜钱更占
优势，然而两者一直并行使用。传统的五铢钱一直用到隋代为
止。到了唐初以后，取代五铢钱而发行了"开元通宝"，之后尽
管整个唐代到五代一直持续铸造发行"开元通宝"以及其他铜
钱，但是在租庸调制度之下，纳税仍然依据谷物、布帛等实物。
　　到了780年，之前的租庸调制被两税法取代。两税法实施

以后，在原则上纳税必须使用铜钱，于是货币经济开始向地方渗透。可是，铜钱虽分量重却价廉，与金银以及丝织品等轻而贵的通货形成鲜明的对比，因而并不适合作为远距离输送所需要的国际通货。不仅如此，在唐朝国内，当距离较远的两地需要将税金或军费汇总起来寄送时，用的也并非铜钱，而是被称作"清货"的高级丝织品以及金银。又因为金子的绝对数量很少，而银子主要在有银矿的岭南、江南的一部分地区和集中储存的长安、洛阳、扬州等大都市中流通，因此在全国各地一般仍是以丝织品（主要是绫、罗）作为向远方的价值输送手段。

以银子作为标示物价的事例在唐代还没有，主要还是进入宋代以后才出现的。在唐代的中国本土，甚至连好不容易开始流通的银钱，都没有成为具备价值尺度的完备的货币，比银子更稀少的金子就更不用说。与其说被看作货币，不如说是被视为财宝。正因为这一原因，在汉代以后的一千多年间，作为各种输入品的支付手段，加上为了得到政治上、军事上的安定局面，就中国向外国支付的大宗国际通货的选择来说，只能是中国特产、即重量既轻价值又高的丝织品。

松田寿男认为，在活跃于蒙古高原—天山山脉草原地带的游牧国家的马匹与中国丝织品的交易之中，蕴含着推动前近代中央欧亚历史的原动力。松田寿男关于绢马贸易的研究非常具有说服力地论证了这一点。根据松田寿男的研究，对于突厥、回鹘帝国来说，丝绸尤为重要。这一点与之前的汉代以及其后的宋代都形成鲜明的对比。汉朝给匈奴的岁币中除了丝织品以外还有谷物，而后代的宋朝给辽、金、西夏的岁币中除了丝织品之外还加上了银子，而且银子的比重也绝不亚于丝织品。也就是说，突厥与回鹘的国际通货是丝织品而并非银子。至于金子，乃是传统游牧民用以象征身份地位的东西，或者藏为财宝，或者制成金器，自然更不可能流通。

唐朝与回鹘的绢马贸易　在与唐朝进行绢马贸易的国家中，最有名的是回鹘帝国（东回鹘）。在安史之乱中面临生死存亡的唐帝国，在得到回鹘的军事援助之后总算渡过了难关。作为回报，在之后的时间里，唐朝定期或不定期地将大量丝织品送往回鹘的根据地蒙古高原。一部分是作为岁币定期地送往回鹘，不过大部分是不定期的，作为唐朝买马的货款送往回鹘，后者即所说的绢马贸易。这种交易一直持续到东回鹘的末期。

关于绢马贸易，汉籍史料的记载总是把回鹘描述为一个穷凶极恶的国家，顺着这样的记载，历来的通行说法都是认为绢马贸易乃是回鹘把不要的马匹强制性地给唐朝的贸易（唐朝的财政因此受到压迫，即"回鹘恶人说"）。然而最近斋藤胜提出了一个新的观点，即主张绢马贸易实际上是回鹘给唐朝提供了唐方所急需的军马，因而对唐朝来说是一种很重要的贸易。针对受到中华中心主义影响的汉文史料的虚构与不实之处，斋藤胜的论文展开了精彩的论证。在马作为军事力量的根基的时代，对唐朝来说，马匹无疑就是其最大和最重要的输入品。我完全同意斋藤胜的新说。

这些马价绢（马的货款）的经年积累，在蒙古高原蓄积了庞大数量的丝织品。这些丝织品经过粟特商人之手，或是作为轻巧而高价的商品，或是作为货币被运往西方的中亚、西亚、东罗马等地。对此，回鹘得到的东西应该包括：金银器、玻璃制品、玉石、琥珀、珍珠、珊瑚以及其他宝石类，各种各样的香料药品类，粟特、印度、波斯、西亚等地的西方出产的绒毯、壁挂、织锦、棉布以及其他织物类等奢侈品。

需要注意的是，所谓"马价绢"是指具有一定规格的平绢，并不是锦、绫、罗及金襕等高级绢织物。而且绢马贸易的行情是一匹马相当于二十五匹平绢。当然，这里的平绢只是一个计价基准，平绢与那些高级绢的换算行情也是固定的。实际上支付马价绢时，不仅用平绢，可能也包括大量的高级绢织物，具体的情况我们尚不清楚。另一方面，石见清裕的研究弄清楚了一点，即对朝贡品的回赐和作为岁币由唐朝输送到外国的绢织物都是关乎唐朝的国家威信和面子的最高级的物品。石见清裕还推测，在被称作"互市"的民间贸易中使用过的货币"帛练、蕃彩"也可能是高级品。

游牧民族用马价绢购入的商品之中，最有名的是金银器。关于突厥、回鹘等草原世界的王公贵族们是如何喜好金银器这一方面的情况，不仅在正史的突厥传、回鹘传等汉籍史料中可以见到，在以希腊语写成的东罗马使者的报告中也可以见到，而且在蒙古、图瓦、南西伯利亚、天山等地出土的实物也证实了这一点。最近，在位于蒙古高原鄂尔浑河畔的突厥毗伽可汗庙中，土耳其的考察队发掘出了许多金银器（参照附图）。由于是在自己的远祖之地的发现，据说这一考古大发现曾在土耳其国内引起了轰动。在这些出土文物中有不少名品，似乎也包括来自唐朝的岁赐品。其中想必也包含着不少来自唐朝都城、吐鲁番、库车、索格底

粟特人带来的物品 银质水壶，被誉为是粟特银器的杰作。该水壶上面的图案描绘的是长着双翼的骆驼（守护神）。高 39.7 厘米，圣彼得堡艾尔米塔什美术馆藏

亚那等地的商人用流入草原世界的马价绢，结合自己的嗜好而大量购买的财宝吧。

奴隶与粟特金融资本

还有一点不能忘记，就是在本书第五章中重点谈过的粟特奴隶。以前，我一直为下述这样一个问题而感到惊讶和困惑，即在经过很多年之后，作为大量的马——从数万匹到十万匹以上的马——的回报，流入突厥帝国及回鹘帝国的绢织物实际上是一个十分庞大的数目。即

便金银器、宝石、香料、高级织物之类价格再高，在人口很少的游牧国家，上流阶级在使用或者浪费方面也会有一个限度，否则恐怕绝对无法取得收支上的"均衡"。我很怀疑前文引用的帕米尔山中识匿国的事例，难道用不完的马价绢就真会听任其堆积在仓库中腐烂吗？

但是现在，倘若我们假定在这些作为回报的商品中有大量奴隶的话，那么多年的谜团就可以迎刃而解。从北朝到隋唐，中国从西域迎来了许多艺人、音乐家、画家、工匠、医生等，促使了文化交流之花的绽放。如果是这样的话，那么在草原游牧民世界里也应该有着相应的豪华生活，所以即便出现下面这样的场景也绝非不可思议之事：在铺设着绒毯，覆盖着高级锦绣的漂亮帐篷之中，衣着华丽的王公贵族及其妻妾们用金银器和精美的玻璃杯，一边喝着葡萄酒，一边欣赏着西域传来的歌舞音乐以及杂技表演。与中国的宫廷一样，在草原上也是既有从事歌舞音曲行业的奴隶，也有因其美貌而成为妻妾的奴隶，西域的音乐以及各种文化也深入渗透到了草原的贵族们之中。

在这里，时代稍稍往前回溯，我想起了下述两个事例。据《旧唐书》卷二十九《音乐志二》和《通典》卷一四二《乐二》的记载，北周武帝从突厥第一帝国迎娶阿史那氏之女作为皇后时，西域诸国的随员也一起来到了北周。其后，据说长安开始盛行起龟兹乐、疏勒乐、安国乐、康国乐来。也就是说，在突厥宫廷之中早已存在演奏这些音乐的乐团，而为了经常性地维持这些乐

　　　　　　　　　　　　丝绸之路与唐帝国

人，大量的马价绢遂被消费掉了。

另外，武后一族的武延秀为了迎娶突厥阿波干可汗的女儿而被派遣到突厥的时候被扣留下来，在突厥滞留了一段时间。于是他不仅学会了突厥语、突厥舞，还学会了胡旋舞。正因为如此，武延秀回国以后被宫廷中的宠儿安乐公主看中，并成为其夫婿。这件事也反映出突厥有着能够教授和学习粟特胡旋舞的文化土壤。所以，即便从唐朝宫廷的角度来看，突厥宫廷的文化水准也并不落后。

在隋唐时代，西域胡人的代表粟特人，以贸易伙伴的身份大量涌入北方草原的霸者（突厥以及回鹘）的地盘，并形成了殖民聚落，甚至建起了城市。他们与突厥及回鹘紧密地结合在一起，不仅给突厥和回鹘带去了粟特文化，自身也逐渐被游牧化，其结果是在当时形成了应该称之为粟特裔突厥人、粟特裔回鹘人的新族群。在东回鹘时代，这些纯粟特人或者半粟特人为了帮助自己在中国进行贸易活动，往往诈称自己是回鹘人，这种情况在牟羽可汗时代的汉文典籍中已有很清楚的记载。正如前文所述，牟羽可汗在被政变推翻时，与他一起被杀的党羽以及身边的粟特人合起来就有两千人之多。

一段蛰伏期之后，从第七代可汗怀信可汗的时期开始，回鹘的粟特人与摩尼教僧侣在史料中逐渐活跃了起来。粟特商人再次成为绢马贸易的中介者，他们巧妙地利用了摩尼教寺院——那些在回鹘压力下建立在唐朝各大城市里的摩尼教寺院。粟特商人将这些摩尼教寺院作为住宿设施、仓库、银行，有时还将其当作紧急避难所而加以利用，在这个过程中，终于掌握了唐朝本土相当部分的金融资本，通常被称为"回鹘钱"，也就是所谓"回鹘金融资本"。海内外很多学者都按照字面之意，将此看作回鹘人商人化的结果，其实不然。实际上应该将这些"回鹘钱"称为粟特金融资本，因为没有任何经验的游牧民是不会突然变身成为国际商人的。关于这一方面，我在《岩波讲座世界历史》中发表的拙稿《"丝绸之路"的回鹘商人——粟特商人与斡脱商人之间》（『「シルクロード」のウイグル商人—ソグド商人とオルトク商人のあいだ』）中已有详细的论述，此处不再赘言。

末　章

唐帝国的黄昏

中亚史上的"关原之战"[1]

**唐、吐蕃、回鹘的
短期三足鼎立**

　　如果要说起中亚历史上的"关原之战"，
一般都会举出公元751年在唐朝和大食
（阿拔斯王朝）之间发生的"怛逻斯之战"

来吧。

　　可是，倘若真是这样的话，那么为什么失败一方的唐军最高
负责人安西都护（或安西四镇节度使）高仙芝没有被立即处死
呢？事实上，他虽然被调离了职务，但并没有被剥夺官位，其后
仍活跃在其他地方。高仙芝被问罪处刑是到后来安史之乱爆发
以后——他作为讨伐军的副将在陕州期间，面对洛阳落入敌手
这样的重大失利却满不在乎地退到了潼关，引起了玄宗的震怒。

也就是说，对于玄宗来说，怛逻斯战役的失利并非什么大不了的事件（前岛信次说）。

就像为了证明这一点一样，怛逻斯之战以后驻留西域的唐军士气很高。753年，封常清取代高仙芝进行指挥，唐军夺取了大勃律（今克什米尔巴控区的巴尔蒂斯坦），此地是吐蕃从帕米尔高原进军中亚的桥头堡，唐军取得了赫赫战果。其后唐朝之所以不得不退出中亚，乃是由于安史之乱爆发无法继续维持对西域的经营，更因为在安史之乱以后，唐朝变成了一个小中华王朝。本土尚难以自保，已经完全看不见以前曾有过的大唐帝国的雄姿了。

倘若怛逻斯之战真是划分天下的决定性战役的话，那么作为胜利者的大食为什么没有越过帕米尔高原推行伊斯兰化呢？实际上，大食当时毫无余力推进此事。大食在怛逻斯之战中取得胜利，只是因为原来依附于唐朝的突厥裔游牧民族葛逻禄倒戈大食而已。

在我看来，决定中亚大局的"关原之战"，应该是在8世纪末叶，以东部天山北麓为舞台，爆发于回鹘和吐蕃之间的北庭争夺战。

吐蕃帝国和回鹘帝国分别位于唐帝国的南北两侧，两者围绕北庭发生冲突，则是在安史之乱结束以后的763年。吐蕃在一个世纪前征服吐谷浑、占领青海地区以来，经常把与唐朝的边境问题发生摩擦当作扩大领土的契机。乘着唐朝因安史之乱而陷入混乱的绝好机会，吐蕃占领了河西、陇右地区，而且在763年十月还一度占领了唐都长安，发展到了扶植起傀儡政权的地步。

另一方面，与此几乎同一个时期，唐朝镇压安史之乱中最大的功臣仆固怀恩，因为出身和回鹘同属九姓铁勒的仆骨（仆固）部，加之自己的亲生女儿是回鹘牟羽可汗之妃，因而被唐朝怀疑有谋反的嫌疑。在这种情况下，仆固怀恩进退两难，终于与回鹘、吐蕃、吐谷浑、党项等携起手来向唐朝举起了叛旗。实际上，在这里已经出现了中央欧亚型国家（所谓征服王朝）成立的萌芽。然而这次叛乱在765年仆固怀恩病死后，因吐蕃与回鹘的对立而宣告终结。回鹘与吐蕃决裂，再次靠拢唐朝并与唐朝联手大破吐蕃军队，从而形成了双雄对峙的局面。在此以后，回鹘与吐蕃遂成仇敌。

回鹘对吐蕃的北庭争夺战　公元789年至792年，回鹘与吐蕃之间爆发了北庭争夺战。关于这场战争，不仅一般人，甚至连学术界也不太知道。而关于其结局，认为吐蕃是胜利者的看法甚至被颇具权威的《亚洲历史事典》（平凡社）所采纳。在安部健夫发表了回鹘乃是北庭之战胜利者的学说以后很长时间，海内外的学术界仍然是吐蕃胜利说占有优势地位，甚至近年谭其骧主编的《中国历史地图集》第五册也受其影响，将哈密—吐鲁番—焉耆—库车地区划为吐蕃领域。究其原因，主要是安部健夫的学说存在着较大缺陷。为了弥补安部说的缺陷，我对"北庭之战的胜者是回鹘"这一问题进行了重新论证。目前，回鹘胜利说已经逐渐成为学界的定论。

贯穿整个 8 世纪，在中央欧亚中心区域（狭义上的中亚）围绕霸权展开争夺的一共有四方，即东边的唐帝国、南边的吐蕃帝国、西边的伊斯兰帝国（大食，前半期是倭马亚王朝，后期是阿拔斯王朝）以及北边突厥系统的帝国（最初是突厥第二帝国，中叶以后是回鹘帝国）。进入 8 世纪后半期，西边的伊斯兰帝国鞭长莫及，没有余力翻越帕米尔高原；东边的唐帝国则因安史之乱的影响，不得不放松对西域的控制，剩下的就只有北边的回鹘和南边的吐蕃了。在这两者中间，回鹘因镇压安史之乱与唐朝保持着友好的关系，吐蕃则处于与唐朝敌对的状态。

作为唐太宗至玄宗时代统治西域的遗产，在塔里木盆地、吐鲁番地区的直辖领地西州及所谓安西四镇的焉耆、龟兹、疏勒、于阗，还留有唐朝的守备部队。但安史之乱以后吐蕃占领了连接西域和内地的河西走廊，切断了唐军的补给线，成为当时唐朝的一个难题。781 年，唐朝的伊西北庭节度使李元忠和四镇节度留后郭昕借由所谓"回鹘道"，即从天山北路迂回到漠北的鄂尔浑河流域，向唐朝本土派遣了使者，就是发生在这一时期。回鹘觉得此事是奇货可居，曾强行对位于天山东部的北庭以及周边的游牧民族进行掠夺。

另一方面，从 764 年夺取凉州以后，吐蕃逐步向西推进，786 年攻占了唐朝在河西的最后一个孤立无援的据点沙州（敦

煌），从而完全控制了河西
走廊。其后吐蕃开始正式向
罗布泊—和田地区的塔里木
盆地南缘（西域南道）一带
推进。而且在 789 年，吐蕃
军队率领在天山北路的葛逻
禄、白服突厥的军队袭击北

麻扎塔格（神山堡） 位于西域南道和田北部的
塔克拉玛干沙漠中的吐蕃古戍堡。笔者摄

庭地区。吐蕃先是取得了对回鹘军队的胜利，将其赶回了蒙古高
原。此前，投靠回鹘的沙陀突厥也投降了吐蕃。其后一直到 792
年，吐蕃与回鹘双方互有进退，拉锯式的反复交错。但是如前所
述，最终的胜利者是回鹘。

　　整个天山东部，包括吐鲁番盆地在内，在这次北庭争夺战
以后都被纳入了回鹘帝国的势力之下，或者说置身于其影响之下。
而且，塔里木盆地以北（按照丝绸之路来说就是，草原之路和沙
漠绿洲之路的西域北道）归回鹘领有，而塔里木盆地南边（沙漠
绿洲之路的西域南道）—河西走廊—陇右以南由吐蕃统治。唐
朝退场以后，中央欧亚东部出现了南北分治的局面。在米兰遗址
（今新疆若羌县境内）以及麻扎塔格遗址（位于和田以北的沙漠
中）发现吐蕃古戍堡绝非偶然。

三国会盟与回鹘西迁

**唐、吐蕃、回鹘的
三国会盟**

821—822 年，唐朝与吐蕃会盟缔结和约之事，通过保存在拉萨的《唐蕃会盟碑》等汉籍史料而为大家熟知。同时，在 20 世纪 80 年代初，匈牙利学者塞尔布（J. Szerb）和日本学者山口瑞凤根据敦煌出土的藏文文书以及后世的藏文史料，还得出了一个令人吃惊的推论，他们认为当时不仅在唐朝和吐蕃之间，而且在回鹘与吐蕃之间也缔结了和约。更由于唐朝与回鹘在安史之乱平定以后已经结成了密切的关系，所以如果上述情况属实，那么也就意味着在唐、吐蕃、回鹘之间形成了三国会盟。就能够证明这一状况的史料来说，无论在唐朝方面的史籍中，还是在回鹘方面的史料中都没有发现任何记载。可是，在当时的欧亚大陆东部，唐、吐蕃、回鹘这三个国家举足轻重，如果三方实现了会盟的话，那么将是世界史上的一个大事件。因而，唐朝或者回鹘方面都没有发现谈及这一问题的史料这一点，让人感到很不可思议。

于是，我开始追究这一问题，其结果在法藏敦煌文书残卷伯希和 3829 号文书中发现了"盟誓得使三国和好"的记载，我推测这条记载应该就是正确记述这次三国会盟的唯一汉文文书，并在 1987 年发表的综述性论文中论述了这一点。到了 1997 年，中国学者李正宇的论文中提出，即圣彼得堡收藏的敦煌文书残卷（Dx.1462）与伯希和 3829 号文书完全可以衔接起来，这一结果证明了我当初的推测。也就是说，两件文书乃是同一件文书的上下两半。结合复原后的完整文章来看，我们不仅知道三国会盟是实际存在的，而且了解到当时吐蕃的领土一直扩大到了河西走廊北方的额济纳地区，额济纳附近是当时的国境线。

如果将这一新事实与我有关北庭争夺战结果的学说，以及迄今为止学术界关于唐蕃会盟碑的研究成果结合起来看的话，那么在此我们几乎可以正确地描绘出 9 世纪 20 年代唐、吐蕃、回鹘的国境来。见附图《唐、吐蕃、回鹘三国会盟时的疆域》这一示意图。连接今天的甘肃省清水县（秦州、天水）和宁夏回族自治区固原县（原州）的南北线乃是唐朝和吐蕃的边境线，到额济纳是吐蕃领土，今蒙古国戈壁—阿尔泰省东南部以北地区属于回鹘领土。也就是说，东西走向的戈壁沙漠是隔开唐、吐蕃、回鹘的天然分界线。

天然国境不变　　　　与上述问题关联，值得我们注意的是，在戈壁阿尔泰山脉东南部的塞福莱（Sevrey），与《哈喇巴喇哈逊碑》（九姓回鹘可汗碑）同样，以回鹘语、粟特语、汉文三种语言文字记述的《塞福莱碑》至今仍在。以下是我们在当地进行考察时的记录。

《塞福莱碑》在塞福莱村的东南边约六公里处，位于兹仑山

唐、吐蕃、回鹘三国会盟时的疆域

脉和塞福莱山之间宽七八公里的南向斜面状平原的正中间。该平原是一块半沙漠状态、地表布满沙砾的戈壁滩。略显陡峭的斜面向南方延伸五六公里下去，与半沙漠状的大平原连在一起。在遥远的前方约数十公里之外，矗立着弗伦·哈南山脉以及诺彦山。

倘若骑马的话，很容易就可以翻越这些山地，其南侧则通向中国甘肃省的额济纳河（黑河）下游。北侧平原的远处可以看到一些较低的山脉，在这一方向的前面则是真正的沙漠，据说开车过去比较困难，但如果是骑马过去则没有问题。该沙漠的对面

丝绸之路与唐帝国

就是翁金河下游地区，所以就这块平原的位置来说，实际上正好处在蒙古本土中央的鄂尔浑河流域前往中国的额济纳河流域的途中。

现在这一带仍然是蒙古国与中华人民共和国的国境地带，据说为了购买羊毛及羊绒，中国的商人们就是顺着这条道路进入蒙古的。他们先用一天的时间，开着吉普车穿过北边的沙漠，到达翁金河流域的阿尔拜赫雷（蒙古国的城市），然后通过高速公路直奔蒙古国首都乌兰巴托。在唐代史籍中见到的"花门山""花门山堡"，即从河西走廊前往回鹘的入口位置，我想就是指这一带吧。

根据现存于拉萨的《唐蕃会盟碑》来看，唐朝和吐蕃之间的和约，本质就是要划定两国的国境。如果是这样的话，我以为《塞福莱碑》的性质一方面应该是回鹘为了纪念这次三国会盟，另一方面也是为了昭示回鹘的领土范围，即向内外宣告从蒙古高原的中央南下一直到这一地区都是回鹘的领土。此外，这次三国会盟之所以能够实现，当是由于8世纪末北庭争夺战的胜者是回鹘，且其后回鹘一直维持着在天山地区的立足点。

倘若回过头来观察一下，我们会注意到一个现象：汉朝将匈奴势力从中国北部到河西走廊的农牧接壤地带驱逐出去以后，戈壁沙漠成为汉朝与匈奴的分界线；而在元朝退居蒙古高原以后，明朝与蒙古残余势力，即北元的分界线也是戈壁沙漠。也就是说，天然的国境是一个不变的东西，而戈壁沙漠没有成为国境的时代，则只有蒙古帝国、元朝以及清朝这样一些中央欧亚型国家（征服王朝）统治的时代。

西回鹘王国的诞生　　9 世纪 30 年代末，回鹘帝国遭遇了连年的自然灾害和持续的内讧，所以当 840 年受到黠戛斯的入侵时，回鹘帝国终于分崩离析。回鹘瓦解以后，大量的回鹘人逃离了蒙古高原。向南方逃出的回鹘人到达中国北部内蒙古的阴山地区，但却不被唐朝当地所接受。回鹘与唐朝反复冲突的结果则是，这一部分回鹘人作为一个族群来说，大体归于消灭。

另一方面，逃往西方的回鹘人足足超过十万之众，他们到达了从 8 世纪末开始已经成为其势力范围的天山东部。在此地安定下来之后，他们在 850 年之前建立了以焉耆为首都的西回鹘王国。身为游牧民族的回鹘，并非从一开始就要将根据地放在位于绿洲农业圈的吐鲁番盆地。与夏季的首都北庭并列，高昌成为西回鹘的冬季首都则是从 9 世纪末或进入 10 世纪以后之事。此外，还有一支回鹘人通过花门山到达河西地区，他们首先是靠着额济纳方面从事游牧生活。到了 9 世纪 40 年代，由于吐蕃帝国内部瓦解，吐蕃人从河西走廊撤退，这支回鹘人南进建立了甘州回鹘王国。

如果是回鹘在之前的北庭争夺战中失败，失去了天山东部的话，那么这次被黠戛斯击败以后，残余的回鹘部众自然就不可能

丝绸之路与唐帝国

大举涌向这一地区。正因为之前回鹘一直控制着这一区域，所以由此开始的西回鹘王国的历史才得以在此地一直持续到蒙古帝国兴起。而且，正是在西回鹘王国的统治之下，狭义的中亚东部才开始了突厥斯坦化的进程。显然，北庭争夺战在中亚历史上具有重大的意义。也就是说，正因为胜利者是突厥系统的回鹘，所以其后的中亚才出现了一直持续至今的突厥化进程。倘若不是这样的话，那么这一区域或许将不是成为"突厥斯坦"，而是成为"吐蕃斯坦"，或许至今还是藏传佛教圈中的一员。

粟特人的行踪 粟特人以及粟特语、粟特文字曾多次在本书中扮演主角。那么，它们究竟是在什么时候，以什么样的方式消失的呢？我在第二章里已经略微提到，粟特人的老家索格底亚那于 8 世纪中叶被纳入阿拔斯王朝的直接统治之下。其后，随着中亚的伊斯兰化的展开，粟特人宗教及文化的独特性逐渐开始失去。尤其是到了萨曼王朝时期，用阿拉伯字母书写的波斯语成为主流，这种近世波斯语与现在的塔吉克语相联。另一方面，喀喇汗王朝以后，在突厥系统的伊斯兰诸王朝的治下，随着突厥化的进展，以阿拉伯字母书写的突厥语开始成为支配性的语言。

根据喀喇汗王朝的大学者麻赫默德·喀什噶里编写的百科全书《突厥语大词典》的记述，在西部天山的北麓，截至 11 世纪还可以见到本土的粟特人，他们操粟特语和突厥语两种语言，穿突厥的服装，行事也是突厥的习惯。尽管他们一直努力地试图将粟特文字传承下去，然而粟特文字在一两个世纪以后还是消失了。不过尽管如此，在从粟特语的 Sart，"商队"一词派生出来的"撒尔塔克、撒尔塔兀勒"，即被汉文称作"回回商人"的突厥裔以及波斯裔的穆斯林商人之间，仍然保留着很多混血的前粟特人的痕迹。

当西突厥斯坦的城市以及平原地区的语言都已彻底转换为突厥语和波斯语以后，在附近的山区好像还零星地保留着一些粟特语。20 世纪后半期，泽拉夫尚河上游的雅格诺布峡谷有大约三千人操雅格诺布语，则是粟特语唯一的幸存。

另外一方面，在唐代，进入丝绸之路东部的粟特人后裔又是什么样的结局呢？他们绝没有完全消失。实际上其中相当多的一部分人，要么仍然扮演着支撑商业经济的角色，要么作为武人，先后活跃于西回鹘王国以及甘州回鹘王国，甚至五代的沙陀诸王朝。

前者的典型是西回鹘王国的粟特商人，确切地说，是粟特裔的回鹘商人。吐鲁番的柏孜克里克千佛洞里保存有回鹘的佛教壁画，按照我的新说，这些壁画当属 10 世纪后半期至 14 世纪前半期的作品，而且这一观点已经得到了学术界的公认。在这些壁画中，有一幅画可以断定是属于 11 世纪至 12 世纪的柏孜克里克第 20 号窟的《誓愿图》，其中所描绘的商人的外貌完全是具有白人特征的形象——红发碧眼、高鼻、深目、多毛，而这些商

丝绸之路与唐帝国

人形象正是留存到现代的粟特人最后的形象。

　　总而言之，粟特人并没有消失，而是融汇进了其他民族之中。粟特人带来的粟特文几乎原封不动地变成了回鹘文，而回鹘文到了13世纪则成为了蒙古文。到了16世纪末至17世纪初，经过少许加工改良，蒙古文又变成了满洲文。因此可以说，甚至连中央欧亚型国家的清朝也承袭了粟特文化，而内蒙古自治区所使用的蒙古文正是留存至现代的粟特文化遗产。

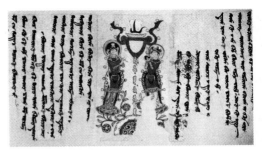

图中插有粟特语摩尼教书简的工艺画　象征摩尼教的白冠被置于生命之树上面。明显受到了佛教绘画的影响。柏孜克里克千佛洞出土，吐鲁番博物馆藏

《誓愿图》中的粟特人　屈膝于佛足之下的粟特商人风貌。吐鲁番的柏孜克里克千佛洞壁画中描绘的最后的粟特人。可同时参照本书第一章相关部分

后　记

　　那种认为近代文明的源头在西欧的观点是一种很短视的想法。包括新大陆在内的全球世界形成之前，在欧亚大陆世界中，各地区诸民族、诸政治势力乃是从约三千年前骑马游牧民族登场以后就开始有机地联系在一起的。变化之浪潮产生于某个地方，随后时而迅猛时而缓慢地向世界各地波及开来，而近代欧洲世界，只不过是发生在这种长期波动末梢的一个结果而已。

　　倘若按照现行日本高中历史教科书的做法，即围绕所谓孕育出四大文明的埃及、西亚、印度、中国以及紧接其后发展起来的地中海周边的历史为顺序进行分别叙述的话，则完全无法使读者真正理解世界历史的大趋势。因为这样做会遗漏掉下述内容：一是近代以前拥有地面上最强大军事力量的中央欧亚游牧骑马民族势力的动向，还有将上述各个文明圈连接起来的中央欧亚与南海，而这些也就是广义上的丝绸之路的历史。我们在构筑叙述世界历史时，绝不能将游牧民族曾经活跃的地区——中央欧亚世界的历史排除在视野之外。

此外，所有人类都是先出现于非洲，然后由此向全世界扩散开来，倘若从这一人类史的立场来观察的话，那么中央欧亚的历史直接连接着西亚史、地中海世界史、欧洲史、印度史、东亚史，而且与日本人及日本文化的起源问题相关。在近代世界体系形成以前的世界史上，中央欧亚由于拥有丝绸之路这一纵横东西南北的交通网络，所以无论在经济方面还是在文化方面都扮演了十分重要的角色。

本书的具体目的，正如书名以及内容所显示的那样，就是力图在欧亚大陆的历史长河之中，给予堪称当时世界上最繁荣的王朝——唐（唐王朝、唐帝国）以一个定位。企图从唐帝国与游牧国家（尤其是鲜卑、突厥、回鹘）的关系，以及唐帝国与丝绸之路的关联之中，来对这个帝国进行观察。也就是说，本书一方面尝试考察距今三千年到五千年左右的前近代欧亚大陆世界史的主角，游牧骑马民族之动向，并且努力探讨丝绸之路——当时人物、事物、信息、文化交流的大动脉之重要性；另一方面则试图从大局上来对唐帝国的本质加以把握。与此同时，我还想在本书中描绘出这样一个场景，即对于中国，尤其是对于北朝、隋、唐这样一些鲜卑系的朝代（拓跋国家）来说，唯有我们在本书中所说的这个"丝绸之路东部"才是其政治（军事）的热门舞台，也是其经济（贸易）文化交流的最前线。而且坦率地说，我还有一个想法希望能得到读者的理解，那就是由于本来所有的民族和文化都是多元性的，所以对于今后的人类来说，无论是西方中心史观还是中华中心思想，这些无疑都是民族主义的，我们必须与包括日本在内的世界各地的偏狭的民族主义和爱国主义毅然诀别。我在本书中试图表述出来的上述这些可称为二重或三重的意图，不知究竟能够得到读者多大程度的理解与共鸣。

真正称得上"世界史"，或者与"世界史"之名相吻合的最早的历史书籍，乃是蒙古帝国时期伊利汗国宰相拉希德丁（又译作拉施特）于14世纪初编纂的《集史》（又译作《史集》）。此书成于蒙古时代的西亚，具有重要的意义。也就是说，世界上最早的"世界史"既不是产生于希罗多德的希腊，也不是司马迁的中国，而是出现在由集结于蒙古高原的游牧民势力建立起来的名副其实的世界帝国——蒙古帝国，而且是在蒙古帝国治下的伊斯兰文化圈内诞生的。

随后步其后尘出现的"世界史"，大言不惭地说，是出自明治时代以降的日本人之手。这里所说的"日本人"，既不是指日本的西洋史研究者，也并非指日本的东亚史研究者或东亚史领域里作为多数派的中国史研究者，而是指那些在过去被称为从事满蒙史、塞外史、西域史研究的人，换言之，即从事中央欧亚史研究的少数派学者们。此外，作为历史学研究的一环，目前在大学里能从体制上保证那些中国以外的亚洲研究也得以展开，并且不把游牧民族视为夷狄，而是对其进行客观考察的地方，只有日本。同时，能够在学术研究最高水准的基础上，对于包括中央欧亚的历史、西亚史、东南亚世界在内的，真正意义上的全球史进行系统考察论述的环境，仍然只有日本。

明治维新以后的近代日本仿效欧美从事国家建设，原封不动地接受了西欧中心史观。在现代化的名义之下，与欧美列强一起给亚洲各国带来了巨大的痛苦。然而在第二次世界大战以降，天皇制发生了变化，左翼自由主义兴起，在此基础上兴盛起来的理论（马克思主义以及其他主义）也是由欧美输入的东西。另一方面，祈求复古，希望恢复明治体制的国家主义者以及狭隘的爱国主义者则走向另一个极端——他们在强调及美化日本民族、日本文化的纯粹性的方向上越滑越远。不过，最近天皇陛下在2001年12月的记者招待会上围绕次年日韩共同举办世界杯足球赛一事，公开谈到自己的祖先与今天的朝鲜民族的祖先有着密切的关系。我深信，无论民族、文化还是语言，都是在漫长的人类历史上互相混合融汇而发展出来的东西。我们必须认识到，名曰"纯粹"的排他思想完全没有学术方面的根据。只有具备这样的认识，才能真正开拓人类的未来之路。

2006年秋天，日本高级中学的"必修课程世界史不开课问题"被揭露出来，引起了人们的注意。正如我在本书的序章里已经谈到的那样，我们一直对于日本高中的世界史教育十分担忧，

　　　　　　　　丝绸之路与唐帝国

于是大阪大学主办了以高中历史教师为对象的研修班（目前研修班由我的同事桃木至朗教授主持）。然而，我们似乎还是低估了问题的严重性。在这里，我不得不提出更激烈一些的看法和提议。

对几乎所有的大学生来说，高中的世界史都可以说是伴随其"毕生的东西"。所以，"世界史必修"，即把世界史定为必修课程具有很大的意义。可是，现行的世界史教科书篇幅都很庞大，将这样的教科书压在高中学生头上显然不合适。因此进一步精简教科书内容的同时，我们至少应该在综合大学的入学考试中加入简单的世界史试题。在精简教科书内容方面，可以大幅度地削减西洋史的内容。因为对于现代一般日本人来说，没有必要去详细地记住所有古希腊思想家以及文艺复兴时期艺术家的姓名，也没有必要去记住法国大革命的每一天都干了什么事情。相反，应该稍微增加一些迄今为止被忽视了的近邻朝鲜、北亚、东南亚的历史以及游牧骑马民族的动向等内容。

日本史当然很重要，但倘若只学习或研究自己国家的历史的话，日本的知识教育水准——在战后六十年培养出的具有世界史上一流教养的国民之知识教育水准就会下降。为了人类历史不走回头路，世界上的人们必须学习世界历史。尽管还有很多不足，但是日本在这一方面显然已经走在了世界的前列，因而日本决不能放弃这一荣誉地位。

在本书的各个章节中，我思考了何谓民族，何谓国家，真正的爱国心应该是什么样的等问题，阐述了从人类史的视点来探索了解历史的必要性。无知创造不了任何东西。无知者拥有选举权的民主主义，则必定会落入愚民政治的危机之中。

丝绸之路与唐帝国

译 注

序章　何谓真正的"自虐史观"？

1　"正仓院"原来是日本奈良时代（710—794）东大寺收藏珍宝的木结构仓库，由南仓、北仓、中仓三仓组成，现由日本宫内厅管理。正仓院中收藏了奈良时代的大量文书、珍宝，以及从唐朝、西域乃至波斯传入日本的各种美术品、乐器、用具等。作为研究古代日本以及东西文化交流的资料宝库而闻名于世，一般称之为"正仓院御物"。从 1946 年以来，每年秋天"正仓院御物"中的一部分藏品都要在奈良国立博物馆进行短期展出，称为"正仓院展"。

2　"日清战争"即指 1894—1895 年中日甲午战争。

3　《古事记》是日本现存最早的史书，太安万侣编撰，712 年成书。全书共三卷，记述了从神代到推古天皇（592—628 年在位）时期的皇室系谱以及神话、传承、歌谣等。

4　在日本，凡是全部使用汉字、基于中国古典文文法写成的所有文章都被称为"汉文"，并非只指中国古典。

5　日本史学界一般所说的"近世"指"中世"和"近代"之间的历史时期，就日本史而言，主要指室町时代和江户时代。

6　即日本文部科学省从 2002 年开始实施的重点研究据点补助金支援制度 The 21st Century Center of Excellence Program 的缩写。

7　日文的"トルコ"来自于 Türk 一语，在狭义上指现在的土耳其共和国或者历史上的奥斯曼土耳其帝国，在广义上则正如作者森安孝夫博士所说，乃是对自唐代以来分布在欧亚大陆各地的以突厥语族语言为母语的民族集团的一个总称。而中文里的"突厥"一语在狭义上指 6—8 世纪的突厥汗国，在广义上则与日文"トルコ"的广义的用法基本相同。因此，本书中译文凡是译作"突厥"或"突厥族"之处，根据前后文脉不同，亦有广狭两种含义，请读者阅读时留意。

8　越后、土佐、萨摩都是日本的古地名，越后相当于今天日本海沿岸的新潟县，土佐相当于四国岛的高知县，萨摩则相当于九州岛南部的鹿儿岛县。

9　日文的"ウイグル"即 Uyghur 一语的含义既指 4 世纪至 13 世纪活跃于中央欧亚的突厥裔游牧民族及其国家，即中文史籍中以"回纥、回鹘、畏兀儿"等形式出现的北方民族及其国家，同时又指现代中文以"维吾尔"来标记的新疆维吾尔自治区的维吾尔族。为了避免误解，这里使用 Uyghur 来表示这一概念。

10　西尾干二（1935—），日本的德国文学研究者，日本电气通信大学名誉教授。20 世纪 90 年代以来成为日本右翼保守派评论家的代表人物之一。他认为日本战后史学界对战前的反省是所谓"自虐史观"，主张应该重新编写历史教科书。其这方面的代表作即《国民的历史》（产经新闻社、扶桑社 1999 年）一书。此外，西尾干二还与其他保守派评论家一起成立了社会团体"新历史教科书编写会"，致力于推动编写新的历史教科书。

11　圣德太子（574—622）是日本飞鸟时代推古天皇时期的摄政，以实施一系列内政改革、振兴佛教、派遣遣隋使而知名。新选组是 19 世纪 60 年代（江户时代末期）的一个日本浪士组织，中心人物有芹泽鸭、近藤勇、土方岁三等人。源义经（1159—1189）是镰仓时代初期的武将，后与其异母兄源赖朝对立，最终自杀。上述三者在日本都是家喻户晓的人物。

12　日本文部科学省基于《学校教育法》从对日本的小学到高中的各门教育课程都颁布有该课程应该达到的基准的相关规定以及指导性意见，即各科的"指导要领"。《高级中学世界史教科书指导要领》是有关高中世界史课程的教学方针、范围、框架、内容、各部分的比重、总课时等方面的相关基准。

第一章　丝绸之路与世界史

1　"On the Uighur Buddhist Society at Čiqtim in Turfan during the Mongol Period."Mehmet Olmez / Simone-Christiane Raschmann (eds.), *Splitter aus der Gegend von Turfan, Festschrift fur Peter Zieme anlasslich seines 60. Geburtstags,* (Turk Dilleri Aratirmalar Dizisi 35), Istanbul / Berlin, 2002, pp. 153-177.

第二章　粟特人的登场

1　"索格底亚那"是 Sogdiana 一词的音译，意思即"粟特人的土地"，与"粟特地区"含义相同。为了读者阅读方便起见，本书中译文使用"索格底亚那"这一表现形式。以下同此，不再另作说明。

2　在本书原著中，所有的引用史料都被作者译成了现代日语，同时作者就一些对一般日本读者比较难解的词语加上了简洁的补充说明文字。中译文对其所引用的汉文史料都在核对原文史料的基础上，按照史料原文录出，但同时在相应词语后面的括弧中附上了森安孝夫先生的解释说明文字。以下译文凡是引用史料均同此处理，不再另作说明。

3　中文相关论著中一般习惯将 6 世纪 50 年代至 7 世纪 30 年代的突厥汗国称为"突厥"或"突厥汗国"，将 7 世纪 80 年代重建的突厥汗国称作"后突厥"或"后突厥汗国""后突厥政权""突厥第二汗国"等。而本书作者以及日本学术界则一般将前者称为"突厥第一帝国"，将后者称作"突厥第二帝国"。此处按照作者的用语译作"突厥第一帝国""突厥第二帝国"。以下同此，不再一一说明。

4　"睡魔（Nebuta）祭""竿灯祭""七夕祭"号称为日本东北地区的三大夏祭（夏天的传统节日），每年旧历七月七日前后即公历 8 月上旬在东北地区各地举行，街巷到处都是各种彩车、各种各样的灯笼，是日本最具代表性的传统灯节。尤其是上世纪七八十年代其分别被日本政府指定为"重要非物质文化遗产"以后，更是闻名全日本。其中主要在青森县的"睡魔祭"原名并没有汉字，叫作"Nebuta 祭"，关于其起源也有多种说法，但其官方网页中文版将其称为"睡魔祭"，所以这里按照其官网译作"睡魔（Nebuta）祭"。另外，神户的"光之回廊"（Luminarie）起源于 1995 年阪神大地震之后，为了给神户市民以勇气和希望，神户市在市民以及各界的赞助支持下于同年 12 月上旬在神户举办了"光之回廊"灯节，自此以后每年 12 月上旬举办，2015 年 12 月是第 21 届，目前已经发展成为日本最负盛名的灯节之一。

第三章　唐朝的建国与突厥的兴亡

1　参照本书第二章相关译注，中文论著里通常说的"突厥汗国"（552—630），日本学术界一般将此称为"突厥第一帝国"，其后 7 世纪 80 年代重建的"后突厥汗国"则被称作"突厥第二帝国"。中译文按照原著译出,以下同此,不再另作说明。

2　日本学术界一般将东回鹘即"回鹘汗国"(744—840)称为"回鹘帝国"。中译文从原著表述。以下同此,不再另作说明。

3　"征服王朝"(Dynastie of Conquest)是20世纪中期(1949年)由美国德裔历史学者魏特夫(K.A.Wittfogel)和中国学者冯家升(Feng chia-sheng)合著《中国社会史:辽》(History of Chinese Society:Liao)一书的导言中首次提出的一种观点。即认为,中国古代诸北族王朝入主中原时有两种不同的方式及形态,一类可称为"渗透王朝"(Dynastie of Infiltration),如十六国、北魏等;另一类则可称为"征服王朝",如辽、金、元、清。此说是在日本历史学界影响很大的一种学说。本书笔者亦将此类"征服王朝"称为"中央欧亚型国家"。

第四章　唐代文化的西域趣味

1　"回纥"于公元744年建国,788年(唐德宗贞元四年)前后改称为"回鹘",其后直至840年灭亡为止,在中文史籍中多称之为"回鹘"。因此在不造成误解的情况下,本书的译文统一称作"回鹘",以下同此,不再另作说明。

第五章　释读奴隶买卖文书

1　管见所及,迄今为止这份粟特文文书的中译文有二,其一是《新疆文物》1993年第4期刊载的柳洪亮先生的中译文(译自上述1989年出版的《麹氏高昌国时代粟特文女奴买卖文书》一书),其二是林梅村先生在《粟特文买婢契与丝绸之路上的女奴贸易》一文中发表的中译文(《文物》1992年第9期,亦可参见氏著《西域文明》一书,东方出版社,1995年)。柳译对于人名采取拉丁字母转写方式,林译则将人名改成了汉译。而森安孝夫先生本书中的这一最新日译,不仅在内容的一些细节上与上述两者有所不同,而且对人名也都采用了以日语片假名音译的形式。鉴于这是一份粟特文文书,译者在翻译成中文时也基于日译文的音译,对所有人名均按照音译方式译出(同时加注引号以示区别)。为便于读者检索对比,兹将拙译的人名与柳译、林译的人名对照如下:

人物	柳译	林译	石译（根据森安孝夫日译文的中译）	吉田丰英译
买主	张（？）姓 'w't 的儿子沙门 y'nsy'n	沙门乘军（Yānasenā）也即石族人乌塔（Utā）之子	"张"姓的"奥塔"之子沙门"岩象"	a monk [by the name of] Yansyan, the son of Uta, who is from the family of Chan
卖主	tws'kk 的儿子 wxwswβyrt	康国人突德迦（Tudāka）之子六获（Uhusufert）	撒马尔罕（康国）的"特扎克"之子"瓦库修比尔特"	Wakhushuvirt, son of Tudhakk originating from Samarqand
女奴	cwy'kk 姓的女人在土耳其斯坦生的康国的 wp'ch	曹族人，生于突厥斯坦，名曰优婆遮（Upāc）	出生于突厥斯坦姓"秋雅克"名叫"奥帕奇"的女奴	Upach, who is from the family of Chuyakk and was born in Turkestan
见证人	cwn'kk 的儿子 tysr't	米国人秋兹迦（Chuzāka）之子狄施特利亚（Tištriia）	弭秣贺（米国）的"秋扎克"之子"提秀拉德"	Tishrat, the son of Chuzakk originating from Maymargh
	xwt'wc 的儿子米国的 n'mδr	康国人和卓（Hutuc）之子名持（Nāmadāra）	撒马尔罕（康国）出身的"科瓦塔屋奇"之子"纳姆扎尔"	Namdhar, the son of Khwatawch, originating from Samarqand
	krz 的儿子康国的 pys'k	小石国人迦尔沙（Karaza）之子皮沙迦（Pīsāka）	努奇康斯（努奇肯特＝笯赤建）的"卡尔兹"之子"皮萨卡"	Pesak, the son of Karzh originating from Nuchkanth,
	nnykwc 的儿子笯赤建国的 nyz't	何国人神喙（Nanīkuc）之子家生（Nizāt）	屈霜你迦（何国）出身的"纳纳伊克奇"之子"尼扎特"	Nizat, the son of Nanaikuch, originating from Kushaniya.
	何国的？？			

人物	柳译	林译	石译（根据森安孝夫日译文的中译）	吉田丰英译
书记官		秦城书佐帕图尔	帕特尔（高昌书记官）	Pator, the chief scribe
书写人		帕图尔（Patūr）之子乌浒安（Oxuan）	奥克旺（书记官之子）	Ukhwan, the son of Pator

吉田丰英译引自：

"Appendix: Translation of the Contract for the Purchase of a Slave Girl found at Turfan and dated 639" 见于韩森的书评文章 Hansen, Valerie. "New Work on the Sogdians, the Most Important Traders on the Silk Road, A.D. 500–1000," *T'oung Pao* 89 (2003): 159–161.

第六章 突厥的复兴

1 原著此处仅以现代日语译文的方式介绍了该墓志的内容。中译本在这里引用了该墓志的原文。为方便读者阅读起见，对墓志内容略加分段并加上了标点符号。

第七章 回鹘的登场与安史之乱

1 参见前注。"回鹘"在唐德宗贞元四年即公元 788 年之前亦称"回纥"，均系 8、9 世纪的 Uyghur 帝国的不同汉字标记。在不造成误解的情况下，中译文统一称作"回鹘"。

2 《哈喇巴喇哈逊碑》在中文中通常称作《九姓回鹘可汗碑》。此外因其建于保义可汗时期，故也被称作《保义可汗纪功碑》。

3 由于本书原著是以一般读者为对象的著作，所以上述引文在原著中都是现代日语译文，而且都没有分段分行。译者在此则直接从森安孝夫先生发表于其他论著中引用了经过笔者校订过的汉文碑文。详细参见森安孝夫著《東西ウイグルと中央ユーラシア》(《东西回鹘与中央欧亚》) 33–34 页（名古屋大学出版会，2015 年 2 月）。

第八章　粟特网络的变质

1　由于原著是面向日本一般读者的读物，所以森安孝夫博士在本书中对这件文书
（伯希和 1283 号藏文文书）中出现的所有固有名称（国名、族名、人名等）均
以日文片假名的形式音译。考虑到中国读者的阅读以及检索方便起见，这里参
照森安先生的《チベット語史料中に現れる北方民族—DRU-GU と HOR —》
（森安孝夫《東西ウイグルと中央ユーラシア》，第 44—131 页，名古屋大学出
版会，2015 年）等其他相关研究论著，对文书中的固有名称采取了标注原文的
方式。以下同此。

末章　唐帝国的黄昏

1　"关原之战"即公元 1600 年（日本后阳成天皇庆长五年）九月十五日，以德川
家康为首的"东军"与丰臣秀吉的遗臣石田三成等人为首的"西军"在"美浓
国不破郡关原"（今日本岐阜县不破郡关原町）展开的一场决战。结果德川家
康一方取胜，从而奠定了德川氏的霸权，成为象征德川时代开始的一个标志性
战役。在日本通常多以"关原之战"或"关原"这一地名来比喻决定胜负或命
运的重要战役或关口。

参考文献

　　一般来说，概说综述之类的书籍即便大量参考了前人的研究，通常也并不注明出处。可是我在这里还是列举了相关参考文献——与本书内容直接关联的论据，以及作为批评对象的专业论文和著作。同时，根据我的判断还给读者提供了一些供参考的专著和综述书，这些著作都是以第二次世界大战以后的日文著作为主，在原则上不列举战前的著作。不过，有一些非常重要而且受到高度评价的著作不受此限。

　　按笔者姓名或编者姓名（如果没有的话，则以书名、杂志名）的日文发音（编注：中文版按汉语音序排列）的排序，同一著者的作品按照年代的顺序。论文加入页码，则是为了提供区分大部头著作和文章的判断基准。尽管长期以来，日中学术界很多论著都不记载页码，然而在今天看来，这种做法并不符合全球性的标准。专著姑且不论，凡是不注明论文页码的文献目录，则其价值将大打折扣。（译者注：为了方便有兴趣的读者检索文献，下面只将涉及解释说明的内容翻译成为中文，而对日文以及欧文论著的作者名、书名和论文名、出版社以及刊物名称等出处等未加翻译，按原文照录。）

安部健夫，《西ウイグル国史の研究》，彙文堂書店，中村印刷出版部，1955 年。

岸辺成雄，《唐代音楽の歴史的研究楽制篇》（上、下），東京大学出版会，
　　　1960—1961 年。

岸辺成雄，《唐代楽器の国際性》、《燉煌画に現われた音楽資料—ことに河西地
　　　方の音楽との関係について》、《南北朝隋唐における河西の音楽—西涼楽と
　　　胡部新声とについて》，東洋音楽学会編，『唐代の楽器』（東洋音楽選書 2），
　　　音楽之友社，1968 年。

岸辺成雄，《古代シルクロードの音楽—正倉院・敦煌・高麗をたどって》，講談社，
　　　1982 年。

白鳥庫吉，《西域史上の新研究（1）康居考》，《東洋学報》1—3，307—349 頁，
　　　1911 年，（《白鳥庫吉全集 第 6 巻 西域史研究・上》再録，岩波書店，1970 年）。

白鳥庫吉，《粟特国考》，《東洋学報》14—4，1—93 頁，1924 年，（《白鳥庫吉全
　　　集 第 7 巻 西域史研究・下》再録，岩波書店，1971 年）。

百橋明穂 / 中野徹共編，《世界美術大全集 東洋編 第 4 巻隋・唐》，小学館，
　　　1997 年。

布目潮楓 / 栗原益男，《隋唐帝国》（講談社学術文庫），1997 年。

濱口重國，《唐王朝の賎人制度》（東洋史研究叢刊 15），東洋史研究会，1966 年。

池田温，《8 世紀中葉における敦煌のソグド人聚落》，《ユーラシア文化研究》（北
　　　海道大学）1，49—92 頁，1965 年。

池田温，《中国古代物価の一考察—天宝元年交河郡市估案断片を中心として
　　　（一・二）》，《史学雑誌》77—1，1—45 頁，77—2，45—64 頁，1968 年。

池田温，《唐朝処遇外族官制略考》，唐代史研究会編，《隋唐帝国と東アジア世
　　　界》，汲古書院，251—278 頁，1979 年。

池田温編，《講座敦煌 3 敦煌の社会》，大東出版社，1980 年。

参阅该书收录的菊池英夫《唐代敦煌社会の外貌》、梅村坦《住民の種族構成》、池田温《敦煌の流通経済》等论文。

池田温，《口馬行考》，《佐久間重男教授退休記念中国史・陶磁史論集》，燎原，31—57 頁，1983 年。

池田温，《中国古代の奴婢観》，《中村治兵衛先生古稀記念東洋史論叢》，刀水書房，25—44 頁，1986 年。

池田温等编，《世界歴史大系 中国史 2 三国—唐》，山川出版社，1996 年。

池田温，《敦煌文書の世界》，名著刊行会，2003 年。

川本芳昭，《中国の歴史 5 中華の崩壊と拡大》，講談社，2005 年。

長澤和俊，《シルクロード》，校倉書房，1962 年。

長澤和俊訳 / 慧立・彦悰撰，《玄奘法師西域紀行》（東西交渉旅行記全集 6），桃源社，1965 年.

長澤和俊，《シルク・ロード史研究》，国書刊行会，1979 年（包括《シルク・ロード研究の展望―序説にかえて》）。

長澤和俊 / 横張和子，《絹の道 シルクロード染織史》，講談社，2001 年。

嶋崎昌，《隋唐時代の東トゥルキスタン研究》，東京大学出版会，1977 年。

東京国立博物館 /NHK/NHK プロモーション编，《シルクロード絹と黄金の道》（日中国交正常化 30 周年記念特別展），NHK・NHK プロモーション，2002 年。

E．G. Pulleyblank，《安禄山の出自について》，《史学雑誌》61—4，42—57 頁，1952 年。

Ｅ Ｌ ルーボ＝レスニチェンコ（高浜秀訳），《六朝時代（三~六世紀）のシルクロード》，《ユーラシア》，新 2 号，91—108 頁，1985 年。

Ｅ Ｌ ルポ＝レスニチェンコ / 坂本和子，《双龍連珠円文綾について》，《古代オリエント博物館紀要》9，93—117 頁，1987 年。

Etienne De la Vaissière, *Sogdian Traders: A History*. Tr. by J. Ward, (Handbook of Oriental Studies, Section 8 : Central Asia, Volume 10), Leiden/Boston: Brill, 2005.

福島惠，《唐代ソグド姓墓誌の基礎的考察》，《学習院史学》43，135—162頁，2005 年。

岡崎勝世，《聖書 v s 世界史—キリスト教的歴史観とは何か》（講談社現代新書），1996 年。

岡崎敬編，《シルクロードと仏教文化》，東洋哲学研究所，1979 年。

参阅该书收录的岡崎敬《シルクロードの考古学》、井ノ口泰淳《シルクロード出土の仏典》、護雅夫《シルクロードとソグド人》等论文。

岡田英弘，《中央ユーラシア史の可能性》，《アジア・アフリカ言語文化研究所通信》71，页 53—58，1991 年。

岡田英弘，《世界史の誕生》（ちくまライブラリー），1992 年，（ちくま文庫 1999 年）。

關尾史郎，《西域文書からみた中国史》（世界史リブレット 10），山川出版社，1998 年。

荒川正晴，《唐の対西域布帛輸送と客商の活動について》，《東洋学報》72—3 /4，1992 年，31—63 頁。

荒川正晴，《唐帝国とソグド人の交易活動》，《東洋史研究》56—3，171—204 頁，1997 年。

荒川正晴，《北朝隋・唐代における「薩宝」の性格をめぐって》，《東洋史苑》50/51，164—186 頁，1998 年。

荒川正晴，《ソグド人の移住聚落と東方交易活動》，《岩波講座世界歴史（新版）15 商人と市場》，岩波書店，81—103 頁，1999 年。

荒川正晴，《唐朝の交通システム》，《大阪大学大学院文学研究科紀要》40，

199—335 頁, 2000 年。

荒川正晴,《魏晋南北朝隋唐期の通過公証制度と商人の移動》,《中国の歴史世界——統合のシステムと多元的発展》, 東京都立大学出版会, 337—349 頁, 2002 年。

荒川正晴,《オアシス国家とキャラヴァン交易》,（世界史リブレット 62）, 山川出版社, 2003 年。

荒川正晴,《唐代前半の胡漢商人と帛練の流通》,《唐代史研究》7, 17—59 頁, 2004 年。

河内春人,《東アジアにおける安史の乱の影響と新羅征討計画》,《日本歴史》561, 18—33 頁, 1995 年 2 月号。

後藤勝,《西域胡安氏の活動と漢化過程》,《岐阜県高等学校社会科研究会研究彙報》7, 36—54 頁, 1968 年。

後藤勝,《ソグド系帰化人何氏について—西域帰化人研究 その 2>,《岐阜教育大学紀要》14, 1—20 頁, 1987 年。

後藤勝,《ソグド系帰化人安吐根について—西域帰化人研究 その 3》,《岐阜教育大学紀要》16, 21—30 頁, 1988 年。

後藤勝,《東魏・北斉朝の西域人—西域帰化人研究 その 4》,《岐阜教育大学紀要》19, 47—64 頁, 1990 年。

護雅夫,《古代トルコ民族史研究 I ~ Ⅲ》, 全 3 巻, 山川出版社, 1967—1997 年。

護雅夫編,《漢とローマ》（東西文明の交流 1）, 平凡社, 1970 年。

護雅夫,《李陵》（中公叢書）, 中央公論社, 1974 年。

護雅夫,《古代遊牧帝国》（中公新書）, 1976 年。

護雅夫 / 神田信夫共編,《北アジア史（新版）》（世界各国史 12）, 山川出版社, 1981 年。

護雅夫,《草原とオアシスの人々》（人間の世界歴史 7）, 三省堂, 1984 年。

護雅夫 / 岡田英弘共編,《中央ユーラシアの世界》（民族の世界史 4）, 山川出版社，1990 年。

参阅该书收录的冈田英弘《中央ユーラシアの歴史世界》、林俊雄《草原の
民》、加藤九祚《オアシスの民と国家》、片山章雄《モンゴル高原から中央ア
ジアへ》、山口瑞鳳《民族の構成と軍事国家「吐蕃」の体制》等论文。

和田博徳，《吐谷渾と南北両朝との関係について》,《史学》25—2，80—104 页，
1951 年。

江上波夫編・解説,《シルクロードの世界》,(《現代のエスプリ》167)，至文堂，
1981 年。

江上波夫編,《中央アジア史》(世界各国史 16)，山川出版社，1987 年。

该书由江上波夫、伊瀬仙太郎、嶋崎昌、香山陽坪、山口瑞鳳等人执笔。

榎一雄,《シルクロードの歴史から》，研文出版，1979 年。

榎一雄編,《講座敦煌 2 敦煌の歴史》，大東出版社，1980 年。

参阅该书收录的榎一雄《漢魏時代の敦煌》、菊池英夫《隋・唐王朝支配期
の河西と敦煌》、森安孝夫《ウイグルと敦煌》等论文。

《榎一雄著作集 第 3 卷 中央アジア史Ⅲ》，汲古書院，1993 年。

《榎一雄著作集 第 5 卷 東西交渉史Ⅱ》，汲古書院，1993 年。

榎本淳一,《唐代の朝貢と貿易》,《古代文化》50—9，25—32 页，1998 年。

金子修一,《隋唐の国際秩序と東アジア》，名著刊行会，2001 年。

間野英二,《中央アジアの歴史：草原とオアシスの世界》(講談社現代新書、新
書東洋史⑧)，1977 年。

間野英二,《中央アジア史とシルクロード—シルクロード史観との訣別》,《朝日ア
ジアレビュー》33，30—36 页，1978 年，春季号。

間野英二／堀川微共編,《中央アジアの歴史・社会・文化》,(財) 放送大学教育
振興会，2004 年。

吉岡真,《北朝・隋唐支配層の推移》,《岩波講座世界歴史 (新版) 9 中華の分

裂と再生》, 岩波書店, 255—286 頁, 1999 年。

吉田豊,《ソグド語雑録 (II)》,《オリエント》31—2, 165—176 頁, 1989 年。

吉田豊・森安孝夫・新疆ウイグル自治区博物館,《麴氏高昌国時代ソグド文女奴
隷売買文書》,《内陸アジア言語の研究》4, 1—50 頁, 1989 年。

吉田豊,《ソグド語資料から見たソグド人の活動》,《岩波講座世界歴史 (新版)
11 中央ユーラシアの統合》, 岩波書店, 227—248 頁, 1997 年。

吉田豊,《中央アジアオアシス定住民の社会と文化》, 間野英二編,《アジアの歴
史と文化 8 中央アジア史》, 同朋舎発行, 角川書店発売, 42—54 頁, 1999 年。

吉田豊,《粟特人在中国国際研討会》,《唐代史研究》7, 240—248 頁, 2004 年。

井ノ口泰淳 / 水谷幸正共編,《アジア仏教史 中国編 5 シルクロードの宗教》, 佼
成出版社, 1975 年。

姜伯勤著 / 池田温译,《敦煌・吐魯番とシルクロード上のソグド人 (1—3)》,《東
西交渉 (季刊)》5—1, 30—39 頁, 5—2, 26—36 頁, 5—3, 28—33 頁, 1986 年。

来村多加史,《唐代皇帝陵の研究》, 学生社, 2001 年。

礪波護 / 武田幸男,《隋唐帝国と古代朝鮮》(世界の歴史 6), 中央公論社, 1997 年。

礪波護,《隋唐の仏教と国家》(中公文庫), 中央公論新社, 1999 年。

林俊雄,《掠奪・農耕・交易から観た遊牧国家の発展—突厥の場合》,《東洋史
研究》44—1, 110—136 頁, 1985 年。

林俊雄,《ウイグルの対唐政策》,《創価大学人文論集》4, 111—143 頁, 1992 年。

林俊雄,《ユーラシアの石人》(ユーラシア考古学選書), 雄山閣, 2005 年。

李丹捷 (中田裕子訳),《唐代六胡州研究論評》,《東洋史苑》65, 1—19 頁,
2005 年。

歴史学研究会編,《世界史とは何か—多元的世界の接触の転機》(講座世界史
1), 東京大学出版会, 1995 年。其中收录有清水宏祐《十字軍とモンゴル—
イスラーム世界における世界史像の変化》、堀直《草原の道》等论文。

栗原益男,《七、八世紀の東アジア世界》, 唐代史研究会編,《隋唐帝国と東アジア世界》, 汲古書院, 139—161 頁, 1979 年。

鈴木宏節,《突厥阿史那思摩系譜考—突厥第一可汗国の可汗系譜と唐代オルドスの突厥集団》,《東洋学報》87—1, 37—68 頁, 2005 年。

梅村坦,《内陸アジア史の展開》(世界史リブレット 11), 山川出版社, 1997 年。

妹尾達彦,《唐代長安東市の印刷業》,《東アジア史における国家と地域》(唐代史研究会報告 8), 刀水書房, 200—238 頁, 1999 年。

妹尾達彦,《長安の都市計画》(講談社選書メチエ), 2001 年。

妹尾達彦,《世界都市長安における西域人の暮らし》(シルクロード学研究叢書 9), (財) なら・シルクロード博記念国際交流財団 / シルクロード学研究センター, 21—99 頁, 2005 年。

Moriyasu Takao, "On the Uighur Buddhist Society at Čiqtim in Turfan during the Mongol Period," In: Mehmet Ölmez/Simone-Christiane Raschmann (eds.), *Splitter aus Gegend von Turfan, Festschrift für Peter Zieme anlü Bliich seines 60. Geburtstags*, (Türk Dilleri Araştırma ları Dizisi35, Istanbul / Berlin: Şafak Matbaacılık,2002, pp. 153–177.

NHK "文明の道プロジェクト",《NHK スペシャル文明の道 3　海と陸のシルクロード》, 日本放送出版協会, 2003 年。
参閲該書収録的吉田豊《ソグド人の世界》、森部豊《安史の乱とソグド人》等文。

内藤みどり,《西突厥史の研究》, 早稲田大学出版部, 1988 年。

内藤みどり,《突厥カプガン可汗の北庭攻撃》,《東洋学報》76—3/4, 27—57 頁, 1995 年。

内藤みどり，《突厥による北庭のバスミル攻撃事件》，《東洋学報》81—4，1—31頁，2000 年。

内藤みどり，《突厥・ソグド人の東ローマとの交流と狼伝説》，《史観》150，29—50 頁，2004 年。

那波利貞，《唐代の長安城内の朝野人の生活に浸潤したる突厥風俗に就きての小攷》，《甲南大学文学会論集》27，頁 1—55，1965 年。

那波利貞，《唐代社会文化史研究》，創文社，1974 年。

片山章雄，《Toquzoɣuz と「九姓」の諸問題について》，《史学雑誌》90—12，39—55 頁，1981 年。

片山章雄，《突厥ビルゲ可汗の即位と碑文史料》，《東洋史研究》51—3，138—157 頁，1992 年。

平田陽一郎，《突厥他鉢可汗の即位と高紹義亡命政権》，《東洋学報》86—2，1—34 頁，2004 年。

氣賀澤保規，《中国の歴史 6 絢爛たる世界帝国》，講談社，2005 年。

前嶋信次 / 加藤九祚共編，《シルクロード事典》，芙蓉書房，1975 年。其中包括護雅夫《シルクロードと東西文化の交流》。

荣新江《中古中国与外来文明》，北京生活・读书・新知三联书店，2001 年。

荣新江 (西林孝浩译)，《ソグド祆教美術の東伝過程における転化—ソグドから中国へ》，《美術研究》384，57—73 頁，2004 年。

日野開三郎，《唐代邸店の研究》（《日野開三郎東洋史学論集》第 17 巻），三一書房，1992 年。(九州大学文学部，1968 年初版)。

日野開三郎，《続・唐代邸店の研究》，九州大学文学部東洋史研究室，1970 年。

日野開三郎，《日野開三郎東洋史学論集 4 唐代両税法の研究本篇》，三一書房，

1982 年。

日野開三郎,《日野開三郎東洋史学論集 5 唐・五代の貨幣と金融》三一書房,
　　1982 年。

石田幹之助,（解説：榎一雄),《増訂長安の春 91 (東洋文庫 91)》, 平凡社,
　　1967 年。与初版和文库本比较, 该增订本收录论文较多, 特此推荐。

石田幹之助,《東亜文化史叢考》,（財）東洋文庫, 1973 年。

石田幹之助,《長安の春》》(講談社学術文庫), 1979 年,（初版 1941 年由創元社
　　出版）。

石田幹之助,《石田幹之助著作集 2 東と西》, 六興出版, 1985 年。

石渡美江,《唐鏡における西方銀器の影響》,《古代オリエント博物館紀要》18,
　　213—232 頁, 1997 年。

石見清裕,《唐の北方問題と国際秩序》, 汲古書院, 1998 年。在本书写作过程中
　　曾参考了该书收录的很多论文。

石見清裕 / 森安孝夫,《大唐安西阿史夫人壁記の再読と歴史学的考察》,《内陸
　　アジア言語の研究》13, 中央ユーラシア学研究会, 93—110 頁, 1998 年。

石見清裕,《ラティモアの辺境論と漢~唐間の中国北辺》,《東アジア史における
　　国家と地域》(唐代史研究会報告 8), 刀水書房, 278—299 頁, 1999 年。

石見清裕,《唐の国際秩序と交易》,《アジア遊学》26, 23—38 頁, 2001 年。

石見清裕,《唐の絹貿易と貢献制》,《九州大学東洋史論集》33, 61—92 頁,
　　2005 年。

桑原隲藏,《東洋史説苑》, 弘文堂書房, 1927 年,（《桑原階藏全集》第 1 卷収
　　録, 岩波書店, 1968 年）。

桑原隲藏,《隋唐時代に支那に来住した西域人に就いて》,《内藤博士還暦祝賀
　　支那学論叢》, 1926 年,（《桑原隲藏全集》第 2 卷, 岩波書店, 270—360 頁,
　　1968 年）。

桑山正進，《インドへの道―玄奘とプラバーカラミトラ》，《東方学報》55，145―
　　210 頁，1983 年。

桑山正進，《カーピシー＝ガンダーラ史研究》，京都大学人文科学研究所，1990 年。

桑山正進編，《慧超往五天些国伝研究》，京都大学人文科学研究所，1992 年（臨
　　川書店 1998 年）。

史念海／森部豊訳《漢・唐時代の長安城と生態環境》，《アジア遊学》20，27―
　　55 頁，2000 年。

杉山正明，《遊牧民から見た世界史―民族も国境もこえて》，日本経済新聞社，
　　1997 年。

杉山正明，《中央ユーラシアの歴史構図―世界史をつないだもの》，《岩波講座世
　　界歴史（新版）11　中央ユーラシアの統合》，岩波書店，3―89 頁，1997 年。

杉山正明，《中国の歴史 8　疾駆する草原の征服者》，講談社，2005 年。

松田壽男，《東西文化の交流》，至文堂，1962 年。（《松田壽男著作集》第 3 巻，
　　六興出版，7―211 頁，1987 年）。

松田壽男，《砂漠の文化　中央アジアと東西交渉》（中公新書），1966 年。（《松田
　　壽男著作集》第 1 巻，六興出版，1986 年；同時代ライブラリー，岩波書店，
　　1994 年）。

松田壽男，《東西絹貿易》，《古代史講座》13，学生社，145―180 頁，1966 年。
　　（《松田壽男著作集》，第 3 巻，六興出版，214―256 頁，1987 年）。

松田壽男，《古代天山の歴史地理學的研究（増補版）》，早稲田大学出版部，
　　1970 年，（1956 年初版）。

松田壽男，《アジアの歴史―東西交渉からみた前近代の世界像》，日本放送出版
　　協会，1971 年。（《松田壽男著作集》，第 5 巻，六興出版，1987 年；同時代
　　ライブラリー，岩波書店，1992 年）。

《松田壽男著作集》，全 6 巻，六興出版，1986―1987 年。

三上次男／護雅夫／佐久間重男，《中国文明と内陸アジア》（人類文化史 4），講

談社，1974 年。

三時良章，《五胡十六国—中国史上の民族大移動》(東方選書)，2002 年。

水谷真成訳注、玄奘著，《大唐西域記》(中国古典文学大系 22)，平凡社，1971 年。

室永芳三，《大都長安》(教育社歴史新書)，1986 年。(1982 年初版)

森部豊，《魏博節度使何弘敬墓誌銘試釈》，《吉田寅先生古稀記念アジア史論集》，
吉田寅先生古稀記念論文集編集委員会 (立正大学東洋史研究室内)，125—
147 頁，1997 年。

森部豊，《唐前半期河北地域における非漢族の分布と安史軍淵源の一形態》，《唐
代史研究》5，22—45 頁，2002 年。

森部豊，《唐代河北地域におけるソグド系住民— 開元寺三門楼石柱題名及び房
山石経題記を中心に》，《史境》45，20—37 頁，2002 年。

森部豊，《唐末五代の代北におけるソグド系突厥と沙陀》，《東洋史研究》62—4，
60—93 頁，2004 年。

森部豊，《8—10 世紀の華北における民族移動—突厥・ソグド・沙陀を事例とし
て》，《唐代史研究》7，78—100 頁，2004 年。

森安孝夫，《チベット語史料中に現われる北方民族— DRU—GU と HOR》，《ア
ジア・アフリカ言語文化研究》14，1—48 頁，1977 年。

森安孝夫，《増補：ウイグルと吐蕃の北庭争奪戦及びその後の西域情勢につい
て》，流沙海西奨学会編，《アジア文化史論叢 3》，山川出版社，199—238
頁，1979 年。

森安孝夫，《渤海から契丹へ—征服王朝の成立》，《東アジア世界における日本
古代史講座 7 東アジア世界の変貌と日本律令国家》，学生社，71—96 頁，
1982 年。

森安孝夫，《景教》，前嶋信次等共編《オリエント史講座 3 渦巻く諸宗教》收載，
学生社，264—275 頁，1982 年。

森安孝夫，《吐蕃の中央アジア進出》，《金沢大学文学部論集 史学科篇》4，1—

85 页，1984 年。

森安孝夫，《中央アジア史の中のチベット—吐蕃の世界史的位置付けに向けて
　　の展望》，長野泰彦／立川武蔵共編，《チベットの言語と文化》，冬樹社，
　　44—68 页，1987 年。

森安孝夫，《ウイグル文箚記（その二）》，《内陸アジア言語の研究》5，69—89 页，
　　1990 年。

森安孝夫，《ウイグル＝マニ教史の研究》，《大阪大学文学部紀要》31/32 合併号
　　全冊，1991 年。

森安孝夫，《仏教と異宗教との出遭い》，龍谷大学三五〇周年記念学術企画出
　　版編集委員会編，《仏教東漸—祇園精舎から飛鳥まで》，思文閣出版，页
　　108—125，1991 年。

森安孝夫，《日本における内陸アジア史並びに東西交渉史研究の歩み—イスラム
　　化以前を中心に》，《内陸アジア史研究》10，1—26 页，1995 年。

森安孝夫，《ポール・ペリオ》，高田時雄編，《東洋学の系譜 欧米篇》，大修館書
　　店，137—152 页，1996 年。

森安孝夫，《「シルクロード」のウイグル商人—ソグド商人とオルトク商人のあい
　　だ》，《岩波講座世界歴史（新版）11　中央ユーラシアの統合》，岩波書店，
　　93—119 页，1997 年。

森安孝夫，《大英図書館所蔵ルーン文字マニ教文書 Kao. 0107 の新研究》，《内
　　陸アジア言語の研究》12，41—71 页，1997 年。

森安孝夫，《ウイグルから見た安史の乱》，《内陸アジア言語の研究》17，117—
　　170 页，2002 年。

森安孝夫編，《シルクロードと世界史》，大阪大学 21 世紀ＣＯＥプログラム「イン
　　ターフェイスの人文学」報告書第 3 巻，大阪大学大学院文学研究科，2003 年。
　　其中収録有森安孝夫《コレージュ＝ド＝フランス講演録　ウイグル＝マニ教
　　史特別講義》、鈴木宏節《トニュクク碑文研究史概論》等内容。

森安孝夫编,《中央アジア出土文物論叢》,朋友書店,2004 年。

  其中收录有森安孝夫《序文―シルクロード史観論争の回顧と展望》、森安
  孝夫《シルクロード東部における通貨―絹・西方銀銭・官布から銀錠へ》等
  論文。

森安孝夫,《亀茲国金花王と石自砂、に関するウイグル文書の発見》,《三笠宮殿
  下米寿記念論集》,刀水書房,703―716 頁,2004 年。

森安孝夫,《シルクロード「学」へのまなざし》,NHK「新シルクロード」プロジェ
  クト編,《NHK スペシャル新シルクロード 1 楼蘭・ドルファン》,日本放送出
  版協会,196 ―210 頁,2005 年。

森安孝夫 /A. 敖其尓共編,《モンゴル国現存遺蹟・碑文調査研究報告》,大阪大
  学文学部内 中央ユーラシア学研究会,1999 年。该书中收有考察团在蒙古
  高原的考察日志以及对突厥、回鹘相关碑文的译注等内容。

山口瑞鳳,《沙州漢人による吐蕃二軍団の成立と mKhar tsan 軍団の位置》,《東
  京大学文学部文化交流研究施設研究紀要》4,13―47 頁,1981 年。

山下将司,《玄武門の変と李世民配下の山東集団―房玄齢と斉済地方》,《東洋
  学報》85―2,19―49 頁,2003 年。

山下将司,《新出土史料より見た北朝末・唐初間ソグド人の存在形態―固原出土
  史氏墓誌を中心に》,《唐代史研究》7,60―77 頁,2004 年。

山下将司,《隋・唐初の河西ソグド人軍団―天理図書館蔵「文館詞林」「安修仁
  墓碑銘」残巻をめぐって》,《東方学》110,65―78 頁,2005 年。

山田信夫編,《ペルシアと唐》(東西文明の交流 2),平凡社,1971 年。

  其中收录有小谷仲男《仏教美術の東方伝播》、布目潮渢《唐と西域》、糸賀
  昌昭《長安とバグダード》、山田信夫《トルコ族とソグド商人》等論文。

山田信夫,《北アジア遊牧民族史研究》,東京大学出版会,1989 年。

山根清志,《唐代の奴婢売買と市券》,唐代史研究会編,《東アジア古文書の史
  的研究》,刀水書房,384―399 頁,1990 年。

丝绸之路与唐帝国

矢吹慶輝，《マニ教と東洋の諸宗教》，佼成出版社，1988 年。

《しにか（月刊）》2—1，1991 年 1 月号，大修館書店。

      参阅该刊本期特集《シルクロード写本学入門》收录的武内紹人《中央アジ
ア出土チベット文献》、吉田豊《ソグド語の写本》、熊本裕《コータン写本学》
等文。

《しにか》7—9，1996 年 9 月号，大修館書店。

      参阅该刊本期特集《花の都・長安》收录的氣賀澤保規《世界史上の長安》、
妹尾達彦《宇宙の都から生活の都へ》、金子修一《市井の暮らし》等文。

《しにか》9—7，1998 年 7 月号，大修館書店。

      参阅该刊本期特集《シルクロード再発見》收录的林俊雄《天山山中の新発
見》、管谷文則《「胡人」の墓を発掘する》等文。

《しにか》13—10，2002 年 9 月号，大修館書店。

      参阅该刊本期特集《シルクロードの旅人》收录的桑山正進《玄奘》、吉田
豊 / 影山悦子《ソグド人— 典籍を補う最新の出土資料から》、大澤孝《突厥》
等文。

《シルクロード（月刊）》4—2，1978 年 2/3 月号，シルクロード社。

      参阅该刊本期有关新疆的特集所收录的池田温《トゥルファン漢文文書に見
える外族》、佐藤長《吐蕃と東ドルキスタン》、羽田明《タリム盆地のトルコ化
について》、護雅夫《ソグド人と中央アジア史—間野英二氏の見解について》
等论文。

シルクロード学研究センター，《ドルファン地域と出土絹織物》（シルクロード学
研究 8），（財）なら・シルクロード博記念国際交流財団 / シルクロード学研
究センター，2000 年。

シルクロード学研究センター，《新疆出土のサーサーン式銀貨》（シルクロード学
研究 19），（財）なら・シルクロード博記念国際交流財団 / シルクロード学研
究センター，2003 年。

ソグド人墓誌研究ゼミナール,《ソグド人漢文墓誌訳注 (1) 固原出土「史射勿墓
　　誌」(隋・大業 6 年)》,《史滴》26, 51—72 頁, 2004 年。

ソグド人墓誌研究ゼミナール,《ソグド人漢文墓誌訳注 (2) 固原出土「史言可耽
　　夫妻墓誌 J (唐・咸亨元年)》,《史滴》27, 153—183 頁, 2005 年。

スコット・ピアース (早大北朝史研究会訳),《代の地一内陸アジア境界地域社会
　　の起源・発展および歴史的意義》,《史滴》27, 22—46 頁, 2005 年。

樋口隆康編,《統シルクロードと仏教文化》, 東洋哲学研究所, 1980 年。
　　参閲该书收录的佐藤武敏《シルクロード出土の絹織物》、由水常雄《ガラス
　　の東伝》等论文。

田辺勝美,《ガンダーラから正倉院へ》, 同朋舎出版, 1988 年。

田辺勝美,《ソグド美術における東西文化交流》,《東京大学東洋文化研究所紀
　　要》130, 213—277 頁, 1996 年。

田辺勝美 / 前田耕作共編,《世界美術大全集 東洋編 第 15 巻　中央アジア》, 小
　　学館, 1999 年。

藤善真澄,《安禄山—皇帝の座をうかがった男》, 人物往来社, 1966 年, (中公
　　文庫 2000 年)。

藤善真澄,《安禄山と楊貴妃—安史の乱前後》, 清水書院, 1972 年。

藤善真澄,《隋唐時代の仏教と社会弾圧の狭間にて》(白帝社アジア史選書 5),
　　白帝社, 2004 年。

呉玉貴《唐朝における東突厥の降衆の安置問題に関する一考察》, 大阪経済法科
　　大学 / 北京大学考古学系共編,《7・8 世紀の東アジア》, 大阪経済法科大学
　　出版部, 頁 49—100, 2000 年。

小野川秀美，《鉄勒の一考察》，《東洋史研究》5—2，1—39 頁，1940 年。

小野川秀美，《河曲六胡州の沿革》，《東亜人文学報》1—4，193—226 頁，1942 年。

小野川秀美，《突厥碑文訳注》，《満蒙史論叢》4，249—425 頁，1943 年。

小野川秀美，《蒙古史中世 (突厥回鶻時代)》，《支那周辺史 (上)》，白揚社，
　　335—427 頁，1943 年。

許新国《都蘭県吐蕃 (チベット) 古墳群の発掘と研究》，大阪経済法科大学 / 北
　　京大学考古学系共編，《7・8 世紀の東アジア》，大阪経済法科大学出版部，
　　13—22 頁，2000 年。

小松久男編，《中央ユーラシア史》(新版世界各国史 4)，山川出版社，2000 年。
　　参阅该书收录的林俊雄《草原世界の展開》、梅村坦《オアシス世界の展開》、
　　濱田正美《中央ユーラシアの「イスラーム化」と「テュルク化」》等论文。

小松久男 / 梅村坦 / 宇山智彦 / 帯谷知可 / 堀川徹共編，《中央ユーラシアを知る
　　事典》，平凡社，2005 年。

《西域美術—大英博物館スタイン・コレクション敦煌絵画》，全 3 巻，講談社，
　　1982—1984 年。

《西域美術—ギメ美術館ペリオ・コレクション》，全 2 巻，講談社，1994—1995 年。

新疆ウイグル自治区博物館編，《新疆ウイグル自治区博物館》(中国の博物館 第
　　二期第 1 巻)，講談社，1987 年。

伊瀬仙太郎，《遊牧国家と西域人—特に西域人の背反行為を中心として》，《東京
　　学芸大学紀要第 3 部門》19，143—151 頁，1967 年。

伊瀬仙太郎，《中国西域経営史研究》，巌南堂書店，1968 年 (初版 1955 年)。

岩佐精一郎，《岩佐精一郎遺稿》，(和田清編、岩佐傳一発行)，1936 年。

《岩波講座世界歴史 (旧版) 6 古代 6》，岩波書店，1971 年。
　　参阅该书收录的榎一雄《中央アジア・オアシス都市国家の性格》、嶋崎昌
　　《遊牧国家の中央アジア支配と中国王朝》、羽田明《ソグド人の東方活動》、

山田信夫《ドルキスタンの成立》、佐藤長《チベット民族の統一 とラマ教の
　　成立》、栗原益男《安史の乱と藩鎮体制の展開》等論文。

《岩波講座世界歴史（新版）11 中央ユーラシアの統合》，岩波書店，1997 年。
　　参阅该书收录的杉山正明《中央ユーラシアの歴史構図》、森安孝夫《"シルクロ
　　ード"のウイグル商人》、吉田豊《ソグド語資料から見たソグド人の活動》等論文。

《岩波講座世界歴史（新版）9 中華の分裂と再生》，岩波書店，1999 年。
　　参阅该书收录的妹尾達彦《中華の分裂と再生》、梅村坦《草原とオアシス
　　の世界》、川本芳昭《北朝国家論》、吉岡真《北朝・隋唐支配層の推移》等
　　論文。

影山悦子，《サマルカンド壁画に見られる中国絵画の要素について—朝鮮人使節
　　はワルフマーン王のもとを訪れたか》，《西南アジア研究》49，页 17—33, 1998 年。

影山悦子，《ソグデイアナにおける絹織物の使用と生産》，《オリエント》45—1，
　　37—55 页，2002 年。

影山悦子，《中国北部に居住したソグド人の石製葬具浮彫》， 《西南アジア研究」
　　61，67—79 页，2004 年。

羽田明，《西域》（世界の歴史 10），河出書房新社，1969 年。

羽田明，《中央アジア史研究》，臨川書店，1982 年。其中收录有同氏旧作《ソグ
　　ド人の東方活動》、《東西文化の交流》。

羽田亨，《羽田博士史学論文集》上、下，京都大学文学部内東洋史研究会，
　　1957—1958 年。
　　上卷收录有《唐代回鶻史の研究》、《漠北の地と康国人》等文；下卷收录有
　　《回鶻文字考》、《唐故三十姓可汗貴女阿那氏之墓誌》等論文。

羽田亨（解題：間野英二），《西域文明史概論・西域文化史（東洋文庫 545），平
　　凡社，1992 年。
　　《西域文明史概論》，弘文堂書房，1931 年初版。《西域文化史》，座右宝刊
　　行会，1948 年初版。

羽田正,《イスラーム世界の創造》(東洋叢書 13),東京大学出版会,2005 年。

原州聯合考古隊,《唐史道洛墓》(原州聯合考古隊発掘調査報告 1),勉誠出版,
　　2000 年。

原宗子,《「農本」主義と「黄土」の発生》,研文出版,2005 年。

原田淑人,《西域発見の絵画に見えたる服飾の研究》(東洋文庫論叢 4),(財)東
　　洋文庫,1925 年,(同氏《唐代の服飾》再録,(財)東洋文庫,1970 年)

岩本篤志,《「斉俗」と「恩倖」—北斉社会の分析》,《史滴》18,43—60 頁,1996 年。

岩本篤志,《徐顕秀墓出土貴石印章と北斉政権》,《史滴》27,136—152 頁,2005 年。

齋藤勝,《唐・回鶻絹馬交易再考》,《史学雑誌》108—10,33—58 頁,1999 年。

齋藤勝,《唐代の馬政と牧地》,《日中文化研究》14,44—51 頁,1999 年。

齋藤勝,《9・10 世紀敦煌の牧羊代行業について》,《歴史学研究》796,1—15
　　頁,2004 年 12 月号。

佐口透,《ロシアとアジア草原》(ユーラシア文化史選書 3),吉川弘文館,1966 年。

佐口透 / 山田信夫 / 護雅夫訳注,《騎馬民族史 2 正史北狄伝》(東洋文庫 223),
　　平凡社,1972 年。

佐藤圭四郎,《東西アジア交流史の研究》(東洋史研究叢刊 56),同朋舎,1998 年。

佐藤武敏,《長安》(世界史研究叢書 8),近藤出版社,1971 年。

佐藤長,《古代チベット史研究》上下(東洋史研究叢刊 5),同朋舎,1977 年(初
　　版 1958—1959 年)

佐藤長,《中国古代史論考》,朋友書店,2000 年。

历史年表

公元年代	中国·丝绸之路史	日本及世界
3 世纪	粟特商人出现于三国时代的中国	239 年邪马台国的卑弥呼向魏国遣使，接受"亲魏倭王"之印绶
311	西晋怀帝在永嘉之乱中企图逃离洛阳，被匈奴刘聪俘获	
312—314	敦煌以西出土的粟特文古信札的写作年代	
313	刘聪杀害西晋怀帝	高句丽灭乐浪郡。君士坦丁大帝颁布《米兰敕令》，承认基督教
320 年前后		笈多王朝成立
335	西域僧人佛图澄成为后赵的国师	4 世纪中叶百济和新罗成立 375 年，西哥特人南渡多瑙河进入罗马帝国境内
386	拓跋珪建立北魏	391 年，高句丽广开土王即位。破倭军、百济、新罗 395 年，罗马帝国东西分裂
399	法显出发赴印度求法	
401	西域僧人鸠摩罗什到达长安	5 世纪，嚈哒帝国强盛。笈多王朝的全盛期
402	柔然在蒙古高原称可汗	

	413年，倭王"赞"向东晋遣使
	427年，高句丽迁都平壤
429	北魏世祖太武帝远征蒙古高原，大胜柔然的大檀可汗。在柔然境内，已有凉州的栗特人。
439	北魏征服统治河西地区的北凉，统一华北。将包括栗特人在内的三万余家从北凉的首都始臧（凉州、武威）迁至北魏首都平城（大同）
442	北凉的残余势力攻克鲁番（高昌国的起源）
452	应栗特王的请求，北魏释放了成为俘虏的栗特人
	476年，西罗马帝国灭亡
	478年，倭王"武"向宋遣使
	481年，法兰克王国成立
485	北魏实施均田制
490	高车国王阿伏至罗派遣栗特人商胡越者前往北魏洛阳
494	北魏迁都洛阳
501	麹氏高昌国成立于吐鲁番盆地
	6世纪，萨珊波斯全盛期。高棉人建立真腊
	520年，新罗颁布律令
523	北魏六镇之乱爆发
	527年，筑紫国造磐井之乱。拜占庭帝国查士丁尼一世即位
534	柔然可汗那瑰乘着北魏末期的混乱，抱着入侵的意图向北魏派遣了使者（使节团中包括栗特人安吐根）

534	年末至次年年初，北魏分裂为东魏、西魏
541	东魏与柔然和亲
545	掌握西魏实权的宇文泰向突厥派遣了以酒泉粟特人安诺槃陀为首的正式使节团
6世纪中叶	突厥兴起于蒙古高原西部的阿尔泰地区
546	突厥南长土门向西魏遣使
550	接受东魏禅让，北齐建立
552	土门自称伊利可汗，突厥第一帝国成立
	百济圣明王向日本献佛像、经论
553	西魏从南朝梁处夺取四川，切断吐谷浑与南朝的通行
556—557	西魏灭亡，北周建立
	562年，新罗得到任那。加罗诸国灭亡。在此期间，突厥与萨珊波斯联手灭掉了嚈哒王国
568	突厥的西面可汗室点密向东罗马帝国派遣属下的粟特商人马尼阿克，计划开通突厥与东罗马（拜占庭）帝国之间的直接丝绸贸易的管道
572	突厥第一帝国他钵可汗即位
574	北周武帝开始毁佛
577	北周武帝灭北齐
578	北周取得对突厥与北齐流亡政权的胜利
581	文帝（杨坚）接受北周的禅让，建立隋朝
583	隋朝迁都大兴城。突厥第一帝国呈现东西分裂

年份	事件	相关事件
589	隋朝灭掉南朝陈，统一中国	
		593 年，圣德太子任摄政
599	东突厥的突利可汗降隋，隋朝将其册立为启民可汗，并下嫁义成公主	
		603 年，圣德太子制定"冠位十二阶"
604	隋炀帝即位	
605	隶属于西突厥的铁勒部的契苾歌楞部成为易勿真莫贺可汗，称霸于东至天山地区，向高昌国派遣重臣，从住来商胡处征税	606 年，印度戒日王朝成立（戒日王即位）。小野妹子被派往隋朝。创建法隆寺
	在此前后，大运河建设	
607	隋炀帝访问位于漠南的启民可汗的牙帐	608 年，隋炀帝派遣裴世清出使倭国。高向玄理等人赴隋朝留学
609	隋炀帝来征吐谷浑	
610	隋朝占领伊吾（哈密）	610 年前后穆罕默德开始传播伊斯兰教
612—614	隋朝三次远征高句丽，都归于失败	
614	东突厥内的粟特人史蜀胡悉率领的一批人中了隋朝名臣裴矩的计谋，被引诱到设于马邑（朔州）的互市场杀害	
615	东突厥始毕可汗率军南下，侵入大同盆地西部。出征的隋炀帝在雁门附近被突厥军包围而陷入窘境	616 年，萨珊波斯远征埃及

年份	事件	其他
617	李渊在太原起兵，南下进入长安城。拥立炀帝之孙杨侑，自立为唐王。李轨在凉州（武威）建立政权	
618	隋炀帝在扬州（江都）因部下叛乱而被杀。高祖（李渊）建立唐朝，改元武德	
619	凉州粟特人李氏抓捕李轨，将河西之地献给唐朝。群雄之一刘武周攻陷太原。是年，唐朝实施租庸调制	阿尔瓦人人侵占庭帝国境内
620	东突厥处罗可汗转换方针，突厥与唐朝联合，破刘武周	
621	东突厥颉利可汗率万余骑，与群雄窦建章一起攻击山西雁门	
622	东突厥颉利可汗与群雄刘黑闼联合，亲自率领数万骑磨卷山西—鄂尔多斯各地	穆罕默德"圣正"。希吉来历（伊斯兰历）元年
623	唐朝镇压了大部分隋末唐初的群雄。废除了619年设置的关中十二军	
624	东突厥颉利可汗和突利可汗一起率入唐朝，从宁夏固原方向进军至安北边百公里处	吐谷浑与党项人人侵唐朝的河州
625	唐朝再度设置关中十二军（最高指挥官是包括粟特人安修仁在内的李渊一派，李世民派敬排除在外）。东突厥颉利可汗率领十万大军人侵山西—鄂尔多斯各地	
626	唐朝李世民发动玄武门之变，杀害兄弟（当时，粟特人安兴贵之子站在李世民方面）。李世民先成为皇太子，接着又使父亲李渊退位，自己作为大宗即位。见到玄武门之变时唐朝的混乱局面，颉利可汗逼近长安北郊，与唐太宗对峙后退却	

626—627	在东突厥统治之下的蒙古高原，九姓铁勒诸部发动叛乱	
627—628	玄奘通过河西走廊，至吐鲁番的高昌国	
628	玄奘于西部天山北麓的碎叶，谒见西突厥统叶护可汗	
629	唐朝册立薛延陀的夷男为真珠毗伽可汗。突厥的东面小可汗突利可汗前来降唐	吐蕃开国之君松赞干布即位
630	唐朝消灭东突厥以及隋朝流亡政权。包括大量粟特人在内的突厥遗民流入唐朝国内。由粟特人首领石万年率领的哈密地区的七城归属唐朝。唐朝在哈密设置西伊州	日本派遣第一次遣唐使
632	唐朝将哈密的西伊州改为伊州	遣唐使陪伴唐使高表仁回国
634	唐朝开始讨伐吐谷浑。吐蕃帝国初次向唐朝遣使	
635	唐朝征服吐谷浑，扶植傀儡政权	
639	突利可汗之弟结社率反唐。唐朝给阿史那思摩赐姓率，册立其为新可汗，让突厥遗民回归漠南故地	
640	唐朝灭高昌国。将其首都改称西州，设置安西都护府。并在天山北麓之地设置庭州，以防备西突厥	
641	薛延陀的夷男率领铁勒诸部，攻击漠南的新突厥集团。是年，文成公主下嫁吐蕃	
643	阿史那思摩率领的新突厥集团内部发生叛乱，阿史那思摩遁归鄂尔多斯	642年，伊斯兰军在尼哈万德之战中大破萨珊波斯军队

644	唐朝征服西突厥势力下的焉耆。玄奘从印度携大量佛典归国	
		645年，大化改新。苏我氏灭亡
646	唐太宗击败薛延陀，使得漠北蒙古高原的铁勒诸部附属于唐朝。玄奘的《大唐西域记》成书	
647	唐朝应回纥之请，将漠北的铁勒诸部编成六羁縻府和七羁縻州，并在漠南设置统辖上述羁縻州的燕然都护府	
648	唐朝远征高句丽失败。西突厥的阿史那贺鲁内属庭州，承认唐朝的羁縻。唐朝征服龟兹	
649	唐朝向焉耆、龟兹、疏勒、于阗派去军队，创设安西四镇。对于漠南的突厥遗民，唐朝将其改编为定襄、云中两都督府	
651	西突厥的阿史那贺鲁企图再次独立，统合突厥诸部对唐朝举起了反旗。唐朝的西域统治体制呈现短期瓦解局面	萨珊波斯王朝灭亡
		652年，实施班田收受法
657	西突厥的阿史那贺鲁败于唐朝	
658	唐朝将安西都护府从西州迁至龟兹，并在索格底亚那（粟特地区）设置康居都督府	
659	前西突厥思结部的俟斤都曼击杀于阗，被唐朝苏定方击败。唐朝的西域统治呈现短期发展势头	
		新罗·唐击百济，攻陷扶余
660	铁勒诸部反叛唐朝	

年	事件		
661	唐朝在米尔以西国的十六国分别设置都督府，将其全部置于安西都护府的监督之下		倭马亚王朝建立
662	针对铁勒诸部的叛乱，唐朝大规模出兵		
663	唐朝镇压铁勒诸部的叛乱，将燕然都护府改称瀚海都护府，并迁至漠北。在俀南新设云中都护府，统治突厥降户	百济遗民·日本在白村江之战中大败于唐朝·新罗。唐占领百济之地。吐蕃南国灭吐谷浑	
664	唐朝将云中都护府改称为单于都护府。唐朝的政治实权从高宗转移到武后手中		
668	唐朝与新罗联合灭掉高句丽。唐朝在平壤设置安东都护府	667年，迁都近大津宫	
669	唐朝将瀚海都护府改称为安北都护府		
670	由于吐蕃进攻于阗，唐朝的安西都护府从龟兹退至西州。吐蕃对西域的统治扩大。唐朝废止安西四镇	吐蕃	
671	义净由海路前往印度		
674	唐朝皇帝改称天皇，皇后改称天后，并将此合称为二圣	672年，壬申之乱	
679	唐朝在灵州—夏州南部的粟特人、栗特畜突厥人的基础上设置六胡州。唐朝的裴行俭击败阿史那都支率领的前西突厥势力，为了唐朝驻军建设起了碎叶镇。碎叶取代成为安西四镇之一。唐朝在越南设置安南都护府	676年，新罗统一朝鲜半岛 678年，吐蕃与唐朝在青海大战，吐蕃大胜	保加利亚汗国成立

年	事件	
682	突厥的阿史那骨咄禄自号颉跌利施可汗，复兴突厥帝国（突厥第二帝国成立）	
683	突厥的颉跌利施可汗攻陷唐朝护府的单于都护府	
685	唐朝的安北都护府从漠北撤退至额济纳地区	
686	漠北大旱灾，铁勒的难民穿过戈壁流入河西地区	
686—687	突厥第二帝国将根据地迁徙至鄂尔浑河—乌德鞬山地区	
687	吐蕃在西域再度活跃起来	
689	武周新字颁行	
690	武周革命，武后成为皇帝。诸州设置大云寺	
691	突厥颉跌利施可汗之弟默啜作为阿波干可汗即位。周（唐）朝将佛教置于道教之上	
692	周（唐）朝与前西突厥的突骑施联合击败进入西域的吐蕃军队，使得安西都护府再次进入龟兹	
693	突厥第二帝国的阿波干可汗侵入鄂尔多斯西部的灵州，之后与周（唐）朝和亲	
694	摩尼教正式传入中国	迁都藤原京
695	根据武后的命令，在洛阳建立天枢	
696	突厥的阿波干可汗在契丹叛乱之际，因参加周（唐）朝一方的讨伐军而被周（唐）朝册立。阿波干可汗向武后提出，要求归还突厥降户、割让单于都护府的土地	

年	事项	
698	突厥派遣大军进入华北各地，大量掠夺作为人力资源的汉人男女	震（渤海）建国
701—702	突厥进军鄂尔多斯，经略六胡州	701年，大宝律令完成
702	周（唐）朝在天山北路东端的庭州金满城设置北庭都护府。这一时期，突骑施在天山北路中西部的势力扩大	
703	突厥征伐拔悉密	
705	武后失势，国号由"周"改回"唐"	
708	唐朝在黄河大转弯处的北侧设置针对突厥的受降城	
708—710	突厥远征突骑施	
709	伊斯兰军征服索格底亚那的布哈拉	
709—710	突厥远征结骨、黠戛斯	
710	唐朝的安西都护府在一个时期内屈服于突厥第二帝国的远征军。唐朝设置河西节度使（节度使的起源）	710年，迁都平城京
712	唐玄宗即位。伊斯兰军控制索格底亚那的撒马尔罕	711年，伊斯兰军消灭伊比利亚半岛的西哥特王国
		713年，震国王被唐朝册封为"渤海郡王"，震国改称为"渤海"
713—715	突厥三度攻击唐朝的北庭。这一时期，突骑施也在苏禄之下复兴	
714—715	突厥远征葛逻禄	

年	事件	年	事件
716	突厥阿波干可汗意外死亡。毗伽可汗、阙特勤兄弟夺权，肃清阿波干势力	717 年	玄昉、吉备真备、阿倍仲麻吕等入唐
718	唐朝设置安西节度使		
719	由于突骑施的势力扩张，唐朝放弃碎叶镇		
720	唐玄宗策划包围突厥毗伽可汗。突厥反过来进攻唐朝的北庭、河西		《日本书纪》完成
721—722	鄂尔多斯的六州胡对唐朝发动叛乱		
722	唐朝出现募兵制的萌芽		
725	唐玄宗举行泰山封禅的仪式	727 年	渤海使者到日本
		732 年	法兰克王国在都尔、普瓦提埃之战中击退倭马亚王朝军队
		738 年	南诏王被唐朝册封为"云南王"
		740 年	藤原广嗣之乱
		741 年	国分寺建立之诏
742	拔悉密、葛逻禄、回鹘联合打败突厥第二帝国的骨咄叶护可汗，拥戴拔悉密的阿史那施为可汗。是年，安禄山成为平卢节度使	743 年	垦田永年私财法

年		
744	拔悉密、葛逻禄、回鹘捕杀骨咄叶护颉跌伊施可汗，将其首级送至长安。其后，回鹘与葛逻禄联手破拔悉密。继而，回鹘的骨力裴罗作为阙毗伽可汗即位，回鹘帝国（东回鹘可汗国）成立。是年，安禄山兼任范阳节度使。	
745	葛逻禄，回鹘不和，主要部分迁往七河地区	
8世纪中叶	索格底亚那进入阿拔斯王朝的直接统治之下，其后逐渐被伊斯兰化	750年，南诏背离唐朝，与吐蕃结盟。倭马亚王朝灭亡，阿拔斯王朝建立 法兰克王国加洛林王朝成立
751	怛逻斯之战。由于葛逻禄的倒戈，唐朝败于大食（伊斯兰军）。是年，安禄山进而又兼任了河东节度使	752年，东大寺创建，大佛开眼供养。爪哇成立了夏连特拉王国
753	唐朝从吐蕃手中夺取大勃律（巴尔蒂斯坦）	鉴真渡日
755	安史之乱爆发	754年，南诏大胜唐朝
756	安禄山于洛阳自称大燕圣武皇帝。唐玄宗"蒙尘"从长安逃往蜀地。取代玄宗的肃宗为求声援而向回鹘帝国派出使节。回鹘的磨延啜（葛勒可汗）出动军队，安定了鄂尔多斯地区	后倭马亚王朝成立于伊比利亚半岛。法兰克王国丕平将文纳送给教皇
757	安禄山被安庆绪等暗杀。史思明图谋独立。唐朝和回鹘联军短期夺回洛阳。回鹘帝国在色楞格河畔为了粟特人、汉人而建造了巴依巴里克城（富贵城）	

758	回鹘向唐朝提出下嫁公主的要求，唐朝接受回鹘的要求
759	史思明自称大燕皇帝。回鹘牟羽可汗即位
760	史思明进入洛阳
762	受史朝义之引诱，回鹘帝国的牟羽可汗发兵侵略唐朝。然其又反戈一击，与唐军一起夺回了洛阳。安禄山的义子张忠忠以五洲之地归顺唐，唐朝将其任命为成德军节度使，赐姓李（李宝臣）
763	安史之乱结束。牟羽可汗在安史之际进驻洛阳，并从洛阳带回摩尼教僧侣。唐朝的仆固怀恩反叛。回鹘牟羽可汗与吐蕃一起，对岳父仆固怀恩进行援助。吐蕃占领唐都长安，扶植建立起伪偏政权
764	凉州陷入吐蕃之手 惠美押胜之乱
765	反叛唐朝的仆固怀恩病死。回鹘与吐蕃分道扬镳，再次倒向唐朝，大破吐蕃军队
778	回鹘牟羽可汗命令堂兄弟顿莫贺达干入侵太原 770年，阿倍仲麻吕在唐朝去世
779	集结反摩尼教势力的顿莫贺达干发动政变，牟羽可汗与其身边的粟特人被杀
780	唐朝实施两税法
786	吐蕃占领敦煌（沙州），控制整个河西走廊
789—792	回鹘帝国与吐蕃帝国围绕东部天山地区的主权展开激烈的北庭争夺战

792	回鹘在北庭争夺战中取胜，自此以后，包括吐蕃盆地在内的塔里木盆地北部地以及天山以北成为回鹘的势力范围；塔里木盆地南部—河西走廊以南则成为吐蕃的直辖领土
	794 年，迁都平安京
795	回鹘帝国由药罗葛王朝变为阿跌王朝，怀信可汗即位
9 世纪的前二十五年	回鹘帝国与吐蕃帝国都进入全盛期
	800 年，卡尔大帝（查理曼大帝）加冕成为西罗罗马皇帝
	802 年，柬埔寨的吴哥王朝建立
	804 年，最澄、空海入唐
821	唐朝的太和公主嫁往回鹘
821—823	唐朝与吐蕃会盟（唐蕃会盟碑），再加上回鹘，三国会盟成立
	838 年，派遣最后的遣唐使。圆仁入唐
840	回鹘帝国在黠戛斯的攻击下瓦解。大量人口迁往漠南、河西、天山地区
	843 年，根据凡尔登条约，法兰克王国分为三部分
845	唐朝压制佛教、摩尼教、景教（会昌毁佛）	吐蕃国灭亡
848	沙州的张议潮从吐蕃帝国独立，河西归义军政权成立
9 世纪中叶	西回鹘王国于天山东部建国。其后，天山山脉以南的塔里木盆地开始突厥化
	859 年，南诏王自称皇帝，改国号为"大礼"

年代	事件	
875	黄巢之乱爆发	这一时期，以索格底亚那为中心，统治东伊朗的萨曼王朝建国
880	黄巢在长安即皇帝位	
881	唐僖宗"蒙尘"于成都	
883	沙陀族的李克用击败黄巢，夺回长安。李克用成为河东节度使	
884	黄巢之乱结束	
9世纪90年代	甘州回鹘王国建国	
		894年，遣唐使废止
		901年，南诏因汉人宰相的篡夺而灭亡
907	朱全忠灭唐，建立后梁（五代始）	
		909年，北非法蒂玛王朝建国
916	辽（契丹）帝国建国	
		918年，高丽建国
923	沙陀突厥系统的王朝——后唐建国（其后是后晋、后汉、后周诸王朝）	
		926年，契丹灭掉渤海
		935年，高丽灭掉新罗